Table des matières

3. Rivalité familiale

4. Surmonter les obstacles

JACK CANFIELD, MARK VICTOR HANSEN
PATTY & NANCY MITCHELL,
HEATHER & KATY McNAMARA

Bouillon de Poulet pour l'âme des Soeurs

Des histoires inspirantes
pour les sœurs
et l'évolution de leur relation

Traduit par Marilou Brousseau

BÉLIVEAU
éditeur

L'édition originale de cet ouvrage a été publiée sous le titre
CHICKEN SOUP FOR THE SISTER'S SOUL
©2002 Jack Canfield et Mark Victor Hansen
Health Communications, Inc., Deerfield Beach, Floride (É.-U.)
ISBN 0-7573-0024-3

Réalisation de la couverture: Jean-François Szakacs

Dépôt légal: 3e trimestre 2012
Bibliothèque et Archives nationales du Québec
Bibliothèque et Archives Canada

ISBN 978-2-89092-543-4

BÉLIVEAU éditeur
920, rue Jean-Neveu
Longueuil (Québec) Canada J4G 2M1
514 253-0403/450 679-1933 Téléc. : 450 679-6648

www.beliveauediteur.com
admin@beliveauediteur.com

Gouvernement du Québec – Programme de crédit d'impôt pour l'édition de livres – Gestion SODEC – www.sodec.gouv.qc.ca.

Nous reconnaissons l'aide financière du gouvernement du Canada par l'entremise du Fonds du livre du Canada pour nos activités d'édition.

IMPRIMÉ AU CANADA

5. Ah, mon frère !

6. Sœurs de cœur

7. Souvenirs spéciaux

8. Perspicacité et leçons

Remerciements

La production du livre *Bouillon de poulet pour l'âme des sœurs* a été un véritable plaisir à produire et un travail passionnant pour chacun d'entre nous. Sans le soutien de nos familles, de nos amis et de notre éditeur, ce livre n'aurait jamais pu voir le jour. Nous aimerions remercier chacun d'entre vous qui continue de nous aimer, de nous soutenir, et de nous offrir le temps et l'espace nécessaires pour créer des livres aussi merveilleux.

Nous remercions nos familles qui se sont avérées être un véritable bouillon de poulet pour nos âmes : Inga, Patty, Jeff, Kirk, Rick, Paul, Travis, Riley, Christopher, Oran, Kyle, Elisabeth, Melanie, J. T., Chandler et la nouvelle venue, Molly. Merci pour tout leur amour et leur soutien.

Nous voulons remercier particulièrement D'ette Corona pour avoir réglé tant de menus détails durant le processus d'édition de cet ouvrage. Elle a joué un rôle déterminant dans l'élaboration de ce livre et nous n'aurions jamais été capables de le produire sans elle.

Merci à notre éditeur, Peter Vegso, pour son amour, son soutien, sa vision et son engagement envers nous tous chez *Chicken Soup for the Soul*. Il ne cesse de nous étonner à tous les niveaux. À tous les membres de Health Communications, particulièrement à Terry Burke, Susan Tobias, Lisa Drucker, Christine Belleris, Allison Janse et Kathy Grant, pour leur soutien indéfectible à ce projet. Un grand merci à Larissa Hise Henoch, Lisa Camp, Dawn Grove et Anthony Clausi. Vous vous êtes surpassés de beaucoup et de loin pour ce livre. Mille fois merci.

Merci à Tom Sand, Claude Choquette et Luc Jutras, qui, année après année, font en sorte que nos livres soient traduits dans trente-six langues à travers le monde.

Leslie Riskin, pour son application et sa détermination à obtenir les autorisations des auteurs et pour que tout soit parfait malgré la pression énorme du temps.

Merci à Kathy Brennan Thompson de nous rappeler sans cesse les dates de tombée. Merci également pour ses lectures chaque fois que nous avons eu besoin d'un regard plus critique sur les textes.

Maria Nickless, pour son travail enthousiaste à la commercialisation et aux relations publiques ainsi que son extraordinaire sens de l'organisation et de la planification.

Patty Hansen, pour son travail consciencieux et compétent à gérer les aspects juridiques et l'octroi des licences pour les livres *Chicken Soup for the Soul.* Tu relèves le défi avec brio!

Laurie Hartman, pour être la précieuse gardienne de la marque *Chicken Soup*.

Veronica Romero, Robin Yerian, Teresa Esparza, Vince Wong, Stephanie Thatcher, Kristin Allred, Dana Drobny, Michelle Adams, Dave Coleman,

Irene Dunlap, Jody Emme, Dee Dee Romanello, Gina Romanello, Brittany Shaw, Shanna Vieyra, Dena Jacobsen, Tanya Jones, Mary McKay et Lisa Williams, pour votre engagement, votre dévouement, votre professionnalisme et pour avoir veillé à la bonne marche des bureaux de Jack et de Mark.

Merci à Annette Furgeson de *Writer's Digest*, pour la recherche des adresses difficiles à retracer.

Merci aux membres de notre brillant comité de lecture pour leur aide dans le choix final des textes et leurs suggestions inestimables sur la façon d'améliorer le livre: Willanne Ackerman, Madonna PremDas-Auffant, Saskia Andriulli, Paige Baek, Tasha Boucher, T. Phillips-Belmar, Sabrina Black, Wendy Boller, Madalane Bothma, Kathy Brennan Thompson, Kris Byron, Stephanie Carter, Sharon Castiglione, Tara Coombs, Teri Detwiler, Sabrina Di Black, Robin Dorff, Jane Etz, Shannon Heath, Allison Janse, Renee King, Sharon Landeen, Barbara Terry Lepine, Paula Maes, Kelly Mitchell, Nidya Montano, Mindy Piteo, Leslie Riskin, Shari Shields, Rita Swift et Nancy Toney. Vos remarques ont été des cadeaux pour nous!

Et, surtout, merci à tous ceux et celles qui nous ont soumis leurs histoires venant du fond du cœur, leurs poèmes, leurs citations et leurs bandes dessinées dans le but d'une insertion éventuelle dans ce livre. Bien qu'il nous fût impossible d'utiliser tout ce que vous nous avez envoyé, nous savons que chacun de vos mots traduisait un moment magique dans votre vie.

En raison de l'ampleur de ce projet, il est possible que nous ayons oublié les noms de certaines personnes y ayant contribué en cours de route. Si tel est le cas, nous en sommes désolés, mais sachez que notre appréciation envers vous est sans borne.

Nous vous sommes vraiment reconnaissants et nous vous aimons tous!

Introduction

« Elle est toujours là pour moi », « Je peux l'appeler aussi bien le jour que la nuit », « Je peux lui dire n'importe quoi », « Je serais perdue sans elle. » Ces phrases ne sont que quelques-unes de celles qui revenaient de façon répétée dans les milliers d'histoires inspirantes, sincères et pleines d'humour qui nous ont été soumises pour le *Bouillon de poulet pour l'âme des sœurs.* Qu'elles soient reliées par les liens du sang ou du cœur, nos sœurs nous connaissent mieux que quiconque. Nous sommes taillées dans le même tissu et façonnées par une expérience unique et partagée. Nos sœurs savent mieux que personne d'autre où, quand et avec qui nous avons grandi.

Nous sommes à la fois des amies, des copines de magasinage, des confidentes, des rivales, des testeuses de projets et plus encore. Selon la proximité ou la distance du moment, ces liens invisibles se tendent et se relâchent, mais, dans la plupart des cas, nous restons toujours liées.

Nous avons conçu ce livre comme un cadeau à offrir à nos propres sœurs ; cependant, nous espérons qu'il vous inspirera à reconnaître le rôle essentiel que jouent vos sœurs dans votre vie. Vous avez probablement remarqué que, dans les moments d'épreuve, vous cherchez naturellement le soutien d'une autre femme. Nous nous sentons moins seules lorsque nous parlons avec notre sœur biologique ou avec une sœur de cœur que nous avons choisie.

Savoir que nous pouvons compter sur notre sœur en temps de crise ou pour célébrer une bonne nouvelle nous apporte un grand réconfort. Avec nos sœurs, nous pouvons parler pour rien dire, sans ordre du jour ou sans attente de résultats — seulement pour écouter et être écoutées.

En plus, nos sœurs sont les gardiennes de nos souvenirs les plus chers: les blottissements sous les couvertures au milieu de la nuit, les bains pris ensemble, les répétitions pour les récitals de piano et les spectacles à l'école, les expériences de vacances en famille, les secrets partagés, les premiers soutiens-gorges, les premières menstruations, les premiers copains… Ces nombreux souvenirs sont le fondement sur lequel repose toute relation avec une sœur.

Les sœurs partagent. Nous partageons la joie d'un premier amour et la douleur du rejet. Nous nous confions souvent nos pensées les plus intimes: nous confessons nos gestes les plus ridicules ainsi que nos aspirations et nos rêves jamais révélés. Notre lien avec notre sœur est renforcé parce que nous partageons les cadeaux récoltés après avoir survécu aux heures les plus sombres de la famille. Nos sœurs partagent aussi bien notre fardeau que nos joies, notre douleur que nos triomphes.

Et permettez-nous de ne pas oublier nos frères. Même si nous pouvons rarement discuter avec eux de problèmes uniquement féminins comme nous le faisons avec les femmes, nous partageons quand même un lien biologique et émotionnel unique. Nous avons donc consacré un chapitre spécial aux frères, ces personnes spéciales qui ont été les premières à nous apprendre les multiples différences qui existent entre les hommes et les femmes. Ils nous ont montré comment grimper aux arbres, comment nous battre aussi bien que n'importe quel garçon, et comment nous laisser guider plutôt que mener sur le plancher de danse.

Les histoires de *Bouillon de poulet pour l'âme des sœurs* parlent de l'amour, des obstacles à surmonter, de la famille, de grandir, de déménager au loin, de devenir des parents, d'accepter de perdre des êtres aimés et du lien entre les générations. Nous sommes heureux de célébrer cette relation unique et espérons que vous allez apprécier ces histoires autant que nous. Nous espérons aussi que ce recueil révélera la magie du lien entre femmes et vous incitera à apprécier la chance que vous avez d'être une sœur et d'en avoir une.

1

L'AMOUR ET LE SOUTIEN D'UNE SŒUR

Notre chez-soi est le lieu où nous aimons,
le chez-soi que nos pieds peuvent quitter,
mais pas notre cœur.

Oliver Wendell Holmes

La revanche des filles de cinquième année

Une mère ne peut pas forcer ses filles à devenir des sœurs unies. Elle ne peut pas en faire des amies, des compagnes ou même des complices dans les mauvais coups. Par contre, si elle est vraiment chanceuse, ses filles découvriront par elles-mêmes la solidarité féminine et auront une véritable alliée pour la vie. Malheureusement, mes filles ne semblaient pas être les meilleures candidates pour vivre l'amour entre sœurs. Elles étaient aussi différentes l'une de l'autre que le jour et la nuit, et aussi à l'opposé que puissent l'être deux filles vivant sous le même toit.

Ma plus jeune, Laura, est intelligente, athlétique et excelle dans presque tout ce qu'elle entreprend. Pour elle, par contre, les relations amicales sont fragiles. À l'âge de sept ans, elle éprouva de nombreuses difficultés lorsqu'elle commença à prendre quelques repas entre copines et à passer des nuits à leurs résidences.

Sa sœur, Catherine, pour sa part, trône au sommet de la hiérarchie à l'école élémentaire. Non seulement elle est belle, brillante et très populaire auprès des étudiantes de cinquième année, mais elle est constamment entourée d'une bande de copines en adoration. Mais Catherine et ses amies ne portent guère attention aux vaillants efforts de sa sœur Laura pour se faire remarquer. Lorsque vous êtes en deuxième année, un mot ou un signe de tête de la part d'une fille de cinquième est la chose la plus merveilleuse qui puisse vous arriver.

Un de ces matins mouvementés, alors que les deux sœurs se préparaient pour l'école, elles me supplièrent de leur créer une nouvelle coiffure. Après un long soupir, j'attrapai les brosses, les peignes et les broches, et leur improvisai rapidement un nouveau look. Les cheveux fins de Laura se transformèrent en une tresse raffinée sur le côté, alors que je rassemblai les cheveux noirs et brillants de Catherine en une tresse française. Enchantées du résultat, mes deux filles se sont mises à tournoyer devant le miroir.

Laura s'élança dehors, balançant fièrement sa tresse en tous sens. Mais, à son arrivée à l'école, une fille la pointa du doigt en murmurant quelque chose à ses copines. Puis, elle s'avança vers Laura et lui demanda d'un ton cinglant: « C'est quoi cette tresse horrible? »

Laura s'effondra. En classe, elle demanda la permission à son professeur de se rendre aux toilettes. Là, dans une cabine vide, elle s'assit et pleura à chaudes larmes. Quand elle arriva au bout de sa peine, elle aspergea son visage d'eau froide, prit son courage à deux mains et retourna bravement en classe, la tresse intacte.

Cet après-midi-là, elle me brisa le cœur avec sa triste histoire. *Comment avais-je pu l'envoyer à l'école avec une telle tresse? Comment avais-je pu l'entraver dans sa timide tentative de vouloir s'intégrer aux autres filles?* Je retins mes larmes durant tout le trajet nous ramenant à la maison. En écoutant les doléances de sa sœur, Catherine s'installa dans un silence de pierre et, comme cela m'arrivait souvent, je souhaitai que mes deux filles aient ce genre de lien qui leur permettrait d'aller l'une vers l'autre. Durant la soirée, je remarquai à peine que Catherine passait plus de temps que d'habitude au téléphone.

L'après-midi suivant, alors que je me rangeais dans la file de voitures, je découvris qu'un petit miracle s'était produit. Laura était entourée des filles les plus intelligentes, les plus jolies et les plus populaires de la cinquième année. Ma toute petite fille, complètement ébahie, rougissait alors que les filles la faisaient tournoyer sur elle-même en la complimentant, lui accordant ainsi une bonne dose d'attention. Soudain, à ma grande surprise, je réalisai que chacune d'elles portait une tresse nouée sur le côté, exactement comme celle que Laura portait la journée précédente. « Dix tresses horribles », pensai-je, ravalant l'émotion qui me nouait la gorge.

« Je ne sais pas ce qui s'est passé ! » s'exclama Laura, tout excitée en montant dans la camionnette. « J'ai levé la tête et chacune des filles portait une tresse comme la mienne. » Durant tout le trajet de retour à la maison, Laura, rayonnante de bonheur, les mains posées sur ses genoux délicats, se remémorait ce moment sublime.

Je regardai dans le rétroviseur vers Catherine et je crois qu'elle m'a fait un clin d'œil. Mais je n'en suis pas certaine.

Carolyn Magner Mason

Un cadeau d'amour

Pour être à mon meilleur,
j'ai besoin de toi à mes côtés.

Mariah Burton Nelson

« C'est le moment », chuchota ma sœur. Je me réveillai aussitôt, mon cœur battant à grands coups dans ma poitrine. Il était quatre heures du matin et je me demandais comment j'avais pu dormir aussi longtemps. Après tout, c'était le matin de Noël et j'aurais dû être réveillée depuis des heures.

Nous nous sommes faufilées aussi rapidement que possible dans le corridor. Nos parents dormaient profondément dans une chambre arrière de la maison. J'avais attendu ce moment toute l'année et chaque jour je rayais une à une les dates sur mon calendrier. J'avais regardé chacune des émissions spéciales de Noël à la télévision, de Charlie Brown à Rudolph, et maintenant que le matin de Noël était enfin arrivé, je pouvais à peine me contenir. Je voulais rire, jouer et, peut-être plus encore, je voulais déballer mes cadeaux.

Alors que nous approchions du bureau, ma sœur déposa un doigt sur ses lèvres et murmura : « Le père Noël est peut-être encore ici. » J'ai hoché la tête en signe de totale approbation. À six ans, je connaissais déjà tout du père Noël et de sa magie. À onze ans, ma sœur essayait de donner vie à mon rêve.

Lorsque nous avons finalement pénétré dans le bureau, mon premier réflexe a été de me précipiter sur les cadeaux si soigneusement empilés dans la pièce; mais quelque chose en moi me fit hésiter. Plutôt que de m'élancer, je regardai la pièce avec émerveillement, voulant que ce moment dure le plus longtemps possible. Ma sœur se tenait silencieuse à mes côtés tandis que nous admirions le magnifique sapin que nous avions décoré ensemble quelques semaines plus tôt. Les lumières scintillaient, les décorations brillaient et notre ange doré, installé en haut du sapin, était légèrement incliné. C'était le plus beau spectacle que j'avais jamais vu.

Sur une table, non loin, les biscuits que nous avions laissés dans une assiette à l'attention du père Noël avaient disparu, et une petite note disait: « Merci! Joyeux Noël! »

Mes yeux s'écarquillèrent de stupeur devant la note, car j'étais convaincue d'avoir enfin trouvé la preuve irréfutable de l'existence du père Noël. Mais avant que j'aie eu le temps de m'émerveiller davantage sur la note, ma sœur me remettait un petit paquet. « C'est de moi », mentionna-t-elle avec un sourire gêné.

Les doigts tremblants, j'ai déballé lentement le cadeau, préservant avec soin la boucle verte. À l'intérieur, je trouvai le collier favori de ma sœur. C'était un petit cœur sur une chaîne en or. Elle l'avait reçu de notre grand-père, deux ans plus tôt. À cette vue, mes yeux se remplirent de larmes. Le petit mot du père Noël était désormais relayé aux oubliettes.

Elle me prit dans ses bras et me chuchota doucement à l'oreille: « Il devait t'offrir un collier similaire cette année, mais… ». Elle cessa de parler, essuya ses yeux, puis ajouta: « …mais il n'a pas eu cette chance ».

Notre grand-père était décédé le matin de Pâques. Sa crise cardiaque fut un choc terrible pour toute la famille et notre mère le pleure encore en silence, lorsqu'elle pense que personne ne la voit.

Ma sœur aînée releva ses minces épaules et d'un air courageux me dit: « Alors, j'ai pensé que tu aimerais avoir le mien. »

J'ai tenu le collier comme s'il était fait de l'or le plus fin au monde. On aurait dit qu'il brillait encore plus que les lumières de notre sapin.

« Laisse-moi t'aider », dit-elle en s'avançant vers moi pour mettre le collier autour de mon cou.

J'avais l'impression de sentir un cœur chaud sur ma peau, comme s'il était en vie. Je pouvais voir mon grand-père dans mon esprit. Il adorait Noël et, chaque année, il nous offrait une surprise.

« Considère ce cadeau comme la surprise de grand-papa », me dit ma sœur, comme si elle avait lu dans mes pensées.

J'ai pris sa main et je l'ai tenue avec toute la force que je possédais.

Lorsque, deux heures plus tard, nos parents entrèrent enfin dans le bureau, ils virent un magnifique sapin de Noël, une douzaine de cadeaux encore emballés et deux sœurs se serrant très fort l'une contre l'autre.

Cindy Beck

Une sœur aînée nous aide à rester moitié femme, moitié enfant.

Anonyme

Promesse solennelle

Les amis qui comptent sont ceux que vous pouvez appeler à quatre heures du matin.

Marlene Dietrich

Avec un écart de cinq années entre nous, les gens disaient encore à quel point c'était étrange de nous ressembler autant. Ma sœur et moi possédions plusieurs traits identiques du visage et, bien sûr, nous avions toutes les deux de longs cheveux roux. En fait, j'ai eu des cheveux jusqu'au moment d'entreprendre une chimiothérapie. Au fil des traitements, mes longues mèches de cheveux roux se sont mises à tomber par touffes.

J'ai touché ma tête maintenant chauve. De nouvelles larmes me sont montées aux yeux. Désormais, personne ne parlerait plus d'une ressemblance entre ma sœur et moi.

Ma sœur Marlanea, qui prenait l'avion du Montana pour venir me voir, ignorait à quel point j'aurais l'air affreuse. Ayant toujours été la sœur protectrice veillant sur elle et lui évitant les dangers et les embûches, je souhaitais la préparer et la protéger du choc qu'elle aurait en me voyant. Notre mère disait toujours qu'elle était mon cadeau d'anniversaire puisqu'elle était née le jour de mes cinq ans. J'ai pris cela très au sérieux, et je l'ai aimée de tout mon cœur.

Nous avons grandi telles deux sœurs inséparables. Nous étions les meilleures compagnes l'une pour l'autre. Nos parents avaient l'habitude de dire que nous aurions dû être des jumelles tellement nous nous ressemblions et étions proches l'une de l'autre.

Même notre façon de penser était semblable. Quand nous magasinions, nous achetions de petits cadeaux à l'autre — des T-shirts aux tasses à café — mais, la plupart du temps, nous nous achetions la même chose. Nous partagions un lien qui s'avérait un mystère inexplicable pour la plupart des gens.

Maintenant que nous sommes des adultes, nous vivons dans des États différents. Lorsque Marlanea m'a téléphoné, tout ce que j'ai pu lui répondre, c'est : « Allô ! » Elle a aussitôt rétorqué : « Je sens que quelque chose ne va pas. Qu'est-ce qui se passe ? »

Guère surprise par sa capacité mystérieuse de détecter chez l'autre que quelque chose ne va pas, je lui mentionnai qu'à huit heures, le matin même, j'avais dû faire euthanasier notre animal de compagnie. Sans ajouter un mot, nous avons pleuré. Les larmes que je n'avais pas versées plus tôt ce matin-là coulaient désormais librement sur mes joues alors que je lui parlais au téléphone.

Dès que ma sœur sut que j'avais le cancer, elle me téléphona presque tous les matins. L'inquiétude perçait toujours dans sa voix même si son ton demeurait joyeux. Chaque semaine, elle m'envoyait une carte humoristique ; un rayon d'espoir qui m'incitait à croire que j'irais mieux.

Durant une conversation téléphonique larmoyante, elle m'assura que je ne serais pas une autre victime de cet intrus qu'est le cancer.

« Comment le sais-tu? ai-je demandé en pleurs.

– Parce que, lorsque nous étions très jeunes, nous nous étions fait la promesse solennelle de ne mourir que si l'autre était prête à mourir. Puisque je ne le suis pas, tu ne l'es donc pas, toi non plus. »

Nous n'avons jamais discuté de ce qui se produirait si nous manquions à cette promesse, mais nous savions toutes les deux qu'il s'agirait d'un événement très grave.

J'ai entendu son taxi approcher du portail de la maison. Ma sœur, mon amie, venait d'arriver.

Les mains tremblantes, j'ai touché une autre fois ma tête chauve, puis j'ai ouvert la porte à ma meilleure amie, ma sœur.

Elle était là, devant moi, le soleil brillant derrière elle, l'éclairant comme l'ange que j'ai toujours pensé qu'elle était. Elle portait un « blue-jean » étroit, un T-shirt et un chapeau sur lequel était écrit: « J'ai une mauvaise journée aujourd'hui. »

Nous avons souri toutes les deux.

« Salut, ma sœur! lui ai-je dit.

– Salut, ma sœur! » répliqua-t-elle.

Marlanea leva sa main et retira son chapeau. Elle avait rasé sa tête. Nous sommes restées là, pleurant, riant et nous enlaçant.

Tout ce qu'elle put me dire, émue, c'est: « Nous nous ressemblons encore comme des sœurs.

– Je t'aime », fut tout ce que je pus lui répondre.

J'ai fermé les yeux et récité une prière silencieuse: *Merci, mon Dieu, pour ma vie. Merci, Dieu du ciel, pour la présence de ma sœur. Merci, Mère, pour mon cadeau.*

Dawn Braulick

La marche de Diane

Pour avoir des lèvres attirantes, dites des mots empreints de gentillesse. Pour avoir de beaux yeux, cherchez ce que les gens ont de bon en eux. Pour avoir de l'assurance, marchez en sachant que vous ne serez jamais seule.

Audrey Hepburn

Diane et sa sœur avaient seulement dix-huit mois d'écart d'âge, mais elles étaient deux êtres complètement opposés. Diane était extravertie et audacieuse. Un sourire plissait souvent son petit nez plein de taches de rousseur et illuminait ses grands yeux bruns. Autant à l'intérieur qu'à l'extérieur de l'école, on la retrouvait entourée d'un groupe d'amies turbulentes et ricaneuses. Sa sœur, par contre, était d'un tempérament calme et timide. Ses yeux étaient bleus et cachés derrière des lunettes. Elle préférait passer la plupart de son temps seule, absorbée dans la lecture d'un livre.

Ces deux filles très différentes partageaient une chambre peinte en jaune à l'étage de la maison. Elles se chamaillaient, se disputaient, se lançaient des menaces et pleuraient. Elles en vinrent même à dessiner une ligne de démarcation au centre de leur chambre. La vie était loin d'être harmonieuse.

Mais le temps passa et les filles grandirent. Elles fréquentèrent l'université. Puis, Diane se trouva un emploi et un appartement près de Washington, D.C.

Sa sœur, quant à elle, se maria très jeune et eut deux enfants. Leur vie avait pris des directions différentes.

Quand elles furent dans la cinquantaine, la sœur de Diane reçut le diagnostic d'un cancer du sein.

Diane se sentit impuissante et frustrée. Elle voulait faire quelque chose pour lui venir en aide. Lorsqu'elle entendit parler d'une marche organisée dans le but d'amasser des fonds pour la recherche sur le cancer du sein, elle s'inscrivit sans hésitation, déterminée à faire une différence dans la vie de sa sœur.

Diane écrivit des lettres à ses amis, à ses voisins et à ses proches afin qu'ils commanditent sa marche. Puis, elle commença à s'entraîner après son travail et durant les week-ends. Pendant tout l'automne, elle marcha — d'abord de courtes distances, puis de plus longues et encore de plus longues. Elle enfilait son sac à dos, accrochait un pompon sur sa casquette de baseball orange et marchait, ajoutant des kilomètres chaque semaine. Elle marcha sous la pluie, sous la neige, dans la gadoue et le froid. Cinq kilomètres. Dix kilomètres. Le printemps arriva : quinze kilomètres, pour ensuite atteindre les vingt kilomètres par jour. Elle marcha plus de cinq cents kilomètres afin de bien se préparer pour cette épreuve.

Elle recueillit les dons de ses nombreux amis afin d'aider à trouver un remède contre le cancer du sein, pour un total de plus de sept mille dollars.

La fin de semaine de la marche, sa sœur et son beau-frère se rendirent en auto sur les lieux pour l'encourager. Diane, une femme de cinquante-quatre ans, qui n'avait jamais rien fait de semblable dans sa vie, marcha les cent kilomètres prévus jusqu'au fil d'arrivée au centre-ville de Washington, D.C.

Alors que les drapeaux à la base du Monument Washington flottaient au soleil et que la musique se propageait dans l'air chaud du printemps et dans la foule, la sœur de Diane voyait comme des vagues et des vagues de gens vêtus de T-shirts bleus marcher triomphalement sur la colline. Soudain, elle ne vit plus qu'une seule personne — la femme avec un pompon sur sa casquette orange, une femme qui avait parcouru tant de chemin pour elle.

Cette histoire d'amour et de générosité est véridique. Je le sais, parce que c'étaient mes yeux bleus qui cherchaient parmi la foule derrière mes lunettes. Et Diane, la femme avec le pompon sur sa casquette orange, c'est ma sœur.

C. Michele Davis

Une promesse à Roxanne

Parce qu'il n'y a pas de meilleure amie
qu'une sœur
Par temps calme ou orageux;
Pour encourager l'autre sur un chemin
pénible,
Pour aller la chercher si elle s'égare,
Pour la relever si elle chancelle,
Pour fortifier l'une alors que l'autre
se tient debout.

Christina Georgina Rossetti

« Déjeuner! » Je lâche le mot et, en quelques secondes, le plancher au-dessus de moi se met à trembler alors que des pieds dévalent l'escalier en vitesse. Et, en me retournant, je vois la photo. Elle représente les garçons assis avec leur mère, ses bras les enlaçant tous les deux. *Roxanne, tes bras sont toujours autour d'eux*, me dis-je.

Même si mon frère Ross était l'aîné, Roxanne, celle du milieu, a toujours été mon roc inébranlable. « Sois forte », me disait-elle souvent après le divorce de nos parents. D'une certaine manière, il y avait quelque chose de spirituel à propos de Roxanne. Ses mots de réconfort me faisaient toujours du bien.

Justin a été son premier enfant; deux ans plus tard, Shaun a vu le jour. Chaque fois que je voyais

Roxanne les cajoler, je pensais: *Un jour, j'aimerais bien moi aussi avoir deux garçons*.

Mais la vie de Roxanne n'était pas parfaite. Elle divorça et je déménageai chez elle pour lui permettre d'aller travailler et étudier.

« Tante Rhonda, surveille-moi ! » criait Justin de sa bicyclette. Quant à Shaun, il rampait vers moi et s'installait sur mes genoux avec son ourson. Plus tard, je déménageai et commençai ma propre vie. Roxanne rencontra un homme qui me déplaisait jusqu'au moment de rencontrer Tony, qui aimait ma sœur autant que les garçons. À ma plus grande joie, ils se sont mariés. Mais, quelque chose arrivait à Roxanne.

« Je me suis endormie en classe, aujourd'hui, me dit-elle. Et j'ai une fièvre qui ne me quitte pas. » Finalement, elle alla consulter un médecin.

« Vous êtes à un stade avancé de SIDA », lui annonça le médecin. Un silence de consternation tomba dans la pièce. Ross et maman allèrent l'enlacer tandis que je me tenais là, tremblante d'incrédulité.

Même si Roxanne pleurait, elle ne semblait pas surprise. Cet homme qu'elle avait fréquenté, celui que je n'aimais pas, avait été un consommateur de drogues par intraveineuse.

« Ne pleure pas pour moi, me dit-elle, pense à tout ce que j'ai aimé. » Puis, en me regardant bien, et comme si elle y avait déjà réfléchi, elle ajouta:

« Rhonda, je veux que tu t'occupes de mes garçons. »

Oh! Roxanne, ai-je pensé, *tu ne mourras pas. Ils vont trouver un remède!* Je suis rentrée à la maison et j'ai pleuré toute la nuit.

Tout ce que nous avons dit aux garçons, c'est que leur mère était malade. Nous voulions leur épargner le chagrin le plus longtemps possible. Mais peut-être était-ce le fait de ne pas savoir qui les mettait en colère. Rapidement, les garçons ont commencé à faire l'école buissonnière. De la fenêtre chez Roxanne, je les voyais avec leurs nouveaux amis, des enfants à problèmes, bien évidemment. « Nous vivons des années difficiles, ai-je dit à Justin. Mais n'abandonne pas. Rappelle-toi qui tu es. » Mon cœur se serrait. *Ils sont les fils d'une mère qui se meure*, pensai-je.

Puis, un jour, alors que j'étais à l'extérieur pour le travail, j'ai reçu un appel de Roxanne. « Justin a volé une automobile et quelqu'un a donné de la marijuana à Shaun! »

Lorsque je me suis précipitée chez Roxanne, ses joues étaient mouillées de larmes. « Je suis trop malade pour m'occuper d'eux, et Tony veille sur moi. Ils ont besoin de toi maintenant!

– Maintenant? dis-je, tremblante.

– Je veux qu'ils soient de bons garçons, répondit-elle en pleurant. Je veux qu'ils soient des jeunes hommes bien. » Je regardais dans ses yeux tristes et suppliants. Elle avait besoin de moi. Comment pouvais-je la laisser tomber?

J'étais absente quand Roxanne apprit aux enfants qu'ils allaient perdre leur mère et qu'ils quitteraient la maison. Dans la noirceur de mon salon, j'imaginai leurs larmes et je me suis demandé *Serai-je en mesure de les aider?*

Je n'ai guère eu le temps de m'inquiéter: deux semaines plus tard, j'en avais la garde. Les nuits étaient difficiles, particulièrement quand les garçons avaient passé la journée avec Roxanne. Shawn m'entourait de ses bras et je pouvais sentir ses larmes sur mes épaules. Il pleurait et disait: « J'ai peur et je veux retourner à la maison.

– Tout va bien, lui ai-je murmuré à l'oreille. Ta mère et moi, nous t'aimons. » Du coin de l'œil, j'ai alors vu Justin qui se tenait là, en pyjama. Il m'a dit avec fermeté qu'il ne pleurerait pas.

Comme l'état de Roxanne se détériorait, je savais que je devais être forte pour eux. « Les devoirs en premier », leur disais-je en éteignant la télévision. « Mais, maman nous laisse faire », protestaient les jeunes. « Nous n'irons pas à l'église », lançaient-ils. « Oui, vous irez à l'église » était ma réponse.

Même si, au début, ils s'y rendirent à contrecœur, au bout d'un moment, ils en vinrent à anticiper le moment où ils reverraient leurs nouveaux amis. Les batailles étaient de moins en moins nombreuses et les visites chez Roxanne étaient devenues plus calmes. Je les regardais, assis sur le lit et bavardant de l'école. Roxanne les prenait dans ses bras et, par-dessus leurs épaules, ses yeux rencontraient les miens et elle articulait en silence: « Merci ! »

C'est à l'église que je fis la connaissance de Jerry. Lorsque Roxanne le rencontra, elle dut penser : *Cet homme pourrait élever mes enfants.* La même pensée traversa mon esprit. Ce printemps-là, il fut celui qui joua avec les enfants lorsque Roxanne était trop malade pour recevoir leur visite. Au mois de juin, elle me dit: « J'ai demandé à Dieu de me laisser vivre un dernier été. Cela m'apporte la paix de savoir comment sera leur vie quand je serai partie. » Cinq jours après le début de l'automne, Roxanne alla rejoindre Dieu.

Durant les semaines qui ont suivi, les garçons et moi avons parlé du paradis. « Elle est notre ange gardien », me dirent-ils. Et nous avons partagé nos histoires sur Roxanne. *Nos souvenirs vont la garder vivante*, ai-je pensé.

Bientôt, des étreintes ont remplacé nos larmes. Et au mois de juin suivant, les garçons se tenaient à nos côtés, alors que Jerry et moi prononcions nos vœux.

Aujourd'hui, si nous sommes dehors et que quelqu'un dit aux garçons: « Vos parents… », je les corrige toujours. « Nous sommes tante Rhonda et Jerry. » Je ne pourrai jamais prendre la place de Roxanne — et je ne le veux pas. Je désire seulement élever les garçons pour qu'ils deviennent les jeunes hommes bien qu'elle voulait qu'ils soient.

« Je travaille ce soir », me rappelle Justin au moment du petit-déjeuner. Il a seize ans et économise pour ses études universitaires.

« Je t'aime », lance Shaun en quittant la table. Il a quatorze ans et voudrait se consacrer à la biologie marine. Je sais que ses rêves peuvent changer bien des fois, mais au moins, il a des rêves !

Parfois, je dis aux enfants, alors qu'ils s'apprêtent à franchir la porte : « Votre mère serait tellement fière de vous. » Ils me sourient et, à travers leurs sourires juvéniles et confiants, débordants de promesses de vie, je vois ma sœur, immobile, et je sais qu'elle veille sur eux.

Nous venons de si loin, me dis-je, et je sais que nous n'avons jamais marché seuls. Dieu a guidé notre famille. Quant à toi, Roxanne, nous sentons *tous* tes bras autour de nous.

Rhonda Adkins
Tel que raconté à Carla Merolla
Paru dans Woman's World

Es-tu certaine ?

Le cœur a ses raisons
que la raison ne connaît point.

Blaise Pascal

Un jour, en deuxième année du primaire, j'ai levé ma main et demandé à sortir de la classe. J'ai marché dans le corridor jusqu'à la classe de quatrième année, frappé à la porte et demandé à parler à ma sœur. En pleurs, je lui ai chuchoté : « J'ai oublié mon lunch. »

Sans hésiter, ma sœur m'a dit : « Attends-moi ici. » Elle a pris son sac brun, est revenue vers moi et m'a tendu la moitié de son sandwich au beurre d'arachide et à la confiture, la moitié de ses craquelins, la moitié de ses raisins, et même la moitié de ses biscuits à l'avoine !

« Voilà, prends ceci, m'a-t-elle dit.

– Es-tu certaine ? lui ai-je demandé. Même tes biscuits ? »

Elle a souri et m'a fait signe que oui de la tête.

« Merci », lui ai-je répondu, serrant le lunch contre moi tout en revenant vers ma classe.

Des années plus tard, elle a assisté à mon mariage et moi, au sien. Quelque temps après, j'apprenais que je souffrais d'endométriose. J'ai entrepris une ronde de médication et d'opérations, espérant obtenir un peu de soulagement contre la douleur tout en conservant l'espoir de pouvoir porter des enfants.

Entre-temps, cette même sœur est devenue enceinte. Alors qu'elle se préparait à accoucher, moi, je me préparais à ma quatrième opération : une hystérectomie.

Cette fois-ci, ma perte était beaucoup plus importante qu'un lunch et ma sœur ne pouvait pas venir à ma rescousse. Malgré tout, lorsqu'elle et son mari m'ont demandé, ainsi qu'à mon époux, de devenir les tuteurs légaux de leur petite fille naissante si un malheur devait leur arriver au cours des années, mon cœur a pu l'entendre dire : « Voilà, prends ceci.

— En es-tu certaine ? » ai-je demandé.

Elle a souri en hochant la tête en signe d'assentiment.

« Merci », ai-je murmuré en serrant contre moi leur ravissante fille.

Penny Perrone

Les photos

Bénis soient ceux qui croient et voient
à travers les yeux d'un enfant.

Auteur inconnu

Je n'ai jamais eu de sœur, seulement deux frères plus jeunes que moi. Même s'il semble que j'ai passé mon enfance à vouloir m'en débarrasser, maintenant que nous sommes devenus des adultes, nous nous entendons très bien. J'étais loin d'être ce qu'on pourrait appeler une sœur aînée bienveillante. Je crois que la situation aurait été différente si j'avais eu une sœur plutôt que des frères. J'enviais la relation qu'avaient quelques-unes de mes amies avec leurs sœurs. Lorsque j'ai eu mes deux filles, j'ai souhaité qu'elles puissent vivre ce que j'avais seulement pu rêver au cours de mon enfance.

Durant les premières années, rien ne semblait se dérouler comme je l'espérais. Lorsque mes filles étaient plus jeunes, même si elles s'entendaient bien la plupart du temps, on ne pouvait pas dire qu'elles se comportaient comme des âmes sœurs. Était-ce leur différence d'âge — Shoshana avait presque cinq ans quand Ilana est née —, ou simplement leurs personnalités différentes ? Alors qu'elles grandissaient, mon rêve d'une belle complicité entre mes deux filles perdit de son importance. Après tout, elles étaient belles, intelligentes et, même si elles n'étaient pas particulièrement proches l'une de l'autre, elles s'aimaient réellement.

Mais lorsque mon rêve était presque oublié, les choses ont commencé à changer.

C'était le mois de juin, Shoshana avait quatorze ans et se préparait pour aller terminer son cours secondaire dans une nouvelle école. Comme plusieurs autres adolescents de notre petite communauté, elle avait décidé de suivre ses cours dans une école de Chicago en raison de son excellente réputation académique. Cet argument atténua notre appréhension d'envoyer notre fille à près de cent soixante kilomètres loin de la maison, avec des retours seulement pour les fins de semaine.

Au début, c'était difficile de penser que notre fille vivrait si loin, mais nous savions, mon mari et moi, que cette expérience serait bonne pour elle. Graduellement, nous nous sommes habitués à l'idée.

Mais pas Ilana.

En fait, je n'en savais rien à cette époque. Préoccupée par les besoins de Shoshana, je ne m'étais pas vraiment arrêtée aux répercussions sur Ilana. Je n'avais pas pensé que, du haut de ses neuf ans, Ilana pouvait éprouver de vifs sentiments à ce sujet. Après tout, sa sœur serait partie de toute façon à l'université dans quatre autres années. Cet écart dans le temps ne m'apparaissait donc pas vraiment important. Mais, il l'était pour Ilana.

J'aimerais pouvoir dire que je savais tout cela en raison des longues et sincères conversations que j'avais eues avec Ilana sur ce sujet, ou parce qu'elle s'était confiée à moi, ou parce qu'elle avait exprimé ses sentiments à Shoshana. Mais il s'agirait d'un mensonge. Je l'ai découvert seulement par hasard.

Un matin, environ une semaine avant le départ de Shoshana pour sa nouvelle école, je suis entrée dans la chambre d'Ilana pour ranger du linge propre. Elle était assise sur le plancher, entourée de nombreuses photographies. En les regardant plus attentivement, j'ai vu qu'il s'agissait des photos prises durant notre voyage familial de camping estival. Ces photos étaient peut-être arrivées par la poste le matin même, car je ne les avais jamais vues. J'étais légèrement contrariée qu'Ilana les ait apportées dans sa chambre sans m'en parler, mais ce que je vis ensuite attisa vraiment ma colère. Ilana, munie de ciseaux et de colle, coupait avec précaution les silhouettes de certaines photos pour les coller sur du papier de bricolage rose.

« Qu'est-ce que tu fais là? criai-je. Arrête ça tout de suite! Pourquoi coupes-tu ces photos? »

Sans même attendre sa réponse, je me suis emparée des photos et je suis sortie comme un ouragan de sa chambre. J'étais trop en colère pour parler à Ilana à ce moment-là. J'ai seulement lancé les photos sur la commode de ma chambre et quitté en furie.

Ilana demeura dans sa chambre le reste de la matinée. À l'heure du dîner, j'ai décidé d'aller la rejoindre pour parler avec elle. À cette étape, j'étais plus curieuse qu'en colère. Je voulais savoir pourquoi elle avait découpé les photos.

En ouvrant la porte de sa chambre, je vis Ilana endormie sur son lit. À ses côtés trônait la feuille de papier de bricolage rose. Je l'ai prise et l'ai retournée. Presque la moitié de la feuille était couverte d'un collage de photographies prises durant nos vacances familiales, de même que quelques photos plus anciennes de quelques années. Chacune des images les représentait, elle et sa sœur Shoshana. Sur l'une d'elles, elles étaient des bébés, des enfants en bas âge qui prenaient leur bain ensemble. Sur une autre, elles se regardaient dans un miroir, les lèvres peintes avec mon rouge à lèvres et portant mes souliers à talons hauts. Sur une autre encore, Shoshana tenait le cadre arrière de la bicyclette d'Ilana pour qu'elle apprenne à pédaler sans les roues d'entraînement. D'ailleurs, je me souviens encore de cette journée lorsque Ilana était entrée en courant dans la maison, rayonnante de fierté. « J'ai réussi, maman! s'était-elle exclamée. Shoshana m'a montré à conduire ma bicyclette! »

Je me suis assise sur le lit, et Ilana s'étira et ouvrit ses yeux. « Bonjour, ma chérie », lui dis-je gentiment.

Sa lèvre inférieure se mit à trembler. « Je suis désolée, maman, me dit-elle.

– Je le sais, ma chérie. Ne t'en fais pas. Je suis navrée d'avoir été si en colère. Que faisais-tu, de toute façon? » lui ai-je demandé.

Elle prit le papier rose de ma main et l'étudia. « C'est pour Shoshana, dit-elle finalement. Elle pourra l'accrocher au mur de sa nouvelle chambre.

– C’est une bonne idée », approuvai-je.

Elle me regarda. « Désormais, elle va vivre vraiment loin de nous et elle sera très occupée ; elle aura de nombreux devoirs et plusieurs nouveaux amis. »

Je me suis rapprochée d’elle et l’ai prise dans mes bras. Je savais à quoi elle pensait, mais c’était trop difficile pour elle de le dire à haute voix. *Comment pourrais-je la rassurer et lui faire comprendre que les choses ne changeraient pas tant que ça? Comment lui dire avec confiance que sa sœur ne l’oublierait pas?* Après tout, je me questionnais moi-même à ce propos. Je n’avais pas les mots pour la réconforter, mais la question suivante d’Ilana m’a fourni la réponse.

« Crois-tu qu’elle va l’aimer ? » me demanda-t-elle avant d’ajouter : « Je n’aurais pas dû choisir un papier rose. Shoshana déteste le rose. Moi, j’aime le rose, c’est pour ça que j’ai choisi cette couleur-là. Mais, ce collage n’est pas pour moi.

– Je pense qu’elle va l’aimer, lui répondis-je gentiment. Tous les jours, elle va poser un regard sur ton collage et elle pensera à toi parce que le rose est ta couleur préférée. » Je n’avais aucun doute qu’elle ferait ce geste quotidiennement.

Lorsque Shoshana déménagea dans sa nouvelle chambre, il lui fallut plusieurs semaines avant de s’installer définitivement et trouver de la place pour ranger toutes ses affaires. Mais, dès la première journée, elle accrocha au mur le carton rose.

Ilana avait raison: Shoshana fut vraiment occupée durant les premiers mois de sa nouvelle vie scolaire. Nous avions la chance de lui parler tous les soirs au téléphone, mais nous ne pouvions la voir que les fins de semaine, et ses devoirs lui prenaient beaucoup de son temps et elle voulait également rencontrer ses amis. Heureusement, elle avait le carton rose pour se souvenir de nous. En fait, elle s'en souvenait très bien. Je le découvris aussi un soir, par pur hasard. Quelques semaines après le début de la nouvelle année scolaire, je suis entrée dans le bureau. Ilana était assise devant l'ordinateur et s'est mise à pouffer de rire.

« Qu'est-ce qu'il y a de si drôle? » ai-je demandé. Ilana pointa un courriel de Shoshana.

Le message commençait par cette phrase: « Te souviens-tu de l'époque où je te montrais comment conduire une bicyclette sans les roues d'entraînement? Un jour, j'ai lâché la bicyclette. Comme tu n'arrivais pas encore à la maîtriser, tu as roulé directement dans le jardin de fleurs de madame Parker et tu as écrasé toutes ses tulipes. »

À l'Action de grâce, Ilana avait accumulé tellement de courriels de sa sœur qu'ils atteignaient deux centimètres d'épaisseur. Chacun d'eux commençait par une référence à l'une de ces photos.

Il a fallu cette distance physique entre Shoshana et Ilana pour qu'elles développent une plus grande complicité entre elles. Durant les quatre années où Shoshana fut au loin, Ilana devint une adolescente. Les deux filles découvrirent alors qu'elles avaient beaucoup plus en commun que seulement leur enfance et des souvenirs. C'est justement le partage de ces souvenirs et de leurs expériences qui posait la base de leur amitié et s'avérait un terrain fertile sur lequel bâtir une relation encore plus solide. Toutes ces années, alors que j'avais tout oublié de l'espoir qu'un lien se développe entre elles, cela se passait alors directement sous mon nez et je n'en avais même pas pris conscience.

Quand Shoshana quitta la maison pour l'université, Ilana commençait de nouvelles études. Les deux sœurs s'écrivirent régulièrement, et Ilana imprima et conserva tous les courriels reçus. Et quand Shoshana emménagea dans sa nouvelle chambre, la première chose qu'elle accrocha au mur fut le carton rose émaillé de photos.

L'été dernier, Ilana a assisté au mariage de Shoshana à titre de demoiselle d'honneur. De superbes photos de l'événement figurent dans un album souvenir dont plusieurs représentent les deux filles posées ensemble. Ilana offrit à Shoshana et à son nouveau mari, une photo plus personnelle représentant les deux sœurs photographiées devant notre maison lors d'une douce matinée printanière. Une charmante inscription est gravée sur le cadre : « Une sœur est une compagne de soutien, loyale, aimante, protectrice et gentille. Elle est la gardienne des secrets et est unique en son genre. Une amie véritable en pensée et une pourvoyeuse de souvenirs. »

Lorsque Shoshana et son mari emménagèrent dans leur nouvel appartement, je les ai aidés à défaire leurs boîtes et à s'installer. L'appartement ressemblait à un véritable capharnaüm rempli de valises, de cadeaux partiellement ouverts et de pizzas à peine consommées. Shoshana venait juste de commencer à déballer les cartons et à placer avec soin les articles importants pour le début de leur nouvelle vie de couple : les brosses à dents, la literie, une poêle à frire.

Et, bien sûr, le papier de bricolage rose d'Ilana.

Certes, nous remplissons plusieurs rôles durant notre vie, mais parce que nous devenons de nouvelles personnes, des épouses et des mères, par exemple, nous ne cessons jamais d'être ce que nous étions enfants : des filles et des sœurs. Shoshana est une épouse maintenant et, un jour, si telle est la volonté de Dieu, elle sera une mère. Toutefois, elle est assez sage pour savoir que l'adulte qu'elle est devenue le doit beaucoup à l'enfant qu'elle a été. Elle remplit sa maison d'objets qu'elle a personnellement choisis, qui la rendent heureuse, qui lui apportent de la joie et lui rappellent ceux qui l'aiment et qu'elle aime. Elle et sa sœur passent encore du temps ensemble pour rire, partager des secrets et tout simplement pour être des sœurs avec leur propre langage particulier. Il y a suffisamment d'amour entre elles pour qu'elles puissent le partager à d'autres. Shoshana et son mari écrivent présentement leur propre histoire et font une provision de souvenirs qu'ils partageront à leurs enfants et à leurs petits-enfants dans les années à venir.

Un jour, avec de la chance, ma fille Shoshana se retrouvera devant un de ses enfants qui sera en train de découper des photos sur le plancher de sa chambre. Nul doute, à ce moment-là, Shoshana regardera un vieux carton rose décoloré par les années, encadré et accroché au mur d'une pièce de sa maison. Elle fera alors ce que j'aurais dû faire : elle se sourira à elle-même et fermera doucement la porte derrière elle.

Phyllis Nutkis

Quand mes enfants deviennent indisciplinés, j'utilise un beau parc pour bébé sécuritaire. Quand ils ont terminé, je me sors du parc.

Erma Bombeck

Bonne fête des Mères !

Alors, tu auras un enfant,
Et nous savons que c'est un garçon,
Un être doux et gentil à étreindre et à aimer.
Il sera ton propre sang, il t'aimera et t'adorera,
Mais ne te fais aucune illusion sur ce qui t'attend.

Comme le jour de la naissance de mon neveu
  arrive à grands pas,
Et en tant que sœur, maintenant maman depuis
  dix ans,
Je peux te révéler certaines choses que j'ai
  apprises, et ce, gratuitement,
Étant une mère de trois enfants, marquée par
  la vie, mais fière et heureuse.

D'abord, tu auras à investir dans une voiture
  plus grosse et plus spacieuse,
Plus elles peuvent contenir, meilleures elles sont.
Pour la poussette, le siège de bébé et le porte-bébé,
Pour le sac de couches, quelques vêtements
  et un biberon.

Quelques lingettes humides, des épingles
  et de la lotion pour les rougeurs,
Des sacs de plastique pour les couches,
  les vêtements mouillés et les ordures.
Pour le distraire : des biscuits, un hochet et
  un jouet,
Et ces bouchons pour leur bouche,
Que nous, les mères, apprécions.

Un oreiller douillet pour un petit siège de bébé,
Des chaussons confortables pour les petits pieds.
Tu auras aussi besoin de couvertures.
Ensuite, quand tout sera fin prêt,
Tu seras chanceuse s'il reste encore une place
pour toi.

Tu auras des décisions importantes à prendre,
À savoir si les couches doivent être naturelles
ou synthétiques.
Car, écologiquement parlant, notre situation
est drastique,
Tu devras donc utiliser du tissu et renoncer
au synthétique.

Mais tu pourrais parfois devenir égoïste et
désagréable,
Quand l'odeur du seau à couches te rend malade,
Et que tu dis : « Au diable, tous les oiseaux et
cette terre en déclin !
Si j'épingle une seule autre couche,
je vais devenir folle. »

Alors, tu optes pour le synthétique,
Ignorant ceux qui te font la morale.
Puis tu prépares avec soin et fierté le souper
des enfants.
Tu réduis les pommes, directement cueillies
de l'arbre, en purée
Afin que ton bébé soit en santé,
Sans absorber des agents de conservation.

Ce zèle dure environ quatre-vingt-dix jours,
Puis la mère cesse ces manières ridicules.
À l'épicerie, aucune critique ne peut la blesser
ou la perturber,
Lorsqu'elle remplit de bon cœur son chariot
de petits pots de bébé.

Les premiers nouveau-nés ne portent que
du coton sur leur peau,
Parce que ça respire et ça permet
qu'ils obtiennent ainsi le meilleur de la vie.
Ils portent le summum : des barboteuses et
des chaussons de Dior,
Et des ensembles qui coûtent
quatre-vingt-dix dollars.

Lorsque la maman a largement dépensé
en trucs chics
Pour son bébé de maintenant sept mois,
Elle retrouve enfin ses esprits.
Elle regarde son enfant détruire
tout ce qu'il approche
Et, désormais, elle fait tous ses achats
dans des grands magasins.

Ta première journée de magasinage
avec ton nouveau-né
Sera un défi hasardeux, excitant et tumultueux.
Tu passeras des heures, dans les corridors,
À la recherche d'une toilette publique,
Parce que tous les bébés deviennent affamés
Quand ils sont près d'un centre commercial.

Ils sont aussi enclins à réserver, pour cette sortie,
Tous leurs besoins d'attention, leurs malheurs et leurs cris.
Et les gens vont te pointer du doigt, ricaner et chuchoter :
« Quelle mère épouvantable ! Pauvre petit bébé ! »

Tu te rendras compte également
Que le plus gros de tous tes soucis
Sera comment monter le bébé et le landeau dans l'escalier,
Les sacs et le bébé d'un côté, la poussette en arrière,
Et ce, sans rien perdre, ni le sac, ni le bébé, ni même ta tête.

Quand tu auras terminé tes courses
Que tu reviendras à la maison en voiture,
Tu remarqueras que ton bébé est endormi dans son siège.
Il sommeille béatement, sans causer aucun problème,
Mais à la maison, quand tu seras fatiguée,
Lui, il sera bien éveillé.

Il y a plusieurs choses que tu devrais absolument savoir,
À propos de ce qu'il fera tout au long de sa croissance,
À propos de ses camarades de jeu, de ses caprices et des associations parents/enseignants,

À propos des fêtes d'anniversaires, de Noël
et des vacances.

Tu auras besoin d'autres conseils
En raison de ton inexpérience,
Mais peut-être devrions-nous attendre
Au moins que l'enfant soit né.
Je suis tellement impatiente de découvrir
ce petit être,
Qui vient à toi et, par ricochet, à moi.

Sera-t-il comme notre famille
Ou comme l'enfant de ton mari?
Sera-t-il du genre très nerveux
Ou d'un calme profond?
Sera-t-il comme l'était notre frère: pensif
et triste?
Sera-t-il du genre irascible comme notre père?

Aura-t-il ta nature chaleureuse, si patiente
et sincère?
De toute façon, nous savons qu'il sera
extraordinaire
Puisqu'il vient de toi.
Et, pour le moment, ma douce sœur,
Je t'écris simplement pour te dire:
*Je t'en prie, apprécie ta dernière fête des Mères
paisible et calme!*

Victoria E. Thompson

Nous avons choisi d'être des amies

Une sœur, c'est taquin et harceleur, murmures et chuchotements, immoral et querelleur, emprunteur et prêteur, insubordonné, tendre et affectueux, déconcertant, protecteur et réconfortant; un chez-soi accueillant.

Pam Brown

À l'âge de quatre ans, ma sœur pensa que ce serait une bonne idée de grimper sur une benne à ordures. Un groupe d'enfants, avec lequel j'étais, jouait tout près quand je l'ai entendue crier. J'ai couru pour l'attraper et, tout comme les mères qui, soudain, ont suffisamment de force pour soulever une voiture pour retirer leur enfant prisonnier, mon instinct a pris la relève. J'étais sa sœur et je n'avais que six ans, mais la vue du sang et le son de ses cris stridents me firent bouger à un rythme surhumain. Sans arrêter de penser, je me suis immédiatement emparée de la planche à roulettes d'un des enfants, j'y ai installé ma sœur et je suis partie aussi vite que mes petites jambes permettaient de me déplacer sur les trois rues suivantes. Je n'ai pas cessé de courir jusqu'à la maison, me penchant suffisamment pour pouvoir la pousser et pour, qu'en même temps, elle puisse rester en équilibre sur la planche. Mes jambes et les muscles de mes bras étaient douloureux pendant que je naviguais sur les trottoirs, poussant la planche chargée de ma sœur sur toutes les fissures et les ornières — une grande sœur en grande mission. J'étais à bout de souffle lorsque j'ai tourné le dernier coin vers notre immeuble d'habitations. Quand j'ai atteint les escaliers, j'ai lancé un cri à ma mère, un cri, prétend-elle, qui lui donne encore des frissons aujourd'hui.

Tawna n'avait subi aucune blessure sérieuse. Moi, par contre, j'ai savouré pendant un certain temps le fait d'être une héroïne. Pendant des années, ma mère a adoré raconter l'histoire du sauvetage de ma petite sœur. J'imagine que j'ai été plutôt débrouillarde pour une fillette de six ans. Ma sœur était ma meilleure amie et j'aurais tout fait pour elle.

Et c'était réciproque. À l'âge de neuf ans, alors que je célébrais mon anniversaire avec une bande de filles, nous avons monté en patins à roulettes sur une rue en pente raide du voisinage, et ma petite sœur essayait avec acharnement de nous suivre. Je suis fascinée de voir comment cette « pente » est beaucoup moins abrupte aujourd'hui, alors qu'à l'époque, c'était un monstre. J'ai roulé, non, plutôt *volé* jusqu'en bas de cette côte. Je me sentais invincible... jusqu'au moment où mon patin a heurté un caillou et que je fus propulsée dans les airs. Ce qui s'ensuivit demeure très flou. Quand j'ai finalement atterri, Tawna prit l'affaire en main et m'organisa un retour sécuritaire. Comme des fourmis ramenant ensemble de la nourriture dans leur fourmilière, les filles me remirent debout et me roulèrent sur mes patins jusqu'à la maison.

Mon bras était presque fracturé, mais j'allais bien. Tawna fut applaudie pour ses bonnes compétences sur des roulettes. Certes, elle a adoré toute cette attention, mais elle ne m'a pas aidée pour cette raison-là. J'étais sa meilleure amie, et il n'y avait aucune limite à ce qu'elle ferait pour moi.

Évidemment, notre amitié était beaucoup plus complexe que l'amitié traditionnelle. Il y avait toute cette histoire de ligne imaginaire, tracée sur le siège arrière de la voiture. Vous savez, celle construite afin de maintenir votre sœur rebelle de *son bord.* Bien sûr, il y avait le tirage de cheveux, les injures et les supplications pour demander pitié quand les parties de chatouillement s'éternisaient à en devenir une torture. Nous avons même connu une étape où nous tentions sans cesse de mordre le nez de l'autre. Et j'avais aussi ma menace personnelle favorite: « Oooh… Attention, je vais le *dire* », toujours sur la bande sonore de mes parents qui répétaient en criant: « Ça suffit, vous deux ! »

Mais il y a eu aussi des moments plus tendres. Par exemple, quand nous étions plus jeunes et qu'il nous arrivait de pleurer toutes les deux: l'une d'entre nous cessait ses pleurs et laissait l'autre sortir ses larmes. Ce n'était pas que nous prenions chacune notre tour ou autre, mais nous savions tout naturellement qui avait besoin de pleurer plus que l'autre.

Je l'ai laissée emprunter mon linge « cool » (qui n'était pas vraiment si cool maintenant que j'y repense), et je lui ai donné des conseils sur la mode, convaincue qu'elle ne devait pas aller à l'école et représenter notre bon nom habillée comme une poupée Bout d'choux. Avec patience, elle ne m'a rien refusé lorsque je me devais d'analyser chaque dernier geste de ce garçon pendant la deuxième période — même si les gars, à ses yeux, pouvaient contaminer les filles d'un quelconque virus.

Quand j'ai perdu mon premier amoureux, elle m'a serrée très fort dans ses bras et m'a assurée que tout irait bien. Elle voulait hurler et crier après lui pour m'avoir blessée — mais elle s'abstint de le faire. Quand ses amies la traitaient méchamment, je la laissais exprimer sa colère et lui disais que tout s'arrangerait pour le mieux. J'aurais voulu enseigner à ses « amies » quelques petites notions à propos de l'amitié — mais je ne l'ai pas fait. Quand j'ai obtenu mon diplôme de l'école secondaire, ma sœur pleura parce qu'elle était fière de moi, mais aussi parce qu'elle me perdait. Quand elle fut couronnée l'élève la plus appréciée de ses pairs, j'ai souri parce que je savais qu'elle avait enfin dépassé le stade du « look » *Bout d'choux* et que je n'étais plus la seule à reconnaître sa beauté intérieure et sa force tranquille.

Nous portons les secrets et gardons les plus grands espoirs de l'une et de l'autre. Quand nous sommes démoralisées, nous nous soutenons et faisons de notre mieux pour nous « rouler » l'une et l'autre vers la sécurité. Ainsi, nous avons été en mesure de faire fructifier un lien fraternel en une amitié symbiotique. Et cela me rend fière. Nous devions être des sœurs. Nous avons choisi d'être des amies.

Tasha Boucher

Jouer à Cupidon

Quel est le plus beau cadeau que vous ayez reçu? Mieux encore, quel est le plus beau cadeau que vous ayez offert? Vous vous rappellerez peut-être qu'à chacune de ces occasions, le plus beau cadeau était celui ficelé avec les cordes sensibles du donneur; celui qui contenait une partie de lui-même.

Wanda Fulton

J'étais étendue sur le plancher de tuiles glissantes du dortoir de mon université, bavardant avec ma sœur plus jeune (d'une année et demie) des derniers ragots de notre communauté, tout en tournant la corde noire du téléphone autour de mon doigt. Complètement éperdue d'amour, elle était fébrile à propos d'un rendez-vous amoureux à venir des plus importants — son premier anniversaire de fréquentation avec monsieur Il-est-toute-ma-vie. Elle se demandait s'il se souviendrait ou s'il oublierait cet anniversaire. S'il l'oubliait, qu'est-ce que cela signifierait à propos de leur relation? Que Dieu vienne à son secours si l'amoureux décide de gâcher cet événement. Étant moi-même une incorrigible romantique, je n'avais pas le cœur à lui dire qu'évidemment, il allait l'oublier. C'était un homme. Il devait avoir une idée approximative du jour où ils avaient commencé à se fréquenter, mais les possibilités étaient plus grandes que cette date si importante ne soit pas inscrite à son agenda, entourée de cœurs entrelacés et d'autres symboles de l'amour véritable.

J'ai eu pitié de ce pauvre garçon. Après tout, ma sœur était éperdument amoureuse de lui — et, le mieux que je pouvais faire, c'était de donner à ce gars un petit répit. Fidèle à mon habitude, je me suis rendue à la maison le vendredi suivant et, comme le destin fait si bien les choses, ce fut *la* bonne journée. Effectuant un dernier arrêt en quittant la ville universitaire, j'ai acheté un bouquet de fleurs variées que je rangeai avec précaution pour les cinq heures de route qui allaient suivre.

En me garant dans le stationnement gravelé de notre petite école secondaire, j'allai dire un « petit bonjour » à des amis et m'informer auprès de ma sœur du déroulement de sa journée — qui ne fut pas très bonne, semble-t-il. Apparemment, l'élu de son cœur aurait totalement oublié l'événement. Pas de carte, pas de mots tendres murmurés à son oreille, aucune reconnaissance. En ce qui me concerne, ce ne fut pas une surprise, mais je savais que ma sœur était anéantie. Je me préparai donc à jouer à Cupidon.

Laissant ma sœur, j'allai à la recherche du héros déchu. Il m'accueillit avec une sombre expression sur le visage, son moral ne volait pas haut. L'air désinvolte, je mentionnai que je comprenais l'importance de cette journée et que j'avais justement un joli arrangement floral non réclamé dans ma voiture et que, s'il pouvait penser à un bon usage pour ce bouquet, il était plus que bienvenu de le retirer dicrètement de son lieu d'attente.

Comme s'il s'agissait d'une bouée de sauvetage lancée à sa rencontre, il se précipita vers la voiture pendant que, moi, j'allai distraire ma sœur. J'appris la suite de cette histoire ce soir-là, alors que ma sœur, de nouveau radieuse, la répétait, encore et encore, à qui voulait bien l'entendre. Il ne l'avait pas oublié ! Il avait tout simplement agi de cette façon afin de la surprendre. Après l'école, il lui a demandé si elle voulait faire un tour d'auto. Ils se sont rendus chez ses parents où l'attendait un magnifique bouquet de fleurs absolument splendides. Était-ce croyable ?! N'était-ce pas tout simplement trop parfait ? Les fleurs n'étaient-elles pas absolument magnifiques ?

J'approuvai d'un signe de tête, je souris et reconnus qu'elle était la fille la plus chanceuse au monde, mais je ne savais pas lequel des cœurs étaient le plus heureux, le sien ou le mien.

Une chose, cependant, la chicotait — elle ne savait pas trop comment il s'était procuré ces fleurs (le fleuriste le plus près se trouvant à une demi-heure de route de la maison). Elle supposa que sa mère avait fait le voyage — mais il ne voulait pas le dire. Ma petite sœur était confuse, néanmoins au septième ciel. Il s'était *souvenu* !

Son chevalier, dans sa brillante armure, avait retrouvé sa gloire et cette journée sera inscrite dans son journal comme une étape réussie dans leur relation.

Cela se passait il y a huit ans. Le premier août, ma sœur et monsieur Il-est-toute-ma-vie (qui, en passant, est un véritable romantique à sa manière), célébraient leur troisième anniversaire de mariage et, le jour suivant, nous nous retrouvions tous pour célébrer le premier anniversaire de ma nièce.

La part que j'ai jouée dans leur romance était minuscule, mais cela a rendu ma sœur heureuse et, pour moi, c'est vraiment la seule chose qui compte.

Chera Lee Bammerlin

Ma famille a été séparée

J'avais cinq ans lorsque ma famille a été séparée et que mes frères et sœurs ont été placés dans des familles d'accueil. Nous avons grandi dans des maisons différentes sans jamais nous connaître. Le seul souvenir que j'ai conservé de ma famille, en grandissant, est celui d'une femme grande et mince, toujours là pour me consoler. Dans mon esprit, cette femme était ma mère. J'étais convaincue qu'elle reviendrait un jour et qu'à ce moment-là, la vie reprendrait son cours normal. Elle a été dans mes prières durant toute mon enfance.

Un jour de l'Action de grâce, qui était également le jour de mon quarante-cinquième anniversaire, il n'y avait pas grand-chose à célébrer. Mon fils déménageait dans un autre État et je me sentais non seulement vieille, mais également triste de perdre les liens étroits de la seule famille que je connaissais. Je reçus dans le courrier une carte avec le nom et l'adresse d'un expéditeur que je ne connaissais pas. En l'ouvrant, je découvris un souhait pour l'Action de grâce avec une petite note: « Je pensais à toi en ce jour de ton anniversaire, Maman. »

Le souvenir de la femme grande et mince me revint à la mémoire. Mes pensées ressemblaient à des montagnes russes, passant en quelques instants de la colère à une extrême joie. *S'il s'agissait bien de ma mère, pourquoi nous avait-elle abandonnés? Pourquoi n'est-elle jamais venue me chercher? Pourquoi m'écrivait-elle maintenant après toutes ces années?* En même temps, je voulais entendre sa voix et sentir sa chaleur.

Pendant deux semaines, la carte resta sur la table, me déchirant le cœur. Finalement, j'ai rassemblé tout mon courage pour appeler l'assistance annuaire et j'ai obtenu son numéro de téléphone. Retenant mon souffle et essayant de calmer les battements de mon cœur, j'ai signalé le numéro. À la cinquième sonnerie, je me suis sentie soulagée que personne ne réponde. Au moment où je m'apprêtais à raccrocher, une voix du passé répondit: « Allô! » Ne sachant trop quoi dire, j'ai demandé à qui je m'adressais. En fait, il s'agissait de ma sœur aînée qui nettoyait l'appartement de notre mère. Deux semaines après m'avoir acheminé sa lettre, maman est décédée.

Pendant que nous parlions, renouant de nouveau connaissance, je lui demandai à quoi ressemblait ma mère. Ma sœur fut surprise que je ne m'en souvienne pas. Elle me dit que maman était une femme très petite et trapue. *Mais alors, qui était la grande et mince femme dont je me souvenais?*

Plus nous parlions, plus les souvenirs engrangés dans ma mémoire, sur notre famille et notre vie, revenaient à la surface.

Ma sœur aînée avait sept ans quand notre mère nous a laissés. Pendant deux ans, c'est elle qui s'occupa de nous, s'assurant sans cesse de notre sécurité, concoctant nos repas et séchant nos larmes. C'est elle qui me prenait dans ses bras, la nuit, quand les cauchemars me réveillaient, qui me chantait des chansons et qui essuyait mes larmes quand j'avais peur. C'est aussi ma sœur qui m'a dit de courir me cacher et m'enfermer dans la salle de bain, alors qu'elle essayait d'empêcher les services sociaux de nous emmener en famille d'accueil.

Nous avons parlé durant des heures ce soir-là à nous rappeler le passé. Elle avait retrouvé notre sœur cadette et notre frère et nous avons fait des plans pour nous réunir après quarante années de séparation. Aucune de nous ne voulait que la soirée s'achève, mais, à l'approche de l'aube, nous avons finalement cédé. « Au fait, demandai-je, avant de raccrocher, combien mesures-tu ? »

Elle répondit : « Un mètre soixante-quinze, pourquoi ?

– Parce que tu étais cette femme grande et mince qui a fait une différence dans ma vie. »

Elle pleurait quand je lui ai dit : « Bonne nuit, je t'aime. »

Nora Steuber-Tamblin

Zones de confort

C'est dans l'abri de l'un et de l'autre
que les gens vivent.

Proverbe irlandais

Il y a quelques années, j'ai sorti des photos en noir et blanc de la famille afin de déchiffrer les mystères de mon passé. Ma sœur Kathleen et moi ne souriions pas beaucoup sur les photos. Sur chacune d'elles, que nous portions des salopettes de velours côtelé ou les robes de première qualité cousues à la main par grand-maman, le bras de ma sœur entourait fermement mes épaules. Son petit corps frêle semblait crier: « C'est ma sœur, laissez-la tranquille! » Je me suis demandé: « Contre quoi me protégeait-elle? »

Puis, le souvenir revint à ma mémoire.

Je n'étais pas une adepte de l'heure du coucher. Quand nous laissions la porte de notre penderie ouverte, les vêtements se transformaient le jour et devenaient des fantômes la nuit. Le plant rampant de patate douce dans la jardinière rose en forme de cage d'oiseaux tentait de m'agripper. Je couvrais alors mes yeux. Je n'osais pas me lever à cause des tortues sous mon lit qui allaient me mordre. Et lorsque papa rentrait à la maison, je restais couchée et j'écoutais mes parents se disputer. Le tonnerre de belligérances de papa. L'éclair de la terreur de maman. Mettre des bouchons dans mes oreilles ne rendait pas la tempête silencieuse. J'essayais d'étouffer mes sanglots dans l'édredon rose que ma grand-mère avait confectionné et décoré de cerises cousus à la main.

Peu après, c'était la voix de Kathleen que j'entendais. Debout près de mon lit, elle murmurait: « Ne sois pas effrayée. Viens et monte dans mon lit. » Je sortais du lit doucement pour ne pas déranger les tortues.

Nous grimpions dans le lit jumeau de ma sœur.

« Ne te préoccupe pas d'eux. Ils ne vont pas te faire mal.

– Mais j'ai peur qu'ils se fassent mal.

– Ils ne se feront pas mal. Maman et papa se fâchent simplement l'un contre l'autre de temps en temps.

– Est-ce qu'ils se détestent?

– Je ne le sais pas, mais ils ne nous détestent pas. »

Elle avait seize mois de sagesse de plus que moi.

Elle ouvrit les rideaux rayés rose et blanc, et pointa la maison du voisin. « Regarde, nos voisins n'ont pas encore fermé leurs draperies! »

L'horloge coucou de nos voisins était accrochée au mur et faisait face à notre chambre à coucher. Nuit après nuit, nous espérions de toutes nos forces que Barbara ne refermerait pas ses lourdes draperies avant que le coucou n'apparaisse.

« Regarde, ils se rapprochent. »

L'exquis garçon sculpté, portant une culotte tyrolienne, et la fille, vêtue d'une robe-chasuble, s'avançaient petit à petit l'un vers l'autre pour un baiser. Quand leurs lèvres se touchaient, le coucou annonçait l'heure. Durant les nuits d'été, nous pouvions l'entendre sonner et chaque fois nous éclations de rire. Quand Barbara refermait ses rideaux, la représentation était terminée.

« Allons nous coucher, maintenant. » Kathleen bâillait, entraînant une réaction similaire de ma part. Je tombai endormie dans ses bras. Certains matins, je me réveillais dans la même position. Elle ne s'est jamais plainte.

Des décennies plus tard, alors que j'étais sur le point de divorcer, ma sœur m'invita à vivre chez elle. « Tu as besoin d'une zone de confort dès maintenant. » J'étais bien d'accord.

Toutes deux, nous étions enseignantes et chaque jour, après l'école, nous marchions une distance de dix kilomètres. Je me déchargeais le cœur et elle écoutait.

« Je le sais toujours quand tu es contrariée, me dit-elle. Tu marches alors si vite que je ne peux pas te suivre. Pourquoi ne prétends-tu pas simplement que le trottoir est le visage de ton ex-mari ? »

J'éclatai de rire. Puis, je me mis à marcher fort et rapidement sur le trottoir devenu son portrait. Ma colère sortait de mon corps par les semelles de mes chaussures de sport. « J'adore ça !

– Je sais à quel point cela a fonctionné à merveille pour moi. »

Nous avons vécu assez proches l'une de l'autre pour entendre nos cœurs battre pendant neuf mois. À la fin de l'année scolaire, elle suivit sa passion et déménagea vers l'océan. La mienne m'a conduite vers les montagnes. Nous savions que nous n'allions probablement plus jamais vivre de nouveau dans le même État.

Lorsqu'elle est venue me visiter l'année dernière, elle m'a suivie à cheval vers le haut d'une montagne — un accomplissement majeur pour une personne qui, depuis toujours, avait peur des hauteurs.

« Je suis tellement fière de toi, Kathleen!

– J'ai seulement cru que j'allais mourir deux ou trois fois.

– Vraiment? Je ne savais pas cela.

– Tout comme tu ne savais pas que j'avais peur pour mourir quand papa et maman se disputaient.

– Tu avais peur?

– Bien sûr, mais je me sentais importante et nécessaire quand tu avais peur. Je ne pouvais pas te laisser tomber.

– J'ai toujours su que tu étais la sœur aînée très brave. »

Je l'ai serrée fort dans mes bras.

Hier, j'ai eu un léger coup de cafard. Ma famille et mes amis me semblaient si loin. Alors que je tentais de me reprendre, le téléphone sonna.

« Bonjour, ma chérie ! » Je sentis le bras autour de mes épaules aussi sûrement que si elle se tenait dans la pièce. Nous avons parlé pendant une heure. Lorsque j'ai raccroché, j'étais enveloppée dans sa zone de confort familière.

Melinda Stiles

Tout voir

Vous pouvez être ennuyeux et insipide avec vos sœurs, alors que vous devez toujours faire bonne figure avec vos amis.

Deborah Moggach

« Connie, réveille-toi ! » dis-je tout bas. Par la façon dont la cadette de mes sœurs remue, je sais qu'elle se réveille. Je lui donne une tape sur le front. Elle m'ignore. « Tu respires trop fort ! » Ces mots fonctionnent toujours à merveille.

« Qu'est-ce que tu veux ? Tu veux me voir morte ? Je dois respirer ! » Connie se réveille toujours grognonne. « Je veux dormir. »

Connie ne sait pas que j'ai rempli sa taie d'oreiller de mes chaussettes et sous-vêtements sales. Je n'arrive pas à comprendre qu'elle puisse poser sa tête sur son oreiller sans remarquer les bosses. Je tourne l'oreiller et place le linge sale dans la taie du côté du lit plutôt que du côté de sa tête. Et je m'assure de ne pas faire cela trop souvent, sinon, Connie examinerait son oreiller chaque soir avant de se coucher. Bien sûr, ce n'est pas une bonne chose à faire et, de plus, je ne suis pas très *désolée* de la réveiller. Je suis plutôt *désolée* de ne pas pouvoir dormir et qu'elle ne s'en rende pas compte. Je veux que Connie se réveille et me parle. Nos meilleures conversations ont lieu quand la pièce est dans l'obscurité et que la maison est silencieuse. Je ne comprends pas comment Connie peut dormir et elle ne comprend pas pourquoi je mets des vêtements sales dans sa taie d'oreiller.

« Vérifie ta taie d'oreiller, Connie. » Cela la met toujours en colère.

« Pourquoi me fais-tu ça? » me demande-t-elle tout en retirant mes bas sales de la taie.

« Parce que je t'aime. » Cela n'est pas un mensonge, mais la présence du linge sale semble signifier le contraire. Je sais qu'il s'agit là d'un geste méchant et que ça la mettra définitivement en colère. Mais peu importe que ce soit horrible ou méchant, la plupart des choses que je fais ne provoquent habituellement aucune émotion chez Connie.

Connie me regarde droit dans les yeux et me dit: « Tu es malade. »

Une heure plus tard, je veux réveiller Connie et m'excuser, mais sa longue et sporadique respiration me laisse croire qu'elle est endormie et en colère. Elle ne me croira pas si je lui dis que je suis désolée, parce que je vais de nouveau remplir sa taie d'oreiller.

Connie dort. Moi, pas. Elle ne sait pas à quel point mes nuits sont longues. Je partage le lit avec une petite sœur qui, chaque nuit, a des respirations bruyantes, presque fanfaronnes. Je ne peux pas réveiller Connie et m'excuser, tout simplement parce que papa s'excuse de cette façon. Il dit être désolé après avoir commis quelque chose de terrible et, ensuite, il le refait. Connie et moi parlons de cela avant qu'elle ne s'endorme.

« Il ne le pense pas. Il va le refaire encore une fois, n'est-ce pas? que je demande à Connie.

– Probablement. Mais maman le croit.

– Et toi, tu le crois, Connie?

– Non. Il le refera encore. »

Connie semble vouloir s'endormir, mais il y a encore quelque chose qui me tracasse, quelque chose qui est toujours présent chaque soir dans mon esprit.

« Connie, ai-je agi comme papa aujourd'hui?

– Non. Arrête de me poser cette question. »

Au lit, je sais que papa s'excuse d'avoir été en prison, mais il ne s'excuse jamais d'avoir été soûl et de nous avoir crié ces mots horribles. Il brise toute la vaisselle et les vitres de la cuisine, mais il s'excuse d'avoir été en prison, sachant que cela nous blessera quand les voisins et les enfants à l'école relèveront le fait. Ils l'apprennent toujours par les journaux et la radio.

Il ne sait pas à quel point la maison est tranquille lorsqu'il est en prison. Ces nuits-là, nous n'avons pas à nous inquiéter qu'il conduise soûl ou qu'il entre à la maison. Jamais nous ne dressons de couvert pour lui à la table. Nous invitons même un ami du voisinage à prendre le souper avec nous, car nous savons que nous aurons du plaisir avec lui. Et papa aura une pause de l'usine et de nous. Il n'a pas besoin de s'excuser, mais il le fera parce que, lorsqu'il est en prison, il se souvient à quel point il se sentait humilié quand son père se retrouvait toujours en prison.

Connie me dit toujours que je n'ai pas agi comme papa, mais elle ne dit la vérité qu'au milieu de la nuit, lorsque la chambre est dans l'obscurité. Le jour, quand je la vexe, elle me dit: « Tu es exactement comme papa! » Mais la nuit, elle dit la vérité, et nous nous étendons en silence dans le lit, nous demandant à quel moment nos vies changeront, espérant silencieusement que nous nous aurons toujours, l'une et l'autre, pour ces réconforts de nuit.

Diane Payne

Le portique de jeux

Lorsque l'aînée de mes filles, Anny, était une petite fille, nous avions un portique de jeux dans la cour arrière. Il s'agissait d'un portique avec des échelles de chaque côté et des barres transversales au sommet. Un enfant était censé se suspendre aux barres et traverser d'un côté à l'autre. À l'âge de deux ans, les bras d'Anny n'étaient pas assez forts et longs pour lui permettre d'accomplir seule cet exploit. Par contre, elle adorait prétendre qu'elle y parvenait grâce à un parent qui la tenait en dessous. Ce jeu m'était extrêmement difficile parce que cela nécessitait de lever son petit corps de deux ans sur mes épaules. Je préférais la pousser sur une balançoire ou jouer avec elle dans le carré de sable, gardant en réserve les barres pour une activité spéciale *Anny et son papa seulement*.

Un jour, alors que le papa était absent de la maison, Anny et moi jouions dehors dans le portique de jeux. Pour une raison quelconque, je l'ai laissée seule une minute pour entrer dans la maison. Je n'étais pourtant pas partie très longtemps mais, en passant devant la fenêtre de la cuisine, j'aperçus ma fille se tenant près de l'échelle. Elle semblait en profonde réflexion et, pour une raison inconnue, je décidai de ne pas broncher pour voir quelles seraient ses prochaines actions. Elle se tint là longtemps, comme si elle jaugeait intérieurement le choix difficile de grimper ou non dans l'échelle. Elle décida de monter. Lorsqu'elle atteignit le haut, elle sembla hésiter, sachant que, sans un parent sous elle, elle serait incapable de s'élancer d'un barreau à l'autre de façon conventionnelle. Elle tenta donc une autre façon de procéder.

Avec précaution, elle grimpa sur le *dessus* des barreaux. Elle rampa avec ses mains et ses genoux et fit son chemin sur les barreaux au lieu de se balancer dessous, de l'un à l'autre. C'était une procédure qui la plaçait deux mètres au-dessus du sol — une hauteur assez importante pour se blesser si elle tombait.

À ce jour, je ne sais pas encore pourquoi je n'ai pas couru pour me placer sous ma fille, en cas d'une chute. Je demeurai plutôt sur place, dans la cuisine, à ne rien faire d'autre que la regarder par la fenêtre de la cuisine. Ce fut l'une des choses les plus difficiles que j'ai faite dans ma vie.

Des années plus tard, je revois encore, dans ma fille aînée, cette fillette sur les barres du portique. Elle continue toujours de réfléchir très fort et longuement avant de tenter des expériences nouvelles. Par contre, si elle décide d'entreprendre quoi que ce soit, rien ne l'arrête. Ses méthodes ne sont pas toujours conventionnelles. Souvent, elle doit trouver une façon différente, plus créative d'accomplir les choses parce que la manière habituelle lui est impossible. Tout ne vient pas facilement à Anny, mais elle essaie toujours. Et parfois, elle réussit très bien.

Quelques années plus tard, alors qu'Anny avait six ans et que sa petite sœur Rachael en avait trois, je vis, encore une fois, grâce à ce portique de jeux, de quoi mes enfants étaient capables. Mais, cette fois-ci, l'expérience me démontra la relation qui existait entre ces deux sœurs et ce qu'elle serait pour le reste de leur vie.

Anny maîtrisait depuis longtemps l'art de traverser les barres d'un bout à l'autre — au-dessus, en dessous, en avançant, en reculant. Mais Rachael était au stade où elle avait encore besoin des épaules de son père pour l'aider à vivre cette expérience. D'ailleurs, elle ne semblait pas trop pressée de tenter par elle-même quoi que ce soit d'aventureux.

Cela se produisit de nouveau, mais cette fois-ci, avec Rachael. J'avais laissé les deux sœurs seules pour aller dans la maison. Quand je les ai vues par la fenêtre de la cuisine, l'idée ne m'a même pas traversé l'esprit de me précipiter vers elles pour intervenir.

J'ai vu Rachael s'approcher de l'échelle avec une vive inquiétude et j'ai entendu Anny l'encourager. « Allez, Rachael, tu peux y arriver. Je serai juste ici et je t'attraperai si tu tombes. Mais ça n'arrivera pas. »

Progressivement, Rachael grimpa jusqu'en haut de l'échelle. Elle posa une petite main sur le premier barreau et regarda en bas. Elle vit quelque chose dans le visage de sa sœur qui lui donna confiance. Elle regarda de nouveau les barreaux devant elle et commença à se balancer de l'un à l'autre.

Et elle tomba deux mètres plus bas, sur sa sœur.

J'ai eu un serrement de cœur, mais, dans la seconde qui suivit, Rachael et Anny se sont relevées, nettoyant la poussière sur leurs mains en riant. « Ça ne m'a pas fait mal! » cria Rachael euphorique. « Bien sûr que non, approuva sa sœur. Maintenant, essaie encore. »

Il ne fallut qu'une autre tentative à Rachael avant qu'elle puisse traverser les barreaux jusqu'au bout. J'ai respiré de nouveau et je suis retournée dehors. Mes deux filles voulaient que je constate ce que « Rachael peut faire par elle-même! » J'ai applaudi leur réussite, autant celle de l'élève que du professeur.

Cette complicité s'est poursuivie entre mes deux filles. L'aînée travaille toujours d'arrache-pied à quelque chose jusqu'à ce qu'elle réussisse. Souvent, ce n'est pas facile et elle doit trouver une voie alternative pour atteindre son objectif. La plus jeune, quant à elle, ne travaille qu'un peu pour atteindre son but, en grande partie parce qu'elle a toujours eu suffisamment confiance en elle-même pour croire qu'elle peut accomplir tout ce qu'elle entreprend. Une grande partie de cette assurance provient de sa grande sœur qui a toujours été là pour lui dire: « Allez, Rachael! Tu peux le faire! »

Outre les encouragements prodigués à sa sœur Rachael (et aux deux autres qui ont suivi), Anny a toujours senti que c'était de son devoir en tant qu'aînée de la famille de préserver l'innocence de ses sœurs. Comme grande sœur, c'est elle qui se réveilla en pleine nuit pour s'assurer que la *Fée des dents* n'avait pas oublié Rachael la première fois qu'elle perdit une dent. Et lorsque le poisson rouge de sa sœur Elliana succomba, Anny fut celle qui le remplaça avant même qu'Elli ne réalise qu'il avait subi une mort prématurée. Anny a toujours voulu préserver les douces illusions de l'enfance de ses sœurs même si elle-même était devenue une adulte.

De mon point d'observation unique en tant que leur mère, j'ai observé le comportement de ces sœurs. Certes, j'ai souvent eu à refréner cette urgence d'intervenir, comme dans le cas du portique de jeux. Il ne faut pas oublier que les sœurs se disputent et argumentent, inventent et partagent des secrets, et souvent elles m'excluent de leur monde.

Ces moments appartiennent aux sœurs et non à leur mère, peu importe à quel point j'aimerais en faire partie. Mais je sais que ces moments privilégiés entre elles cimentent les liens fraternels et qu'ils les conduiront vers l'âge adulte, dans un lieu où, un jour, je n'y serai pas. Mais, c'est correct ainsi.

Après tout, j'ai aidé à la création de cette relation, je l'ai encouragée et favorisée. J'y occupe vraiment une place importante.

Et je sais où se trouve cette place, où elle doit être. C'est là, derrière la fenêtre de la cuisine, à observer.

Marsha Arons

2

Le lien entre sœurs

Votre sœur est la seule personne sur terre
qui partage votre héritage, votre passé,
votre environnement, votre ADN,
votre structure osseuse et votre mépris
pour la stupide tante Girdy.

Linda Sunshine

La chanson de ma sœur

Nous avons entendu une chanson, nous l'avons entendue en harmonie.

Maxene Andrews,
des *Andrews Sisters*

L'attentat terroriste dans la ville d'Oklahoma a terrassé notre communauté; mais six semaines plus tard, nous procédions, comme à l'habitude, à la cérémonie de remise des diplômes du plus grand collège d'OKC, dans l'église du quartier. Il était de notre devoir d'assurer le déroulement de cette cérémonie de fin d'année pour nos étudiants. Dans notre « Petite Nation Unie », comme j'aimais bien l'appeler, nous étions une fervente communauté de croyants, et nos jeunes catholiques vietnamiens priaient aux côtés de nos baptistes afro-américains. Cette cérémonie était leur dernière avant de quitter joyeusement pour le monde de l'université et celui du travail.

Bien sûr, des décisions législatives impliquant la séparation de l'église et de l'état signifiaient que, désormais, les étudiants et les parents étaient entièrement responsables de cet événement. Les étudiants devaient se rencontrer par eux-mêmes pour la préparation et pour donner le ton au programme. En tant que directrice de l'établissement, même s'il était difficile de « lâcher prise » sur une cérémonie de cette nature, je l'ai fait quand même. Étant donné le passé de l'école, je savais que cette décharge de responsabilité fonctionnait habituellement très bien puisque les étudiants étaient matures et que Northwest Classen était reconnue pour ses merveilleuses activités de fin d'année. C'était un temps difficile pour tout le monde. Plusieurs étudiants avaient aimé des proches blessés ou tués durant le bombardement.

En tant que directrice, mon rôle était minime, mais j'étais capable de participer en aidant les étudiants à attacher une épinglette sur leur robe de cérémonie, dans la salle d'attente, de calmer ceux qui étaient nerveux et rongés par le trac, de même que les diriger alors qu'ils se mettaient en rang pour ce moment des plus importants — considéré par plusieurs comme une répétition générale.

Finalement, tout fut prêt et je me glissai silencieusement sur un banc arrière de l'église pendant que les étudiants commençaient à défiler fièrement dans l'allée centrale du sanctuaire. Les yeux de certains parents versaient quelques larmes en voyant leur garçon ou leur fille marcher en file avec leurs camarades de classe vers les premières rangées de l'église, réservées pour la classe de finissants de 1995.

Le programme débutait normalement avec les introductions et les discours usuels. Enfin, le moment le plus convoité de la cérémonie arriva — le solo de l'élève finissant. Chaque année, plusieurs élèves tentaient d'obtenir ce rôle, mais un seul était choisi.

Une de nos belles jeunes filles s'avança fièrement vers le lutrin et se prépara à chanter. Sa chanson était un vieil hymne qui semblait des plus appropriés après la récente tragédie qui nous avait frappés: *His Eye Is on the Sparrow.* Cependant, quand elle commença à chanter, quelque chose sembla ne pas tourner très rond. Elle s'enfargea dans le premier verset, et les larmes commencèrent à rouler sur ses joues. Soudain, du fond de l'église, la chanson se fit entendre en écho par une autre voix. Devant sa détresse, sa sœur aînée avait décidé de venir à son aide. Elle avança calmement dans l'allée centrale de l'église, gardant ses yeux résolument fixés sur sa sœur tout en continuant de chanter avec elle. Elle prit place à ses côtés et mit son bras autour de ses épaules. Elles chantèrent d'un ton triomphant jusqu'à ce que la chanson soit finie; la chanteuse initiale revigorée par l'amour et le courage d'un membre de sa famille.

Bien sûr, il y a eu d'autres segments au programme. Un jeune pasteur encouragea les diplômés avec le thème: *Le soleil se lèvera demain, peu importe ce qui arrive*. Les orateurs finissants étaient originaux et ils mirent au défi leurs collègues plus jeunes de rechercher des tâches significatives pour la plus grande gloire de l'humanité.

Pour moi, cependant, la révélation de ce programme sera pour toujours l'histoire de ces deux jeunes femmes — particulièrement celle qui ne s'est pas arrêtée à penser à l'embarras de monter la longue allée depuis l'arrière de l'église pour sauver sa sœur. En raison de ce moment exceptionnel dans l'histoire de cette famille, la seule chose qui importait, c'était que sa sœur avait besoin d'elle, et qu'elle était prête à répondre à l'appel et à participer à la victoire de ce moment.

Rita Billbe

Les différentes voix

L'empathie est ta douleur dans mon cœur.

Auteur inconnu

Je répondis au téléphone avec ma formule de bienvenue habituelle annonçant le nom de l'entreprise où je travaillais et le mien, pour ce qui me semblait être la centième fois en cet après-midi de juillet. La personne à l'autre bout du fil fit une pause, et j'entendis une voix à peine perceptible prononcer mon nom. Une voix que je reconnaîtrais n'importe où puisqu'elle ressemble étrangement à la mienne. Du plus loin que je me souvienne, cette voix a fait partie de ma vie. Une voix qui m'avait demandé d'être sa copine de jeu. Une voix qui m'avait réprimandée lors d'une querelle entre sœurs. Une voix qui avait séché mes larmes. Une voix qui avait chanté encore et encore en harmonie avec la mienne.

Tout de suite je lui demandai: « Qu'est-ce qui ne va pas? »

Une voix que je connaissais si bien ne pouvait me cacher sa peur. Une voix qui avait partagé des murmures et des secrets. Une voix qui avait révélé des confidences réservées seulement aux meilleures amies. Une voix qui avait raconté ses difficultés et ses bonheurs, ses tristesses et ses joies. Une voix qui pouvait rire et illuminer une pièce. Une voix que j'avais souvent enviée et recherchée. Une voix que j'avais appris à respecter, à aimer et à chérir.

La voix au bout du fil qui était maintenant silencieuse. J'attendis, comme j'avais souvent appris à le faire avec cette voix. Une voix pour laquelle j'avais développé beaucoup de patience parce qu'elle nécessitait parfois que j'attende. Une voix souvent douce, même silencieuse, mais qui avait toujours quelque chose d'important à dire.

Lorsque ma sœur commença à parler, je perçus un léger trémolo dans sa voix. Mon cœur se mit à s'affoler, dans l'attente de ce qu'elle allait me dire. Ses mots avaient été choisis avec soin pour ne pas que je sois trop bouleversée. Mais les mots m'importaient peu. J'aurais compris même si elle avait parlé un autre langage. Sa voix révélait tout. Quelque chose de terrible était survenu.

« C'est Lauren », dit-elle simplement.

Puis, elle flancha. Je pouvais entendre ses sanglots silencieux à l'autre bout du fil alors que mon esprit tentait de trouver les pièces manquantes de ce puzzle. La seule mention du nom de sa fille âgée de dix mois lui avait fait perdre totalement le peu de maîtrise de soi qu'il lui restait. J'attendis donc qu'elle retrouve la parole.

« Nous sommes à l'hôpital. Elle a une infection à l'oreille. Elle ne cesse pas de vomir. On lui a fait un scanner. Il y a une tache sombre – une masse dans son cerveau. On va la transférer à Colombus afin d'effectuer d'autres tests. L'ambulance arrive dans quelques minutes. Je n'arrive pas à rejoindre papa et maman. »

Ses paroles étaient hachurées. Elle crachait les mots un à un. Cette voix parvint à me dresser un tableau de la réalité qui s'avérait encore pire que celui déjà imaginé par mon esprit.

« Dans quel hôpital de Colombus es-tu? Je vais aller te rejoindre là-bas. »

Mes paroles calmes ne reflétaient pas ma nervosité intérieure, mais je tenais toujours mon rôle. Même si j'étais la cadette, j'ai toujours ressenti le besoin d'être la plus forte pour ma sœur, car, la plupart du temps, elle était tellement plus émotive que moi. Elle était plus faible et plus fragile, en quelque sorte. Durant notre enfance, elle était la conciliatrice lorsque les conflits éclataient entre notre frère aîné, Mark, et moi, étant donné qu'elle était née entre nous deux. Pourtant, d'une certaine manière, elle a toujours semblé plus dépendante, ayant besoin davantage de soutien que nous.

Cindy et moi avons toujours été bien différentes l'une de l'autre. Et la plupart du temps, nous aimions qu'il en soit ainsi, sauf quand je cherchais à être exactement comme elle, parce qu'avec ses deux années de plus que moi, elle représentait une personne tellement plus sage et mature. Cependant, nous acceptions habituellement nos différences, allouant ainsi à l'autre la liberté d'être unique.

L'une de ces qualités uniques était notre tempérament. Cindy était la douce, la naïve, toujours entourée de beaucoup d'amis et de plusieurs petits copains. Moi, j'étais le garçon manqué qui se bagarrait avec Mark, qui grimpait aux arbres et qui n'attira aucun garçon avant l'âge de seize ans. À sa dernière année à l'école secondaire, on vota pour Cindy comme responsable du comité pour le couronnement du roi et de la reine du bal de finissants. Le haut fait de mon année de finissante fut ma participation aux finales des compétitions en athlétisme de notre État.

Nous avions cependant certaines choses en commun, dont la plus importante était la musique. Notre famille ayant un léger penchant pour la musique, elle nous a encouragées à chanter et à jouer des instruments bien avant que nous puissions nous en souvenir réellement. Ainsi, à travers les leçons de piano, l'orchestre et les chorales d'école et d'église, la musique est devenue une partie de nous.

Cindy chantait alto. C'était un talent naturel. Tout le monde le disait. Même avant que je sache exactement ce qu'était une alto, je savais que ma sœur en était une. Et j'étais fière d'elle. (Sauf quand j'ai voulu chanter alto, et que j'ai réalisé que je n'étais pas vraiment douée pour l'harmonie. Mais je m'en suis remise assez rapidement.) Devenir une soprano était plus envisageable pour moi. Cela avait du sens. De toute façon, qu'est une alto sans une soprano ? Et qui, mieux que moi, pouvait être son soprano ?

Nous avons donc commencé à chanter ensemble, dans notre petite église, dans la voiture, au camp, avec la famille, peu importe où nous étions. Nous avons réalisé que nos voix s'harmonisaient parfaitement parce qu'elles se ressemblaient beaucoup. Question d'hérédité, peut-être. Puis, nous avons chanté si souvent ensemble que nous pensions de la même façon. Non seulement notre tonalité était la même, mais également notre rythme.

Je ne sais pas à quel moment j'ai réalisé que Cindy était ma meilleure amie. Comme elle était plus âgée que moi, nous avons eu des intérêts et des amis distincts tout au long de nos années scolaires. Par contre, nous partagions tout le reste. Particulièrement les vêtements. Et quand elle partit pour l'université, le contenu de nos garde-robes a été tragiquement divisé en deux. Je l'ai visitée régulièrement et nous nous sommes écrit de nombreuses lettres. Et quand vint le moment de choisir mon université, il devint logique que je suive ma sœur, ne fut-ce que pour retrouver ma garde-robe!

C'est à l'université que nous avons vraiment eu, pour la première fois, le choix de passer ou non du temps ensemble. Nous aurions pu évoluer chacune de notre côté, mais il nous semblait tout naturel d'être ensemble. Nous avons même cohabité dans la même chambre durant un semestre. En réalité, nous étions si souvent ensemble que personne ne croyait que nous étions des sœurs, puisqu'on ne se ressemble pas du tout.

Quand elle s'est mariée, j'étais la demoiselle d'honneur. Lorsqu'elle a eu un bébé, je l'ai gâté, pourri. Et quand elle a découvert que sa fille était malade, c'est à moi qu'elle a téléphoné.

Après l'appel de ma sœur ce soir-là, il me fallut seulement trois heures, plutôt que les six habituelles, pour me rendre de ma maison, dans le sud de l'Indiana, jusqu'à Colombus, en Ohio. J'ai prié durant tout le trajet en conduisant. Dans l'état d'esprit où je me trouvais, c'est un miracle de ne pas avoir reçu de billet de contravention pour vitesse excessive ou d'avoir eu un accident. Je ne pouvais même pas me rappeler le voyage.

Je me souviens seulement de l'expression sur le visage de ma sœur quand je l'ai trouvée dans la chambre d'hôpital. Outre le signal sonore du moniteur cardiaque, la chambre était très silencieuse. Cindy se tenait près du lit, regardant son enfant dormir avec la plus petite jaquette d'hôpital que j'avais jamais vue. Elle entendit la porte s'ouvrir quand je me suis faufilée dans la pièce, et j'ai vu tout de suite le soulagement s'inscrire sur son visage.

« J'étais inquiète pour toi », me dit-elle, alors que je traversais la pièce pour l'embrasser.

Elle était inquiète pour moi, malgré tout ce qu'elle venait de vivre depuis les dernières heures. C'était tout à fait elle de se soucier de ma sécurité. Bien sûr, elle avait raison. J'avais conduit comme une folle pour arriver le plus tôt possible. Elle me connaissait parfaitement.

La situation était stationnaire pour la nuit. Lauren avait été stabilisée. Cindy avait gagné le contrôle sur ses émotions et son mari semblait aussi calme que d'habitude. Une infirmière était tout près. Aucun autre test ne pouvait être effectué avant le lendemain matin.

Cindy et moi avons couché dans ma voiture cette nuit-là, ou du moins essayé d'y dormir. Un seul parent avait la permission de rester dans la chambre, et elle avait décidé que ça devait être Roy. Nous avons poussé les sièges dans la voiture le plus loin possible afin d'être confortables. Elle me raconta toute l'histoire et je crois que nous avons pleuré. En tout cas, j'ai pleuré. Nous étions effrayées. Elle m'a dit qu'elle était contente que je sois venue. Nous nous sommes endormies au petit matin, complètement épuisées.

Je ne sais pas si je parviendrai un jour à me pardonner de l'avoir quittée. Je suis restée toute une journée, mais il me fallait retourner travailler, puisque, de toute façon, je me sentais complètement impuissante à l'hôpital. L'information a finalement été communiquée à mes parents qui arrivèrent le lendemain matin. D'autres proches sont venus, des parents des deux côtés de la famille de ce petit enfant. Avec la permission de ma sœur, je suis retournée à la maison peu de temps avant que soit prévue une imagerie par résonance magnétique (IRM) qui prendrait probablement plusieurs heures.

Je n'ai jamais cessé de prier. Les « pourquoi » couraient dans ma tête, mais je priais principalement pour la guérison de ma nièce. Je connaissais Dieu, et je savais qu'Il pouvait la guérir s'Il le voulait, même si sa maladie était encore inexpliquée. Dieu savait.

Ce soir-là, quand j'ai entendu la voix de ma mère au téléphone, j'ai compris qu'elle ne me rapportait pas de bonnes nouvelles. Cancer du cerveau. De la grosseur d'un poing d'adulte. Un cancer malin.

« Comment va Cindy? » J'avais besoin de savoir.

Ma mère n'a pas vraiment eu besoin de me le dire. Je le savais. Comment serait *n'importe quelle* mère en apprenant cela à propos de son enfant de dix mois? Ma sœur avait besoin de moi et je n'étais pas à ses côtés. Ça importait peu que d'autres personnes soient avec elle. *Je n'étais pas là.* Personne ne pouvait mieux que moi la comprendre. Personne ne connaissait mieux que moi ses inflexions de voix.

Les mois qui suivirent sont flous dans ma mémoire. Chambres d'hôpital, chirurgies, infirmières, tests, intraveineuses, médicaments, aiguilles, médecins, chimiothérapie, traitements, vomissements, douleur.

Durant tous ces mois, pourtant, je remarquai un changement en Cindy qui m'étonna. Elle n'était plus la sœur fragile et dépendante qu'elle avait longtemps été. Elle devenait plus forte. Il le fallait. Sa fille avait besoin d'aide. Moi-même et bien d'autres avons beaucoup appris de sa force.

Durant ces jours pénibles, Cindy et moi avons ri un bon coup. Maman et moi avons assuré une rotation à l'hôpital afin de passer du temps avec Cindy et Lauren pendant que Roy travaillait. Certes, nous avons pleuré à plusieurs reprises, mais je me souviens surtout de nos éclats de rire. Nous avions toujours ri souvent ensemble, mais il semble qu'en traversant cette période d'épreuves, nous devions rire plus que jamais.

Et nous voulions que Lauren rie également. Qu'elle expérimente des moments de joie au cœur de ses souffrances. Nous voulions entendre son rire. Nous voulions qu'elle goûte au bonheur et au plaisir. Lauren nous a même aidées à rire. Un si petit enfant rempli de tant de souffrances et de tant de vie. Nous avons célébré son premier anniversaire de naissance à l'hôpital, durant un traitement de chimiothérapie, mais nous étions encore capables de rire.

Même si les médecins nous donnaient parfois des diagnostics peu optimistes, nous n'avons jamais cessé d'espérer. Quand Lauren reçut son congé de l'hôpital la veille de Noël, après trois opérations majeures, sans compter les innombrables mois à subir les séances de chimiothérapie, les visites à l'hôpital pour d'autres complications engendrées par un traitement ou un autre, nos prières furent enfin exaucées. Il n'existait plus aucune trace de sa tumeur cérébrale et elle se rétablissait remarquablement.

Cindy était épuisée par les six mois d'épreuves qu'elle venait de vivre, mais je ne l'avais jamais vue aussi heureuse et reconnaissante. La fin n'était nulle part en vue. Personne ne savait de quelle façon, mais cette épreuve affecterait certainement Lauren pour le reste de ses jours. Nous avions tous été témoins d'un miracle et, pour un certain temps, tout était merveilleux.

Des décisions devaient être prises et des médecins ont été consultés. Lauren, avait maintenant dix-sept mois, mais elle était délicate et frêle. Son corps était devenu émacié durant la période de chimiothérapie et elle avait développé des problèmes de gorge à cause des tubes d'alimentation. Son cerveau ayant accumulé trop de liquide, après la dernière intervention chirurgicale, elle dut se soumettre à une autre opération afin d'installer un shunt, pour éliminer ce liquide.

Lauren a été une battante tout au long de cette épreuve. Son sourire et son ouverture continuaient de charmer et de réjouir les personnes qui entraient en contact avec elle, particulièrement ses médecins et ses infirmières. Chacun des moments passés en sa compagnie était précieux et divertissant. Malgré les soins médicaux parfois douloureux que sa mère devait lui prodiguer à la maison, elle lui pardonnait immédiatement, avec un rire qui suivait, jamais très loin. Sa patience et son endurance touchèrent la vie de plusieurs personnes autour d'elle. Des histoires concernant sa santé fragile se propagèrent chez des personnes qui ne la connaissaient pas, mais qui la gardèrent sans relâche dans leurs prières.

Les médecins énumérèrent les risques de récidives et décidèrent des traitements éventuels à suivre. La compagnie d'assurance fut approchée, mais refusa de contribuer. L'autogreffe de moelle osseuse — récoltée chez elle sept mois plus tôt — était considérée en phase de développement. L'assurance ne voulait pas couvrir cette transplantation. Sans ce traitement, les risques de récidives augmentaient considérablement.

Lauren ignorait cela. Je pense que la seule chose qu'elle savait, c'était que la pression et la douleur ressenties étaient maintenant disparues. Sa personnalité et sa fougue reprenaient le dessus. Cette mère observait avec prudence sa fille, mais avec une joie évidente, son unique enfant était de nouveau en santé. Ce cadeau fut offert à Cindy pendant un mois.

Mark convola en justes noces durant cette période. Cindy et moi avons toutes deux assisté à son mariage en tant que demoiselles d'honneur. Nous nous sommes tenues à côté de notre frère alors qu'il épousait notre *nouvelle* sœur. Évidemment, nous avons tous chanté ensemble. C'était la première fois que ma sœur et moi chantions aussi bien. Nous avions été témoins du miracle de la vie. Nous expérimentions plus que jamais la force de l'amour, et nous avons chanté cet amour pour mon frère et sa nouvelle épouse ainsi que pour Lauren et nous-mêmes. Nous avons chanté de tout cœur, connaissant désormais la signification profonde de la joie, de la gratitude, de l'espoir et de l'amour.

Les médecins ont écrit des lettres aux directeurs de la compagnie d'assurance afin de les convaincre de la nécessité cruciale, pour Lauren, de poursuivre ses traitements. Finalement, la décision fut renversée et Lauren a été programmée pour une autre ronde de chimiothérapie massive afin de réduire les possibilités de récidives du cancer. Malheureusement, ce traitement allait du même coup détruire complètement sa moelle osseuse, ce qui nécessitait, par la suite, une greffe douloureuse de moelle osseuse et une très longue et épuisante convalescence.

Cindy était soucieuse. Nous l'étions tous. Le pauvre corps de Lauren, âgée d'à peine vingt mois, avait déjà traversé beaucoup d'épreuves. J'étais inquiète également pour ma sœur. Son esprit de vingt-quatre ans avait subi assez de traumatisme pour une vie entière et son mariage de deux ans avait connu également un stress énorme. Je savais qu'elle le supporterait, mais je ne voulais pas revoir une autre fois cette expression sur son visage : celle d'une mère qui ressent physiquement la douleur de son enfant.

Je ne savais pas, à ce moment-là, que je verrais une expression encore plus atroce dans les yeux de ma sœur. Lauren n'était pas assez forte pour traverser les séances de chimiothérapie. Elle mourut d'une insuffisance rénale et hépatique le deuxième jour de son traitement. Les produits chimiques s'étaient avérés trop durs pour son pauvre petit corps. Elle est décédée dans les bras de sa mère.

De nouveau, je n'étais pas là. Peut-être était-ce mieux ainsi. Mais lorsque je répondis au téléphone — un appel qui ne m'était même pas adressé —, ce fut la voix du père de Lauren que j'entendis cette fois : « J'ai perdu mon bébé. » Sa voix, brisée par la douleur, était méconnaissable.

Non! Non! Non! J'ai crié d'horreur pendant de longues minutes qui me semblèrent des heures. Je ne pouvais même pas raccrocher le téléphone. Je ne voulais pas le croire. Je ne pouvais pas le croire.

L'ironie était trop amère. Lauren avait été emportée par le traitement qui devait la prévenir de plus de douleur. Loin de ma sœur. De moi. De la vie. Non. C'était tout simplement trop injuste.

La torpeur m'enveloppa durant de longues minutes. Étant en visite chez ma sœur pour tout le week-end, le trajet ne fut pas long pour me rendre à l'hôpital. Pourtant, il me sembla que ce fut le plus long parcours de toute ma vie. Je n'étais même pas certaine des mots à prononcer lorsque j'arriverais à l'hôpital.

« Est-ce que je peux te serrer dans mes bras? » furent les seuls mots qui sortirent de ma bouche quand je vis ma sœur.

Pour les gens présents, cela pouvait sembler un peu étrange de l'approcher ainsi, mais elle comprit et me laissa l'enlacer. Pendant un très long moment, elle resta muette. Ce qui rendit les autres inconfortables, mais je savais que sa voix s'était éteinte, qu'elle n'avait plus rien à dire.

Cindy chanta aux funérailles. Seule. Une mère chantant sa dernière berceuse. Jamais je n'avais entendu une voix aussi belle. Une voix du cœur, déchirée et amère. Une voix que je croyais connaître si bien avait acquis une nouvelle profondeur issue de son expérience de vie. Cette voix qui s'était harmonisée avec la mienne et qui avait ri avec moi. Je me suis demandé si j'entendrais de nouveau le rire dans sa voix.

Les cicatrices du deuil ne s'effacent jamais. Elles portent en elles la mémoire de précieux souvenirs. Elles ne peuvent, et ne devraient pas, être oubliées. Pendant un certain temps, elles définissent notre monde. Elles portent en elles des questions qui ne pourront être répondues qu'après la fin de cette vie. La compréhension viendra seulement lorsque la douleur aura enfin disparu.

Malgré toutes les souffrances endurées, Cindy n'aurait jamais renoncé à la joie de connaître Lauren. Personne, parmi ceux et celles qui l'ont connue, ne l'aurait fait. Même si elle n'a jamais entendu la voix de Lauren lui dire *Je t'aime, maman*, l'amour de cette enfant continue de vivre dans le cœur de sa mère.

Cindy reste encore ma sœur aînée, la plus sage et la plus mature. Son placard contient toujours la moitié de ma garde-robe. Et elle est encore ma meilleure amie, même si, toutes les deux, nous avons changé et que nous continuerons de changer.

Sa voix a changé en même temps qu'elle. C'est une voix désormais plus consciente. Une voix qui a vu la douleur et qui a connu le chagrin. Une voix qui est plus forte. Une voix qui, d'une certaine manière, est plus confuse et plus compatissante en même temps. Une voix qui connaît la vie et l'amour. Une voix qui sait comment retenir et lâcher prise. Une voix qui a perdu la foi, mais qui continue d'espérer. Une voix qui rit le rire de l'expérience.

Oui, Cindy et moi rions encore ensemble. Lorsque nous sommes avec les autres, nous ne rions pas de la même façon que lorsque nous sommes ensemble. Nous avons développé un genre de rire spécial. Un rire précieux de compréhension. Un rien nous fait rire lorsque nous sommes ensemble. Et lorsque nous sommes éloignées, nous pensons l'une à l'autre et nous partageons cela plus tard.

Nous pleurons aussi. Nous avons pleuré quand le petit frère de Lauren est venu au monde. J'étais présente cette fois.

Et chaque fois que nous en avons l'occasion, nous chantons ensemble. Je présume que nos voix s'harmonisent encore bien. Peut-être même mieux qu'avant en raison des expériences que nous avons partagées. Nos pensées se rejoignent même lorsque nous sommes à des kilomètres l'une de l'autre.

Maintenant, lorsque j'entends la voix de ma sœur, j'entends aussi autre chose. C'est tranquille, à peine audible et peut-être que personne d'autre que moi peut l'entendre. Il s'agit d'un petit ton céleste tout léger. Je suis certaine que c'est la voix d'un ange qui dit: « Je t'aime, maman. »

Julie D. Workman

Bavarder au téléphone dix minutes avec vos amies raffermira votre mâchoire et votre menton bien mieux que n'importe quelle chirurgie esthétique.

Dr Jane Curtain

Nous, les sœurs

Diana aime le centre des *brownies*. Personnellement, je commence par les coins et ensuite le contour. Elle adore le dessus des muffins. Moi, je préfère le dessous. Ses cheveux sont longs, épais et bouclés. Les miens sont plats, droits et fins comme des cheveux de bébé. Nous nous plaignions l'une et l'autre de nos cheveux. Elle est droitière. Je suis gauchère. Elle est plus grande que moi et ressemble à papa, tandis que j'ai plutôt les traits de maman. Pourtant, lorsque nous sommes assises l'une en face de l'autre dans un restaurant du centre-ville, nous sommes le reflet l'une de l'autre dans nos manières et nos expressions. Nos mains bougent de la même façon. Nous prenons toutes les deux une gorgée de café avant de prendre une bouchée de notre rôtie (la sienne est pâle, je commande la mienne brûlée). Nous nous surprenons à agir de la même manière et nous affichons de larges sourires, couvrant nos lèvres avec le bout de nos doigts… tout comme l'autre. Nous nous retenons de pouffer de rire. « Hmm », disons-nous. Parfois, les gens nous demandent si nous sommes des jumelles. Nous ne le sommes pas, mais nous sommes des sœurs.

Durant toute notre enfance, nous avons été les meilleures amies. Courant pieds nus sous les lampadaires de rue dans nos pyjamas de coton, nous poursuivions des lucioles et rincions la poussière de la journée sur nos pieds dans les flaques d'eau sur le trottoir. Puis, si l'une d'entre nous voyait une chauve-souris, nous nous mettions à courir en criant pour nous retrouver en sécurité sur la véranda. Alors, nous nous serrions l'une contre l'autre en riant sottement. Je sais, aux yeux des passants, nous devions avoir l'air ridicule, mais nous n'y pensions pas à ce moment-là. De toute façon, ma sœur ne m'a jamais considérée comme une personne ridicule.

Nous passions pratiquement tout notre temps ensemble. Certes, nous avions des amies, mais aucune d'elles ne pouvait être aussi proche que nous l'étions l'une de l'autre. Nous partagions tout: la chambre, un lit double, le bain, nos vêtements et nos jouets. Nous partagions également nos secrets, nos peurs et nos rêves. Personne ne peut s'avérer meilleure confidente qu'une sœur.

Nos poupées Barbie agissaient exactement comme nous. La sienne était plus âgée que la mienne, elle possédait tous les vêtements et elle était autoritaire. La mienne était geignarde, un vrai bébé qui déguerpissait d'un pas lourd, l'air frustré, à tout moment quand les choses ne se déroulaient pas comme elle le voulait. Nous ne l'avons jamais dit à haute voix, mais nous savions qu'elles étaient des sœurs.

Je me suis mariée la première. Elle a été la première à qui j'ai annoncé mes fiançailles. Elle a été la demoiselle d'honneur. Elle me l'a annoncé la première également lorsqu'elle accepta une demande en mariage. Je fus aussi sa demoiselle d'honneur. Nous nous sommes demandé si on devait m'appeler « dame d'honncur », mais nous avons décidé de ne pas aller de l'avant avec cette idée. Nous n'étions rien de cela, nous étions des sœurs.

Lorsque je devins enceinte, Diana fut la première à apprendre la nouvelle. Certaines règles, comme celle entre sœurs *Tu me le dis en premier*, ne changent jamais. Elle conserve des photos de mes garçons dans son porte-monnaie et, à la moindre occasion, les montre à la ronde. « Regardez, ce sont mes petits neveux. » Mes garçons ont respectivement dix-sept et quatorze ans. N'ayant pas d'enfants, elle revendique ceux de sa sœur.

Après mon mariage, j'ai déménagé au loin. Depuis, nous nous voyons seulement quelques fois par année. Nous partageons encore nos secrets, nos peurs et nos rêves, mais auxquels nous avons ajouté nos souvenirs, notre passé et nos blessures. Nous continuons de nous appeler par nos vieux surnoms. De mémoire, nous n'avons jamais utilisé nos véritables prénoms. Elle s'appelle « Idiote » et moi, « Criarde ». Nos maris, qui, eux, s'appellent par leur véritable prénom, nous regardent comme s'il nous manquait une case dans le cerveau. Mon mari particulièrement est déconcentré par ces injures parfois peu flatteuses. Mais, c'est compréhensible: il n'a pas de sœur.

Le mari de ma sœur, lui, ne s'en préoccupe pas. Il ne comprend pas nos longues étreintes et les pleurs que nous partageons lorsque nous nous revoyons et lorsque nous nous quittons. Il ne comprend pas le langage que nous parlons seulement avec nos yeux. Il ne saisit pas le sens d'un regard, d'un geste, d'un silence secret. Je n'en suis pas surprise: il n'est pas une sœur.

Nous nous appelons trois à quatre fois par semaine. Nous nous parlons rarement parce que nous essayons de nous téléphoner quand l'autre n'est pas à la maison. Nous nous laissons donc des messages sur le répondeur qui ressemblent à des codes. Vous voyez, nous n'avons pas à parler longuement. Nous avons seulement besoin d'entrer en contact et de savoir que l'autre a eu une pensée envers sa sœur. Vous allez sûrement croire que je suis folle si je vous dis que je sais si c'est ma sœur qui m'a téléphoné lorsque la petite lumière des messages clignote sur mon répondeur. À moins, bien sûr, que vous ayez une sœur.

Parfois, nous essayons de partir ensemble. Seulement nous deux, de temps à autre. Nous avons besoin de ce genre de repos que procure une conversation qui ne requiert aucune explication. C'est une prévisibilité rassurante, plus intime que dans un mariage. Elle est mon côté gauche. Je suis son côté droit. Je crois que vous savez ce que je veux dire si vous avez une sœur.

Maintenant, si vous voulez bien m'excuser, le téléphone sonne. Je vous parie que je sais qui appelle.

Ann Marie Rowland

Une sœur, c'est…

Une personne spéciale, une amie si fidèle.
Elle vous ressemble, pourtant elle est différente
de vous.
Elle connaît vos pensées sans que vous ayez
besoin de parler.
Elle comprend vos sentiments avant même
de vous les entendre dire.
Même si elle s'éloigne parfois, elle est toujours
proche de vous.

Dans son cœur, vous lui êtes très chère.
Vos secrets sont bien gardés et vos défauts,
non dévoilés.
Elle maintiendra un lien de confiance;
Alors, aimez-la autant qu'elle vous aime,
Car, n'oubliez pas, vous êtes également une sœur.

Lisa Baillargeon

Le journal

Lorsque nous avons fêté nos treize ans, nos parents nous ont acheté des lits jumeaux. Savez-vous ce que nous avons fait? Nous avons glissé un boîtier de violon sous les couvertures dans son lit et nous avons toutes deux couché dans le mien. Quand nous avons atteint l'âge de quinze ans, cet endroit est devenu extrêmement à l'étroit!

Abigail Van Buren,
de sa sœur Ann Landers

Armées de valises remplies à pleine capacité, nous sommes arrivées à l'aéroport juste à temps pour mon vol. « Eh bien, voilà, nous y sommes », déclara ma sœur avec un soupir. En la regardant se décharger de ma valise, je remarquai la tristesse dans ses yeux. Ce n'était pas facile pour elle non plus. Nous avions redouté toutes deux ce moment durant toute la semaine. Une dernière étreinte et un ultime au revoir et je serais en chemin pour une nouvelle vie à l'étranger, laissant derrière moi ma sœur bien-aimée.

J'ai toujours aimé les aéroports. Pour moi, ils représentaient une sorte de passerelle magique vers le monde, un lieu d'où on entame de merveilleuses vacances et de formidables aventures. Mais aujourd'hui, l'aéroport me semblait un lieu froid et cruel.

En nous dirigeant vers la porte d'embarquement, nous avons croisé un plein autobus de vacanciers frustrés et leurs enfants criards. Je regardai ma sœur et même si ses yeux étaient remplis de larmes, elle faisait tout pour se garder un visage courageux. « Tu ferais mieux d'y aller, maintenant, sinon tu vas rater ton avion », me dit-elle.

Alors que je la serrai une dernière fois contre mon cœur, elle me murmura : « Ne t'en fais pas pour moi. Tout ira bien.

– Tu vas me manquer », lui répondis-je, avant de m'éloigner sur ces dernières paroles. Comme promis, je ne me retournai pas, mais à peine arrivée aux douanes, j'étais en larmes. « Courage, ma jolie, me dit un grand douanier avec un sourire. Ce n'est pas la fin du monde, vous savez. » Mais pour moi, c'était la fin du monde tel que je l'avais connu.

Au moment de l'embarquement dans l'avion, je pleurais encore. N'ayant pas eu l'énergie de ranger mon sac dans le casier au-dessus de mon siège, je l'ai donc placé sur la place libre à mes côtés. En m'installant dans mon fauteuil, un sentiment de tristesse m'a submergée. Je me suis sentie comme si on venait tout juste de m'enlever ma meilleure amie.

Tout au long de notre enfance, ma sœur et moi faisions toujours tout ensemble. Nées à quinze mois de différence à peine, non seulement nous nous ressemblions, mais nous étions pareilles. Nous éprouvions toutes les deux le même mélange de curiosité et de peur devant tout ce qui nous était inconnu. Un jour d'été ensoleillé, alors que je jouais dehors sur le gazon, elle s'approcha de moi et me demanda: « Veux-tu venir dans le grenier? » Nous savions que la réponse à cette question serait toujours affirmative. Nous avions peur du grenier, mais, en même temps, nous étions fascinées par ses odeurs et ses sons. Dès que l'une d'entre nous décidait quelque chose, l'autre suivait. Ensemble, nous allions nous battre contre les araignées géantes et fouiller dans les nombreuses boîtes jusqu'au moment de trouver ce que nous cherchions.

Avec le temps, les visites dans le grenier devinrent moins effrayantes. Ma sœur et moi sommes restées plus proches que jamais, même si, avec le temps, nous y allions chacune à notre tour. Quand le moment est venu pour nous d'aller à l'université, quelle meilleure manière d'y aller qu'ensemble? Nos parents étaient heureux, parce que, de cette façon, nous pouvions « garder un œil l'une sur l'autre » et, bien sûr, leur rapporter dans le menu détail tout ce qui se passait. Mais maintenant que notre période universitaire était terminée et que je partais dans un pays étranger, tout ce qu'il me restait, c'étaient mes souvenirs.

L'avion fut fortement secoué et mon sac, que j'avais poussé sur le siège à mes côtés, tomba par terre. Mes aspirines, ma brosse à cheveux et le livre que j'avais prévu lire durant le vol s'éparpillèrent sur le sol. En me penchant pour les ramasser, j'aperçus, au milieu de mes articles, un petit cahier qui ne semblait pas m'appartenir. Ce n'est qu'en le prenant que je réalisai qu'il s'agissait d'un journal. La clé avait été placée avec précaution dans la serrure, alors je l'ouvris.

Je reconnus aussitôt l'écriture de ma sœur. « Salut, petite sœur. Quelle journée ce fut, aujourd'hui ! Premièrement, tu m'apprends que tu vas déménager à l'extérieur du pays, et là, mon patron… » C'est seulement à ce moment-là que je réalisai que ma sœur avait tenu un journal durant ce dernier mois et qu'elle me le remettait. Elle avait hésité à commencer un journal durant la dernière année, mais le moment semblait maintenant opportun. Durant les deux mois qui allaient suivre, j'allais écrire dans ce cahier et ensuite le lui renvoyer.

Je passai le reste du vol à lire les allées et venues de ma sœur. Et même si un immense océan nous séparait, à certains moments, j'avais en fait l'impression qu'elle était là. C'est seulement lorsque j'ai cru avoir perdu ma meilleure amie que j'ai réalisé qu'elle serait là pour toujours.

Martine Klaassen

Rattachées par le cœur

Avec une seule main manucurée,
Ma sœur peut retourner dans le passé
Et extraire des souvenirs
Auxquels je n'ai pas pensé depuis des années.
Ses yeux bruns sont des miroirs,
Me reflétant, moi et ma vie, comme personne ne peut le faire.

Lorsque nous nous regardons l'une et l'autre,
Nous voyons toutes les étapes de nous-mêmes simultanément,
Comme des boutons s'épanouissant en fleurs
Dans un film en accéléré.

Même si elle est unique,
Une de ses observations récentes
Sur quelque chose de complètement nouveau pour nous deux
M'a fait penser exactement à notre mère.
Cela seul serait une raison suffisante
Pour moi de chérir sa compagnie.

Nous retournons loin en arrière
Nous nous souvenons du chien « Happy »,
D'Eleanor, la poule chantante,
Et de toutes sortes de choses stupides.
Nous sommes des sœurs, pas des jumelles
Nous ne sommes pas rattachées par la hanche,
Mais par le cœur.

Ruth Latta

Bavardage crucial

Tous les mardis et jeudis, entre quinze heures et seize heures, je prenais le téléphone et j'appelais ma sœur Diane qui se mourrait lentement, dû aux complications liées au diabète. Je ne l'appelais pas les lundis, mercredis et vendredis, car c'étaient ses jours de dialyse et elle était alors trop épuisée pour parler. Je ne l'appelais pas non plus les week-ends, parce les samedis et les dimanches étaient les journées réservées à la famille proche et à son rétablissement. Ça ne me dérangeait pas trop pour les week-ends puisque nous avions nos propres moments privilégiés ensemble.

Je n'arrivais jamais à me rappeler si le rendez-vous de Diane au salon de coiffure était le mardi ou le jeudi à quatorze heures, puisqu'il changeait d'une semaine à l'autre. Ce qui ne changeait pas, c'était que, peu importe à quel point Diane était malade, elle ne manquait jamais de faire coiffer ses cheveux. Et quand elle revenait chez elle, nous avions notre moment précieux pour nous visiter en toute intimité au téléphone, comme nous le faisions depuis la majeure partie de notre vie d'adultes.

Les seules fois où nous manquions ces rendez-vous téléphoniques, c'était lorsqu'elle avait un rendez-vous chez le médecin ou qu'elle était à l'unité de soins intensifs. Malgré ses nombreuses hospitalisations, nous ne les avons jamais laissés nous arrêter. Cela surprenait les autres membres de notre famille que Diane et moi parlions peu souvent de ses états d'âme, des dernières procédures chirurgicales et des différents tests de laboratoire ou, encore, si son cœur, ses poumons et ses reins fonctionnaient bien. Jusqu'à la fin de ses jours, nous avons entretenu nos conversations habituelles — sœur à sœur, amie à amie.

Nous passions la plupart de notre temps à bavarder au téléphone. J'ai quitté la maison à l'âge de dix-huit ans et Diane était mon point d'ancrage à la petite ville du Sud où nous étions nées, ainsi que mon lien avec la famille italienne tissée serrée que j'avais laissée derrière moi. Elle me tenait au courant des maris qui trompaient leurs femmes, des dernières disputes familiales et des personnes malades et celles qui étaient décédées. Elle m'annonçait les nouvelles naissances dans la famille. Elle me disait qui s'était fiancé, marié, divorcé ou séparé. Elle adorait me décrire les mariages que j'avais ratés. Et aussi les funérailles, surtout si nous ne nous souvenions pas beaucoup de la personne qui venait de mourir.

Diane et moi avons beaucoup ri durant nos conversations téléphoniques qui, les premières fois, duraient souvent une heure. Nous nous consolions quand l'une ou l'autre était malheureuse.

Nous parlions à peu près de tout, de son équipe bien-aimée : les New Orleans Saints, de nos romans préférés de Danielle Steel et de nos chanteurs préférés — elle adorait Mandrell alors que je préférais Streisand.

Le dernier jeudi où j'ai appelé Diane, elle m'a parlé de la prise de bec que son mari avait eue avec une de nos sœurs à propos de sa dialyse. Elle s'enthousiasma sur le plat chaud de tamales qu'elle avait mangés au souper, la veille. Elle me parla de la progression des procédures de divorce qu'une autre de nos sœurs avait entreprises. Elle s'informa de mes enfants et de mes petits-enfants et me confia l'intérêt de sa fille pour un nouvel amoureux. Sa voix était plus forte qu'elle ne l'avait été depuis un bon moment, et cela m'encourageait de la voir continuer à se battre contre l'adversité.

Le mardi suivant, je n'ai pu parler à Diane parce qu'elle était à l'unité de soins intensifs. Le mercredi, elle dormait quand j'ai téléphoné à l'hôpital. Son mari m'a dit qu'il lui demanderait de m'appeler de la maison dès qu'elle serait sortie de l'hôpital, plus tard dans la journée. Elle ne m'a jamais rappelée. Elle est décédée jeudi, très tôt dans la matinée.

C'est mardi de nouveau, alors que je prends le téléphone pour l'appeler, j'écris plutôt ceci : De quoi parlerions-nous aujourd'hui ? Qu'est-ce que je voudrais lui partager ? Qu'est-ce que j'aimerais entendre d'elle ? Je le sais. Nous parlerions de ses funérailles.

Je lui dirais que toute la ville est venue, parce qu'elle était tellement aimée. Je lui raconterais comment tous les membres de la famille, même ceux qui ne cessaient de se quereller depuis des années, ont fait la paix entre eux. Du moins, pour la journée. Je lui dirais aussi à quel point j'étais triste, mais que, en regardant mon nouveau petit-fils dormir paisiblement sur le banc à côté de moi, j'ai senti que tout allait bien dans cette nouvelle étape de son être.

Je lui parlerais de sa fille qui, au réveil, me partage toutes les choses qu'elle a apprises de sa mère. Et comment son mari, pour l'une des rares fois de sa vie, a revêtu un habit pour se tenir debout devant ses amis et ses proches, et proclamer son amour éternel pour elle. Je lui dirais que je n'ai pas vraiment écouté quand son mari parlait de leur relation spéciale, trop occupée à me remémorer nos propres liens spéciaux. Comment elle était une partie importante de mon réseau de soutien. Mon lien vers mon passé. Ma confidente, plus que ma sœur. Ma chère amie.

Je dirais à Diane que les deux prêtres ont dit des choses gentilles à son sujet. Et à quel point j'étais heureuse quand ma petite-fille de deux ans s'est mise à babiller très fort pendant qu'un des prêtres louangeait ses vertus. Et qu'au lieu de pleurer, j'ai souri.

Je lui dirais que maman avait le cœur trop brisé pour assister aux funérailles, mais que tout le monde était là. Ses six frères et sœurs, ainsi que nos enfants et petits-enfants, étaient tous présents. Je lui dirais à quel point nous l'aimions tous, à quel point elle nous manquera et je tenterais de la faire rire. Je lui parlerais de la forte odeur d'encens qui m'a complètement étourdie lorsque le prêtre le dispersait autour du cercueil et de ma tête. Je lui mentionnerais le fait que tous ses frères et sœurs — sujets aux attaques de panique — qui habituellement s'assoient sur les bancs à l'arrière de l'église, se sont installés en avant, à ses côtés, et qu'aucun d'eux n'a perdu connaissance.

Je lui décrirais les superbes fleurs sur l'autel, parce que, vers la fin de sa vie, quand elle perdit la vision, cela la contrariait de ne pouvoir que sentir les merveilleuses créations florales de notre Seigneur. Et j'arrêterais finalement de parler et j'attendrais qu'elle me parle. *Que me dirait-elle?* Je me le demandais. Et je le sus.

Elle me dirait qu'elle savait tout cela, car elle rôdait autour pour être certaine que tout le monde se portait bien. Elle me dirait que, lorsque maman visita sa tombe cet après-midi-là, elle voltigeait autour d'elle sous la forme d'un papillon. Et que maman a souri en le voyant, car elle savait ce que cela signifiait. Elle me dirait comment elle a appuyé sur la sonnette débranchée d'une de nos sœurs à qui elle vouait un amour spécial, pour la consoler, elle voulait la rassurer sur la vie après la mort. Elle me dirait comment, lorsque toutes les roses seraient réunies pour en faire des chapelets, elle s'était assurée qu'une seule rose jaune soit laissée afin qu'une autre de nos sœurs sache, par un signe préalablement convenu, qu'elle était encore vivante.

Et juste avant que nous raccrochions pour la dernière fois, je lui dirais à quel point je l'aime, et à quel point sa présence, son courage, sa douceur et son sens de l'humour me manqueront. Et elle me répondrait: « Oui, tu vas me manquer, toi aussi. Mais je dois amorcer ma nouvelle vie. » Elle me dirait qu'elle doit retrouver papa et grand-maman ainsi qu'environ vingt parents et amis, souhaitant qu'ils soient tous au paradis, car c'est là qu'elle s'en allait.

Et je lui répondrais avec réticence: « D'accord. Au revoir, alors. Mais tous les mardis et jeudis, entre quinze heures et seize heures, je t'appellerai en esprit, et je n'oublierai jamais, jamais, combien tu as été importante pour moi. »

Leona Lipari Lee

Au fil des années

Un nouveau bébé arrivé pour rester.
Regardant d'un air interrogateur dans le berceau,
nous disons :
« Voici ma sœur. »

Des jouets sont répandus sur le sol,
Quelqu'un observe derrière la porte.
C'est ma sœur.

Je hurle : « Qui a brisé ma poupée ? »
« Qui était dans mon rêve ? »
C'était ma sœur.

D'une aide précieuse durant l'heure de notre bain,
Elle chante une chanson en rime.
Merci, ma sœur.

Les petits amis viennent, les petits amis vont.
Qui a été embrassée ? Ne le savez-vous pas ?
C'était ma sœur.

Parler tard le soir, partager des secrets.
Fermer la lumière.
Tu es ma sœur.

Grandir, les corps qui changent,
Tout le temps, se réajustant.
Oh ! ma chère sœur.

Se marier et nous déménageons.
« Oh ! comme tu me manques ! » que je crie
À ma sœur.

Grossesse, appels interurbains
Et, avant de le réaliser, le bébé rampe
Parle-moi, ma sœur.

Maintenant devenues adultes,
  et nous le resterons,
Amies comme toujours, d'une manière spéciale.
Parce que tu es, ma sœur.

Michelle A. Tessaro

Si vous ne comprenez pas comment une femme peut à la fois aimer profondément sa sœur et vouloir lui tordre le cou, c'est que vous êtes probablement un enfant unique.

Linda Sunshine

Sœurs dans la peau

Certaines familles règlent leurs conflits autour de la table à dîner. Chez ma grand-mère — où je passais la plupart de mes étés —, nous résolvions nos conflits sur la véranda avant de sa maison.

Ma grand-mère s'assoyait toujours sur la balançoire, faisant un peu de travail ou autre chose — écossant des petits pois ou crochetant un jeté. Je m'asseyais à côté d'elle — quand cette place n'était pas usurpée par un cousin plus âgé — parce que je l'aimais et que c'était apaisant d'être juste à ses côtés.

Cela m'apparaissait étrange de ne pas gérer nos difficultés dans l'intimité d'une pièce de la maison. Quand j'ai été assez vieille pour en demander la raison à ma grand-mère, elle m'a répondu : « Eh bien, ma chérie, je pense que ça nous donne de meilleures perspectives. Après tout, nous ne sommes pas les seules personnes sur terre à avoir des problèmes. Tu n'as qu'à regarder les gens dans notre rue. »

Il était vrai que, dans cette petite ville du Sud, les gens étalaient leurs malheurs, juste là, devant nos yeux. Presque tous les jours, on pouvait voir des garçons du secondaire se battre en revenant de l'école, le vieux cheval du docteur Carrickle s'échapper encore une fois, ou entendre Louise et Parnell Webb se chamailler, un pâté de maisons avant même d'être en vue. En fait, dans cet environnement, nous pouvions rencontrer la plupart des aspects de la condition humaine, à son meilleur comme à son pire.

D'ailleurs, les membres de ma famille faisaient toujours attention pour être irréprochables en public, si cela était vraiment possible.

Et c'est la raison pour laquelle j'étais impressionnée par les feux d'artifice entre deux de mes tantes. Elles étaient les filles de ma grand-mère, mais je ne les avais jamais considérées ainsi. Premièrement, elles étaient trop vieilles pour être des filles. Ma tante Golda avait trente-deux ans et tante Willa, son aînée, en avait trente-quatre. Elles étaient des femmes et elles l'affirmaient souvent. Les deux étaient impatientes de se marier, mais seule Willa était fiancée. Elle était l'incorrigible excentrique des deux; Golda, la conservatrice, était irréprochable, selon l'avis général.

Ce jour-là, j'étais assise sur la balançoire avec ma grand-mère, qui écossait des pois de son jardin. Ma tante Golda était assise dans la chaise berçante en osier, enfonçant des aiguilles dans de très petits cercles concentriques d'une pelote à épingles ressemblant à une tomate. Le chien était étendu dans un bassin de terre qu'il avait créé près des pétunias, haletant sous la chaleur. J'imagine que, de la rue, tout devait avoir l'air paisible.

Nous vivions tous un moment agréable, lorsque Willa apparut soudain dans l'allée de la maison. Elle marchait d'un pas nonchalant en roulant légèrement des hanches. En arrivant près des marches de l'escalier, elle mit une main sur sa tête. C'est difficile de décrire ce qui reposait là, sur ses cheveux rouge foncé. C'était violet et ressemblait à quelque chose comme un ruban de films.

Je pouvais sentir la tension sur la véranda tout comme on sent l'électricité statique à la veille d'un orage. Le chien sortit de son lit de pétunias et s'avança vers les marches pour voir ce qui se passait. Ma tante Willa se laissa tomber sur un fauteuil à bascule en osier et lissa sa jupe de lin sur ses cuisses. Golda la regarda fixement avec une expression autant de mépris que d'incrédulité. Elle lui demanda : « Willa, que diable as-tu sur la tête ?

– Pourquoi ? C'est un chapeau, répondit Willa. L'aimes-tu ?

– Ce n'est pas un chapeau ! C'est une pièce de velours violet simplement enroulé autour de ta tête. » Golda fit un petit mouvement circulaire impatient avec sa main. « Ça ressemble à une bouse de vache violet. » Par cela, elle voulait dire la chose dans laquelle vous ne voulez pas mettre le pied.

« Ma foi ! Tu es de mauvaise humeur. Ce chapeau me fait sentir tout simplement bien. J'étais dans le grenier, l'autre jour, à m'amuser. Tu sais, Golda, à m'habiller comme nous avions l'habitude de le faire.

– Willa, tu es une adulte maintenant. On parle assez de notre famille comme ça sans que tu sois obligée de te promener dans toute la ville avec ça sur la tête. Maintenant, enlève-le.

– Je ne ferai rien de tel », déclara gentiment Willa, touchant délicatement sa création du bout de ses doigts. « La lumière de la petite fenêtre éclairait ce bout de tissu, là-haut. Il était tellement beau, je me devais de l'essayer. Alors, voilà ce que j'ai confectionné. Je savais que ça ne dérangerait pas maman. »

Ma grand-mère leva les yeux au-dessus de ses petits pois, mais ne dit rien.

« Je veux que tu enlèves immédiatement cette chose de ta tête, lança Golda. Si tu n'apprends pas à modérer ton comportement, les gens vont commencer à chuchoter en parlant de toi ! »

Anticipant quelque chose, le chien a remué ses pattes d'en avant tandis que je me suis assise droite, prête, attendant et espérant la querelle qui allait certainement venir. Des projectiles avaient été tirés ; la guerre était déclarée. Cette journée allait être palpitante.

« Franchement, Golda, tu deviens une fidèle de la mode nazie. »

Et avec cette remarque, plein de choses se produisirent en même temps. Ma tante Golda bondit hors de sa chaise et arracha le rouleau de velours de la tête de sa sœur. Le chien commença à japper. La pelote d'épingles couleur tomate tomba sur le sol. Willa la ramassa et en retira chacune des épingles. Toutes. Ma grand-mère déposa son bol de pois. Willa lança alors la pelote sans épingles dans la cour. Le chien courut l'attraper, commença à la lancer dans les airs, puis la secoua avec un plaisir évident. Golda, qui avait passé un bon moment à placer les épingles, porta ses mains à son visage, commença à pleurer, puis se précipita dans la maison en faisant claquer la porte moustiquaire.

Ma grand-mère dit: « Ça alors! Ça par exemple! Qu'est-ce qui se passe avec vous deux? »

Ma tante Willa nous regarda toutes les deux sereinement et dit d'une voix très douce: « Je savais qu'elle ferait ça. Une vraie pleurnicheuse. Elle l'a toujours été. »

Ma grand-mère me demanda d'aller récupérer la pelote à épingles couleur tomate du chien. C'était un gâchis, détrempé et gluant. Après quelques minutes, Willa s'excusa et partit en ville pour magasiner. Je saisis un livre portant sur la rivière amazonienne et grimpai jusqu'à la haute fourche de notre érable où j'aimais lire.

Parfois, durant l'après-midi, j'imaginais que nous étions au début d'une querelle de famille qui allait durer des générations. J'imaginais Willa et Golda qui vieilliraient et deviendraient impotentes sans plus jamais se parler de nouveau.

Aucune des deux ne vint souper. « Je ne sais pas où ces filles ont pu aller », dit ma grand-mère, en déposant l'assiette de petits pains au lait sur la table. Je n'ai pas voulu lui dire ce que je pensais: qu'elles s'étaient entretuées dans la grange! Je suis donc restée plutôt silencieuse.

Après avoir mangé ma part de poulet frit, ma grand-mère m'envoya au jardin pour cueillir de la menthe fraîche pour le thé glacé. En tournant le coin de la maison, j'aperçus une scène inimaginable.

Willa et Golda se promenaient nonchalamment dans l'allée du jardin de fleurs, bras dessus, bras dessous. Leurs têtes étaient inclinées légèrement l'une vers l'autre alors qu'elles marchaient dans leurs robes d'été aux tons pastel, le long des grands phlox multicolores et les roses thés en pleine floraison. J'étais ébahie.

Je courus vers la cuisine, sans la menthe que j'avais été envoyée cueillir, et tirai ma grand-mère vers la fenêtre de la cuisine.

« Regarde ça, lui dis-je. Grand-maman, regarde. Comment cela est-il possible? Je croyais qu'elles étaient des ennemies mortelles. Elles étaient vraiment furieuses! Des ennemies mortelles. Pour toujours! »

Ma grand-mère regarda par la fenêtre et ensuite vers moi. Elle souriait doucement et me dit: « Eh bien non, mon chou, elles sont des sœurs. Maintenant, va me chercher un peu de menthe. Et appelle ces adorables filles pour le thé. »

J'ai songé qu'il y avait des choses que je ne comprendrais tout simplement jamais. Mais j'ai fait ce qu'on m'a dit et, à mon plus grand étonnement, toutes les deux se sont penchées et m'ont embrassé sur la joue. Ensuite, nous sommes rentrées pour prendre un thé glacé et jouer au cœur autour de la table de cuisine.

Walker Meade

Quarante-cinq ans et séparées par dix mille kilomètres

Il n'est de liens plus forts
que ceux tissés de fils invisibles.
Friedrich Nietzsche

L'histoire se déroule après la Seconde Guerre mondiale, vers la fin de l'occupation américaine au Japon. Ma mère, aînée d'une famille de trois enfants, avait sacrifié une rare opportunité d'entrer à l'université afin de pourvoir au soutien de la famille en travaillant à deux emplois, puisque son père malade ne pouvait plus travailler. Elle avait perdu sa mère à l'âge de seulement douze ans. Non seulement était-elle l'unique source du revenu familial, mais aussi la sœur et la mère, par conséquent, de deux petites filles. Au cœur de toutes ces difficultés, elle était devenue amoureuse d'un soldat américain. C'est l'esprit rempli d'espoir et de détermination qu'elle décida de quitter un Japon déchiré par la guerre pour l'abondance de l'Amérique, qui laissait entrevoir richesses et bonheur pour sa famille, et particulièrement pour ses deux petites sœurs.

Mais la réalité américaine fut tout autre que celle espérée pour ma mère. En fait, l'homme qu'elle avait épousé était un alcoolique sévère. La survie de cette femme et sa détermination à subvenir aux besoins de ses propres enfants égalaient toutes les difficultés qu'elle aurait pu affronter dans son pays natal. Et sous une pression constante, ses rêves passèrent progressivement de l'espoir à de longues journées de labeur. Les années s'écoulèrent sans qu'elle envoie une seule lettre à la maison. Plusieurs autres années passèrent et elle devint effrayée à l'idée d'écrire. Elle ne serait pas en mesure de supporter la nouvelle que quelque chose de mauvais soit arrivé aux deux petites sœurs qu'elle avait laissées derrière. Elle ne pouvait supporter non plus de leur avouer combien sa vie était devenue misérable.

Je me suis souvent demandé qui étaient ces gens de ma famille encore là-bas, au Japon. Ma mère n'en parlait jamais et je sentais un espace vide s'installer dans ma vie. Je supposais qu'il était douloureux pour elle de parler de son passé et décidai de respecter son silence. Il valait mieux ne pas aborder le sujet. Plusieurs années plus tard, j'eus l'occasion de me rendre au Japon dans le cadre d'un projet de trois mois. Aurai-je le courage d'ouvrir cette boîte de Pandore scellée par le silence de ma mère? Je racontai mon histoire à une charmante famille japonaise qui s'était liée d'amitié avec moi. Ces gens comprirent immédiatement mon besoin d'en savoir davantage sur les parents qui manquaient à ma vie. Et mes nouveaux amis se mirent en tête de retrouver la trace de mes proches puisqu'il était trop difficile pour moi, en tant qu'étrangère, de le faire seule.

Les journées passaient rapidement et je n'avais aucune nouvelle, mais j'avais toujours espoir de rencontrer à tout le moins un des membres de ma famille. Deux jours avant mon départ, jc reçus un appel de Yokiyo: « Je les ai trouvées! » s'exclamat-elle. Bien sûr, j'étais ravie, mais je crus bon, tout de même, de m'enquérir: « Comment ont-elles réagi? » lui demandais-je. Ma mère avait toujours craint que leurs sentiments pour elle aient été enterrés et qu'elles ne veuillent plus rouvrir cette plaie. Mais Yokiyo me raconta la réaction de la première tante à qui elle en avait parlé et qui avait fondu en larmes, incapable de parler tellement elle était inondée de joie en apprenant que sa sœur perdue était encore vivante. Le jour suivant, mes tantes prirent l'autobus pour Tokyo afin de me rencontrer. Elles me serraient contre elles et éclataient de rire chaque fois qu'elles pouvaient reconnaître en moi quelques traits de ma mère. Pas une seule journée ne s'était passée sans qu'elles ne pensent à elle, me dirent-elles. Elles me confièrent qu'elles avaient besoin de fermer la boucle et je leur promis de revenir avec leur grande sœur.

À soixante-huit ans, ma mère était devenue une vieille dame plutôt recluse après le décès de son mari. Nous savions toutes deux que le voyage ne serait pas de tout repos. Mais elle avait promis à ses sœurs, au téléphone, qu'elle irait les rencontrer au Japon, dut-elle nager pour s'y rendre. Nous partirions pour le Japon au printemps de l'année suivante, ce qui nous donnerait six mois pour nous préparer et économiser pour le voyage d'une vie. Les souvenirs de son enfance commencèrent à remplir son cœur et et elle me raconta des histoires sur son passé. Ses deux sœurs appelaient tous les week-ends afin de s'assurer que le plan tenait toujours. Quant à ma mère, elle se sentait à la fois excitée et anxieuse alors qu'elle réalisait que quarante-cinq années s'étaient écoulées depuis le dernier contact avec ses sœurs. En réalité, ces femmes étaient devenues de parfaites étrangères pour elle.

Durant le voyage en avion vers Tokyo, ma mère m'avoua que cela faisait exactement quarante-cinq ans ce mois-ci qu'elle avait vu le Japon pour la dernière fois. Lorsque les myriades de lumières de la ville apparurent sous l'avion, ma mère avait le visage pressé contre la vitre. Elle avait vu, se souvenait-elle, ces mêmes lumières disparaître dans le lointain quarante-cinq années plus tôt en se disant que jamais plus elle ne verrait sa terre natale. Je l'observais en silence retenir ses larmes.

À l'aéroport de Narita, elle repéra ses sœurs dans la foule et les salua joyeusement. Elles voulurent se moquer de sa gaucherie, mais fondirent plutôt en larmes, serrant enfin contre elles cette sœur perdue et retrouvée. Trop émues pour parler, les trois sœurs se sont regardées l'une l'autre dans le train qui les menait vers Tokyo. Dans la résidence d'Aiko, elles commencèrent à parler doucement, tout en buvant leur tasse de thé vert.

Notre semaine à Tokyo passa rapidement. Les deux femmes s'occupèrent de nous comme deux mères poules, nous promenant ici et là, profitant de chaque occasion pour nous initier aux délices culinaires des environs. Il ne fallut pas une longue période d'acclimatation avant que les trois sœurs ne se comportent de nouveau comme de vraies sœurs, se taquinant, rigolant et échangeant très tard dans la nuit. L'atmosphère se remplit de cette joie inestimable qui réchauffe le cœur de chacune. Personne n'aurait cru qu'elles avaient été séparées pendant les quarante-cinq dernières années. Quant à moi, j'ai pris une multitude de photos des trois sœurs assises dans le parc, chantant des chansons de leur enfance ou cuisinant ensemble.

J'ai vu comment les quarante-cinq années perdues avaient été effacées par l'amour qu'elles éprouvaient l'une pour l'autre. Chaque moment passé ensemble était précieux, car nous savions tous que cette rencontre pouvait être la dernière pour ces sœurs. Ce qui importait, c'est qu'elles étaient redevenues de vraies sœurs, des sœurs pour toujours. Elles avaient prouvé que le temps et la distance ne pouvaient altérer leur lien fraternel.

L. J. Wardell

Réaliser ensemble notre rêve olympique

Cela n'a pas commencé par un rêve olympique. À l'école primaire, nous étions des jumelles ayant un excès de poids et manquant de coordination. Lorsqu'il fallait choisir les membres d'une équipe, au baseball ou au ballon-chasseur, nous étions systématiquement les dernières à être choisies.

La situation était si critique que notre professeur de gymnastique nous dit un jour : « Penny et Vicky, vous et quatre autres élèves avez été choisies pour vous présenter au gymnase pour un cours de rattrapage au lieu d'assister à la classe de musique. » Ni l'une ni l'autre ne pouvait attraper ou lancer une simple balle. Nous étions totalement mortes de honte.

En dépit de ces expériences humiliantes qui érodaient notre estime de soi, nous continuions à essayer de pratiquer d'autres activités sportives à l'extérieur de l'école. À l'âge de huit ans, nous avons découvert la nage synchronisée. En fait, c'était comme si ce sport *nous* avait choisies : nous avions indéniablement un talent naturel pour cette activité que nous adorions. Il s'agissait d'un sport idéal pour de vraies jumelles : le but était de nager en parfaite synchronisation, en étant le miroir l'une de l'autre. Nous étions avantagées puisque nous avions toutes les deux la même force physique, les mêmes angles de bras et de jambes ainsi que le même sens de la synchronisation. Nous nous ressemblions tellement que, sur une photo, nous n'arrivions pas à nous distinguer l'une de l'autre. Je me souviens d'une petite fille qui avait dit à sa mère, lors d'une compétition : « Regarde, maman, elles portent le même visage. »

Il nous importait, en tant que jeunes, d'imiter nos idoles, les championnes du « National Duet » également des jumelles. Nous adorions travailler avec d'autres nageuses ainsi qu'avec nos entraîneurs. Nous avons travaillé incroyablement fort. En tant que jumelles, nous étions sur la même longueur d'onde : nous avions des valeurs communes et une confiance absolue.

Lors de nos premiers championnats nationaux, nous avons été classées 24e sur 28 participants. Nous avons alors vu à quel point les meilleurs nageurs étaient excellents. Nous avons donc choisi de viser plus haut et de travailler ensemble vers un but commun. L'année suivante, nous nous sommes élevées au 6e rang, puis aux Championnats nationaux juniors. Les victoires qui se sont succédées nous permirent de voyager à travers le monde et c'est ainsi qu'est né notre rêve de participer aux Jeux olympiques.

Nous avions réalisé plusieurs de nos objectifs, devenant à sept reprises les championnes canadiennes de nage synchronisée en duo, les championnes du monde en équipe, et même le premier duo au monde à mériter une note parfaite de « 10 ».

Mais, à notre grande déception, les Jeux olympiques de 1980 nous ont échappé, étant boycottés par plusieurs pays, dont le Canada. Comble de malheur, nous n'avons pas fait l'équipe de 1984. Au terme de quatorze années d'efforts et de privations, nous devions maintenant accepter que notre rêve olympique resterait hors d'atteinte. Nous nous sommes retirées du monde de la natation et avons pris le chemin de l'université pour y terminer nos études.

Cinq années plus tard, alors que nous regardions une compétition de nage synchronisée à la télé, nous avons toutes les deux éprouvé une sensation tout à fait inattendue. Penny se pencha vers moi et chuchota: « Que dirais-tu si nous tentions l'expérience une autre fois? Et pourquoi pas les jeux de '92? » J'ouvris grand les yeux en relevant légèrement un sourcil. Nous nous rendions compte soudain que notre rêve olympique était toujours vivant et que nous ne pouvions plus l'ignorer. Le premier avril 1990, nous avons décidé d'effectuer un retour sans précédent et de viser les Jeux olympiques de 1992. Nous étions effrayées à l'idée d'annoncer nos plans sans savoir si nous pourrions y parvenir. Mais, finalement, nous étions encore plus effrayées à l'idée de ne pas tenter notre chance et de devoir vivre le reste de nos jours en pensant: « Et si nous avions essayé? »

Tout le monde nous répétait que c'était une aventure impossible, mais notre désir était si grand qu'il nous a fourni l'énergie nécessaire pour persévérer. Nous n'avions seulement que deux années pour nous remettre en forme physiquement, deux années pour nous retrouver parmi les meilleures au monde. Aucun nageur n'avait tenté cet exploit de revenir après cinq années de retraite, et surtout pas à l'âge de vingt-sept ans !

Nous n'étions admissibles à aucune subvention. Nous avons donc conjugué un travail à temps plein et cinq heures d'entraînement chaque soir. Il nous fallait pourvoir à nos besoins et débourser tous les coûts de transport pour les compétitions internationales. Et c'est ainsi que, durant deux ans, nous avons maintenu avec persévérance ce rythme infernal tout en ignorant totalement si nous allions réussir.

Heureusement, nous avions quatre entraîneurs dévoués qui travaillaient corps et âme avec nous afin que notre rêve devienne réalité. Et même si nous devions continuellement pousser les limites de notre corps (nous avions été sédentaires durant cinq années), nous éprouvions encore de l'amour pour ce sport. Parfois, il nous arrivait de rire si fort avec Julie, notre entraîneuse principale, que nous manquions d'air et coulions à pic au fond de la piscine. Julie nous aidait continuellement à croire en nous-mêmes.

Quand arriva enfin le jour des essais olympiques, nous étions confiantes, quoique nerveuses. Nous pouvions à peine respirer dans l'attente interminable du verdict des juges après les finales. À l'annonce des résultats, nous avons sauté de joie, nous enlaçant l'une et l'autre : nous avions gagné par 0.04 seconde !

Nous pouvions difficilement contenir notre excitation, pendant que l'équipe olympique de 1992 se réunissait à Toronto, en route vers Barcelone. Lors des cérémonies d'ouverture, nous étions émues d'entrer dans le stade plein à craquer, sous un tonnerre d'applaudissements. Nous avons également reçu un autre stimulant formidable durant les quelques jours stressants d'entraînement, grâce au programme de « Courrier olympique ». Tous les jours, après la pratique, nous nous précipitions vers la pile géante de cartes postales jaunes envoyées à l'équipe olympique canadienne, et prenions les nôtres, simplement adressées à « Penny et Vicky Vilagos, Barcelone ». Les messages nous parvenaient d'amis d'enfance, de parfaits étrangers et d'anciens athlètes. Imaginez ce que nous avons ressenti quand nous avons lu ce message : « Chères Penny et Vicky, vous réalisez mon rêve de natation. J'avais l'habitude de nager deux longueurs de piscine dans un même souffle. Je suis maintenant handicapé et je ne peux plus nager du tout. Je vous envoie ma force — Que le soleil brille sur vous. » Et en effet, le soleil brilla sur nous à Barcelone.

Lorsque le grand jour arriva enfin, que nous sommes montées sur le bord de la piscine et que nous avons entendu « Compétiteur n° 9… Canada, » notre énorme stress s'est transformé en une éclatante fierté. Alors que la foule nous acclamait et agitait des drapeaux unifoliés, nous avons ignoré la tentation de penser aux 30 000 heures d'entraînement qu'il nous a fallu pour nous rendre là. Notre attention était désormais fixée sur l'eau, afin de nous concentrer totalement à la performance qui nous attendait.

Nager ce jour-là fut une expérience magique. Malgré le stress, nous savourions chaque instant.

Quand la musique s'arrêta et que les applaudissements se firent entendre, nos regards se tournèrent vers Julie. L'expression sur son visage confirmait ce que nous ressentions déjà — nous avions donné la performance de notre vie!

Lors de la Cérémonie des médailles, alors que nous montions sur le podium pour recevoir notre médaille d'argent, après avoir marché autour de la piscine, notre joie était double, c'est ensemble que nous partagions ce moment unique. Nous nous sommes enlacées comme pour nous dire: « Merci pour ton engagement, ton soutien et tes encouragements. »

Nous nous souviendrons toujours de cette atmosphère électrique alors que nous chantions *Amigos para Siempre* ou *Amis pour la vie*. C'est à ce moment que nous avons réalisé le plein effet de tout cela: après vingt et une années d'efforts acharnés, notre rêve olympique était enfin devenu réalité!

Parmi les nombreuses cérémonies consécutives à notre retour de Barcelone, nous, les cinq médaillés du Québec, avons été invités à lancer la balle de départ lors d'une partie de baseball de l'équipe des Expos de Montréal. Nous avions vécu beaucoup de changements depuis l'école élémentaire, mais il faut avouer que lancer une balle n'était pas l'un de ceux-là. Lorsque nous avons reçu cette invitation, notre première réaction a été de dire: « Oh non! » Nous nous sommes senties, un court instant, redevenues des enfants, alors que les souvenirs de paroles telles que « Je ne veux pas d'elle dans mon équipe » remontaient à la surface.

Le jour de la partie, nous nous sommes rendues au stade, le cœur serré. Nous avons suivi les organisateurs sur le terrain, avec les autres médaillés olympiques — Sylvie Fréchette, Guillaume Leblanc et Nicolas Gill. Tenir une balle entre nos mains nous semblait inhabituel; notre seul réconfort était de savoir que nous avions à lancer sur une courte distance.

Nous regardions, mal à l'aise, alors que l'organisateur continuait de marcher... et marcher... jusqu'au monticule du lanceur! En jetant un œil de côté, nous pouvions voir la peur dans les yeux de chacun d'entre nous... pendant que des milliers d'admirateurs applaudissaient vigoureusement ou faisaient la vague. Puis, vint le moment fatidiquc du lancer d'ouverture... cinq receveurs alignés, prêt à capter nos cinq balles... Au signal, nous nous sommes mis en position et avons lancé notre balle. Le receveur de Penny bondit vers l'avant — mais pas assez vite, ni assez loin. Sa balle tomba rapidement et toucha la poussière dans un bruit sourd gênant.

Pendant un court instant, nous avons figé, revivant ce sentiment terrifiant de l'école élémentaire. Nous étions préparées à essuyer les rires, mais cette fois-ci, tout fut différent. Alors que les cris et les applaudissements se faisaient entendre, le sentiment angoissant s'évapora et nous avons souri — à la foule, à l'une et à l'autre, à nos souvenirs — et nous les avons tous salués à notre tour.

Penny et Vicky Vilagos

Mon souhait pour toi

Carol et Helen n'aimaient pas la même nourriture, les mêmes vêtements, les mêmes garçons, les mêmes livres… ça vous donne une idée. Mais ces sœurs s'aimaient d'un amour céleste. Durant leur enfance, elles jouaient un jeu idiot appelé « Mon souhait pour toi ». La plupart du temps, il en découlait de bonnes choses.

Carol et Helen restèrent proches, même si, à la fin de leurs études, l'une d'elles partit loin de la maison. Carol se maria et eut des enfants. Helen, quant à elle, resta célibataire et trouva l'épanouissement dans le monde de la publicité sur Madison Avenue.

Les années passèrent. Un jour, Carol trouva une bosse anormale sur son corps. Instinctivement, elle prit le téléphone et fit un appel interurbain à sa sœur. S'ensuivit une conversation remplie de larmes, alors que les deux sœurs se réconfortaient l'une et l'autre.

Le médecin fut très franc : elle avait le cancer. Carol demeura stoïque, même optimiste. Dans le silence de la nuit, elle s'installa en boule sur le canapé et téléphona à Helen. Dès le lendemain matin, elles se retrouvaient à l'aéroport.

La durée du séjour d'Helen devint indéterminée. Tous les espoirs de Carol s'atténuaient au fil des semaines. Oh ! elle avait bien essayé de rester la fille drôle comme auparavant, mais le pronostic n'était pas encourageant. Quand les larmes se mirent à couler, Helen comprit que Carol s'inquiétait uniquement pour sa famille. Par un froid matin de décembre, alors qu'Helen revenait de sa marche matinale, Carol la prit par le bras et admit: « J'ai peur, je suis terrifiée. » Helen était très positive, étrangement rassurante. Elle ne pleura même pas.

Ce soir-là, Helen lui annonça soudainement qu'elle retournait chez elle. Carol fut ébranlée. *Comment peut-elle me quitter maintenant?* Mais à la réflexion, elle présuma qu'Helen avait atteint un point où elle ne pouvait plus s'occuper de sa sœur mourante.

À l'aéroport, Helen serra sa sœur dans ses bras et mit la main sur sa joue. Elles parlèrent peu, sauf pour se dire les adieux habituels.

Un jour, lors d'un rendez-vous chez son médecin, son attention fut attirée par un tableau dans la salle d'attente. Deux petites filles marchaient main dans la main dans un pré. Carol ferma les yeux et put presque sentir le parfum des fleurs sauvages.

« Carol, dit le docteur lorsqu'elle entra dans son bureau. Je veux juste vous dire qu'en ce moment, les tests ne révèlent aucune trace de cancer. Il a disparu et je n'ai aucune explication. Vous êtes guérie du cancer. »

Grimpant l'escalier de sa résidence d'une seule enjambée, Carol entra précipitamment. Elle avait de bonnes nouvelles à annoncer à son mari, qui, lui, conservait un regard sombre. « J'ai de mauvaises nouvelles, ma chérie. C'est Helen. Elle a eu un accident d'auto aujourd'hui et j'ai bien peur que… »

Sa voix se cassa, mais Carol sut. Et le reste de la soirée, en fait le reste de leur vie, fut doux-amer.

Est-ce que cette histoire vous porte à réfléchir? Que pensez-vous qu'Helen a fait lors de sa marche matinale? Pour ma part, j'aime penser qu'elle fit un petit marché avec Quelqu'un. Quelqu'un qui avait le pouvoir de réaliser les souhaits. De fervents souhaits. Les souhaits d'une sœur.

Robert Strand

Cœur à cœur avec Rosel

Il n'y a aucune situation dans la vie où une conversation avec ma chère sœur ne m'apporte pas de réconfort.

Lady Mary Wortley Montagu

Encore à moitié endormie, j'observais la longue procession funèbre longeant la voie sinueuse à travers les rangées de tombes. Les nuages étaient lourds et menaçants alors que les parents et amis de la défunte sortaient de leurs automobiles et entouraient le cercueil de ma sœur Rosel et le profond trou sombre qui attendait. Des voisins prenaient soin de Karen, le bébé de Rosel, pendant que nous mettions sa mère en terre… La neige se mit à tomber. Les derniers mots de Rosel à mon endroit résonnaient silencieusement dans ma tête et se mêlaient aux plaintes du vent qui soufflait en bourrasques: « Je ne suis pas inquiète. Tu prendras bien soin de mon enfant… »

***

Le croassement des corbeaux me sortirent du sommeil. « Karen », criai-je à pleins poumons, pendant que j'enfilai un nouveau pantalon sport. Je courus vers sa chambre et lui chatouillai les orteils. « Allez. Lève-toi! dis-je avec insistance. Nous sommes en retard! »

Je sentis soudain la présence de ma sœur. Cela m'était déjà arrivé par le passé. Chaque fois que Karen créait du désordre dans notre vie habituellement tranquille, Rosel semblait apparaître. Il m'arrivait d'avoir une réflexion amère du genre : *Pourquoi avais-tu à mourir ?*

Karen tira la couverture sur sa tête et se retourna.

« Aurais-tu oublié? lui dis-je en retirant complètement ses couvertures du lit. … C'est aujourd'hui que tu passes le test pour ta bourse d'études.

– Je ne veux pas y aller, gémit-elle. Je suis fatiguée. »

Tu vois, Rosel, c'est ce qu'elle me fait subir tous les jours, elle ne veut jamais se coucher et ne veut jamais se lever.

« Dépêche-toi maintenant, insistai-je d'une voix plus douce. Si tu te dépêches, nous pouvons encore arriver à temps. »

Elle a de bonnes chances d'obtenir sa bourse d'études pour l'École des arts visuels. Cette fille, je veux dire, ta fille, notre fille, est très artistique. Probablement même douée. Et le conseiller de son école secondaire dit que c'est une bonne école, parfaite pour Karen.

Épuisée et traînant de la patte, Karen s'affala sur le siège de la voiture pendant que je me frayai un chemin au milieu des embouteillages de cette heure de pointe matinale. Arrivée aux abords du pont George Washington, la circulation était très dense.

« Nous n'arriverons jamais à temps », lançai-je en soupirant et en agitant la tête en signe de découragement.

Nous étions dans l'une des dix files d'attente pour payer notre passage sur le pont. Je sortis brusquement de la file, dépassai une centaine de véhicules, coupant effrontément une voiture pour m'insérer dans la ligne tout juste avant la borne de péage. Le conducteur derrière nous manifesta sa frustration en klaxonnant bruyamment.

« Oh ! là, calme-toi ! »

Karen se tourna vers moi en m'adressant un large sourire admiratif.

Je sentis le vif mécontentement de ma compagne fantôme et je fis rapidement remarquer : « Je ne fais jamais ça… de toute manière, je déteste quand quelqu'un le fait… c'est tellement impoli. »

Je veux juste qu'elle arrive à temps, tu sais.

Nous traversions maintenant le tumultueux fleuve Hudson alors que la pluie s'intensifiait, ralentissant encore davantage la circulation.

Karen passa nerveusement la main dans ses cheveux. « Crois-tu que je puisse passer mon test un autre jour ?

– No-o-on... je ne crois pas. Je ne crois pas qu'ils se montrent indulgents pour les retardataires. » Puis, après une longue pause, j'ajoutai : « Lorsque nous serons rendues, tu courras à l'intérieur. J'irai stationner l'auto et nous te rejoindrons plus tard, d'accord ?

– Nous ?

– Je veux dire : je te rejoindrai plus tard. Regarde, nous y sommes. » Nous étions en effet devant l'entrée de l'École des arts visuels et je regardais Karen sortir précipitamment de l'auto. Dans sa hâte, le vent décoiffa sa longue et blonde chevelure. *N'est-elle pas belle ?* Je souris en la regardant franchir la porte en compagnie de quelques autres traînards. *Peut-être pourrais-tu avoir une bonne pensée pour elle ? Avec quatre enfants déjà à l'université, un peu d'aide serait la bienvenue, tu sais.*

Je stationnai l'auto dans un garage tout près et me précipitai vers l'école. La pluie avait cessé, mais l'avant-midi demeura aussi gris que cet édifice vétuste abritant les classes de la réputée école. *Est-ce qu'il pleut là où tu es ? Non, je ne le crois pas.* Le hall d'entrée fourmillait de gens tournant en rond, discutant amicalement. Karen n'était nulle part en vue.

« J'ai six enfants, disait la femme à ma gauche à un couple d'un certain âge, … *mais celui-ci est impossible.* » Celui-ci, ai-je déduit, devait être le créatif de sa famille. Elle l'avait accompagné ici, et il était quelque part dans cet édifice, derrière des portes closes, en compétition avec Karen et d'autres pour l'obtention d'une bourse. « J'ai abandonné, il y a longtemps », continua-t-elle, une pointe de tension dans la voix. « Il avance à son propre rythme. »

J'ai senti quelqu'un me donner un coup de coude. *Arrête… Je ne vais pas abandonner notre fille !*

Je n'ai jamais eu d'intérêt pour les conversations futiles, alors je me contentais d'écouter. À mon grand bonheur, je réalisai rapidement que nous avions tous quelque chose en commun. Nous avions tous un enfant impossible, tout comme Karen.

« Je sais ce que vous voulez dire », lança une voix de baryton à l'autre bout de la salle, dominant la conversation de ma voisine. « Debout toute la nuit, mais ne me réveille surtout pas au petit matin. »

J'approuvai d'un signe de tête, m'avançant à petits pas, *tout comme Karen*.

« Dites-leur de faire quelque chose », ajouta une femme portant une jupe en cuir noir, sans s'adresser à quelqu'un en particulier, « et vous croirez avoir déclenché la troisième guerre mondiale. »

Et les commentaires fusaient sur le même ton. Chacun ici semblait avoir quelque chose à reprocher à son enfant. Il y avait toutefois un sourire derrière ces plaintes. Je pouvais le voir, le ressentir. Je me sentais proche de ces étrangers, car je réalisais que, même si nous avions appris à accepter l'esprit créatif de nos enfants, nous avions également dû apprendre à marcher sur le bord du précipice sans y tomber. *Alors, qu'est-ce que tu en penses? Karen va tout à fait se plaire ici... ne crois-tu pas?*

Les heures ont passé. Nous avons regardé un film, écouté plusieurs orateurs, mangé et étudié avec fascination l'exposition des travaux incroyables d'étudiants. À la fin de la journée, de nouveau réunis avec nos enfants, nous avons dû nous quitter. Il avait plu abondamment; les vapeurs s'élevant du pavé détrempé par ce soleil de fin de journée embaumaient l'air agréablement. Nos derniers au revoir étaient étouffés par les bruits de la ville de New York.

« As-tu vu le gars aux cheveux orange? » me demanda Karen alors que nous traversions le pont George Washington sur le chemin de retour.

« Lequel? » dis-je d'un rire étouffé.

Karen pencha la tête vers l'arrière en signe d'exaspération. « Il n'y avait qu'un seul gars avec des cheveux orange, dit-elle, fâchée. Certains avaient les cheveux verts, deux autres les cheveux violets… mais il n'y en avait qu'un seul avec les cheveux orange. »

Tu vois où le monde s'en va? Des cheveux verts, orange, violets... Tu n'as pas connu ça quand tu étais encore ici.

« As-tu dit quelque chose? Karen me jeta un regard en coin perplexe. De toute façon, je crois qu'il aura sa bourse… le gars aux cheveux orange… tu aurais dû voir son portfolio.

– J'espère que son père n'est pas un riche médecin, fis-je remarquer, non sans une pointe d'ironie.

– Parle-m'en…, grimaça Karen dans un demi-sourire.

– Ne t'en fais pas, ajoutai-je sur un ton plus pessimiste. Tu iras à cette école. D'une manière ou d'une autre, nous y travaillerons. » Puis, je fis un vœu silencieux : *Elle ira à cette école. Je le promets !*

Même si ma sœur n'était plus avec nous, elle était toujours là, présente. Et ainsi, nous sommes retournées à la maison, toutes les trois bien sûr, dans la lumière éclatante du ciel au crépuscule.

Christa Holder Ocker

À mes côtés

Tu es ma sœur, mais plus encore,
Tu es aussi ma chère amie.
J'apprécie tellement
Les choses que tu dis et fais.

Lorsque je suis triste, tu me réconfortes
Pour que mon chagrin s'envole.
Puis nous parlons un peu
De notre passé.

Bien que la vie nous ait donné de grandes joies,
Nous avons également connu la tristesse.
Je suis tellement reconnaissante
D'avoir vécu tous ces moments avec toi.

Bien que nul ne connaisse l'avenir
Ma prière sera que, pour toujours,
Pendant que j'avance sur le chemin de la vie,
Tu sois là, présente, à mes côtés.

Alora M. Knight

Mélodie

« Mélodie m'a demandé de faire ça pour elle, et j'ai promis que je le ferais parce que je veux qu'on se souvienne bien d'elle. Mais c'est très difficile pour moi. Nous avions une différence d'âge de treize mois ; et d'aussi loin que je puisse me rappeler, elle fait partie de mes souvenirs. Et j'ignore encore comment vivre dans un monde sans que Mélodie y soit. »

C'est par ces mots déchirants et une voix brisée par l'émotion que j'entrepris l'éloge funèbre de ma sœur. Pendant les vingt minutes suivantes, tremblant sous la tension et le chagrin accablant, je tentai d'expliquer à ceux qui étaient présents combien ma sœur était merveilleuse, bonne et méritait la vie. Je voulais partager avec eux cet immense vide auquel sa mort m'avait confrontée.

Nous étions, dans tous les sens du mot, de bonnes sœurs. Jusqu'à notre mariage, nous dormions ensemble et lorsque les lumières s'éteignaient, nous partagions nos secrets, dans les chuchotements et les fous rires. Nous jouions souvent ensemble et nous querellions parfois. À l'école, notre solidarité était sans faille. À la fin du cours secondaire, nous avions toutes les deux un amoureux et nous sortions en couple. Elle fut la première à se marier. Nous avons eu chacune deux fils et deux filles et nous nous sommes dévouées pleinement à notre rôle de mère. Bien que nos mariages nous aient forcées à demeurer éloignées l'une de l'autre, puisque plusieurs États nous séparaient, nous nous écrivions souvent et brûlions les lignes téléphoniques entre nous, parce que parfois nous devions simplement entendre la voix de l'autre.

Je pensais que nous savions tout sur la manière d'être de bonnes sœurs. Puis vint le jour où on lui annonça qu'elle avait un cancer. Onze mois avant sa mort, elle m'appela aussitôt pour me dire la terrible nouvelle. Les docteurs lui donnaient cinq ans à vivre. Elle était effrayée, et je lui ai confié que je l'étais, moi aussi, nous avons pleuré. Nous n'avions pas encore quarante ans. Comment pouvions-nous envisager la séparation dans seulement cinq ans? Je me sens encore en colère et flouée que nous n'ayons pas eu ces quatre autres années.

Je m'étais promis de lui écrire presque tous les jours et de partager avec elle chaque moment de cette expérience. Je l'ai accompagnée souvent lors de ses premiers traitements; puis il y eut trois mois de pur bonheur sans qu'on détecte aucune trace de cancer. Soudainement, la maladie est réapparue de manière foudroyante et terrifiante tellement la progression était rapide. Sa première réaction, lorsque le docteur lui annonça la nouvelle, fut de fuir — de voler directement vers moi. Nous avons alors passé une semaine ensemble pour prier, parler, pleurer et rire. Alors que tout dans mon âme s'insurgeait contre la réalité de son pronostic, je décidai d'affronter cette horreur avec elle, ressentant chaque émotion, l'encourageant à chaque étape. Lorsqu'elle pleurait, je la berçais en faisant, avec elle, le deuil de ces rêves que nous ne réaliserions jamais, de ces endroits que nous ne verrions jamais ensemble, de ces mariages auxquels elle n'assisterait pas, et des petits-enfants qu'elle ne serrerait jamais dans ses bras. Je lui promis de réaliser tout ce qu'elle me demanderait. Nous avons planifié le mariage de ses filles et avons discuté des cadeaux qu'elle voulait donner à ses enfants. Elle a fait la liste de tous ses biens personnels et m'en a confié la distribution. Elle m'avoua ses peurs les plus grandes, me confessa ses hontes et ses regrets, et partagea son désir le plus cher de passer plus de temps avec ses enfants. Durant le jour, je l'écoutais calmement, respectant ses pensées, tout à fait impressionnée par sa force, sa dignité et sa foi. Le soir, je pleurais amèrement.

Après sa visite, je retournai deux semaines chez elle pour l'aider à se préparer au traitement agressif de chimiothérapie qui allait bientôt débuter. Lorsque vint pour moi le temps de partir, mes émotions étaient à fleur de peau, l'intensité émotionnelle de ces heures passées ensemble s'agrippait à moi avec force. Je redoutais tant qu'elle meure lors de ses traitements et je n'étais pas préparée à cela.

En prenant son visage maintenant amaigri entre mes mains, je lui murmurai: « Je ne sais pas quoi dire. »

Doucement, gentiment, elle me répondit en murmurant: « Il n'y a plus de mots, Jenn. Nous les avons déjà tous dit. »

Je la tenai avec douceur dans mes bras pour aussi longtemps qu'elle pût endurer la souffrance de l'étreinte, essayant de graver à jamais dans ma mémoire l'empreinte de sa présence. Je pleurai pendant tout le long retour à la maison.

Des semaines plus tard, les médecins nous avisaient, à contrecœur, qu'il n'y avait rien à faire de plus. Les autres membres de la famille décidèrent de ne pas annoncer la nouvelle à Mélodie, de peur de lui causer une plus grande souffrance et de lui enlever tout espoir.

Je tentai de tout lui expliquer, avec des mots simples, la morphine ayant déjà ravagé ses sens. J'avais les larmes aux yeux, la voix éteinte. Inexplicablement, elle me répondit: « Pas de larmes. » Je les ravalai, discutant plutôt avec elle de la manière de la ramener à la maison, ce qu'elle désirait avant toute chose. Désemparée, elle me confia qu'elle avait peur d'être seule au moment final. Je lui promis que je ne laisserais pas une telle chose arriver.

Très tôt le lendemain matin, je retournai à l'hôpital pour être seule avec elle. M'assoyant le plus près possible d'elle, tenant sa main fragile, je lui demandai si elle me permettait maintenant de pleurer.

« Pourquoi? me chuchota-t-elle.

– Parce que tu vas tellement me manquer. Je ne veux pas que tu meures. »

Reposant ma tête sur son lit, je pleurai des larmes d'angoisse pendant qu'elle caressait mes cheveux et me réconfortait dans ma peine. Ce fut un moment déchirant! Je retrouverai plus tard la force de poursuivre avec elle, mais ce matin-là, pendant ces quelques minutes, je m'appuyai sur *elle*, et elle se tint forte pour *moi*.

Je devais retourner à la maison. Ma famille avait besoin de moi et l'inévitable fin n'avait pas de date précise.

Notre mère demeura avec Mélodie durant les quelques dernières semaines. Elle me téléphona le dernier jour en me priant de venir rapidement, car l'infirmière en soins palliatifs était certaine qu'il ne restait que quelques heures.

Je laissai tout tomber et fit le voyage aussi vite que la prudence me le permettait, priant désespérément qu'elle s'accroche à la vie jusqu'à mon arrivée à son chevet. Maman lui dit que j'étais en route, même si elle n'était pas certaine d'être comprise par Mélodie. En franchissant la porte de sa chambre, j'en tremblais d'avoir pu arriver à temps. Pendant quatre-vingt-dix-huit minutes, j'ai parlé à ma sœur, j'ai prié sur elle, je l'ai embrassée, je lui ai chanté des chansons et lu à voix haute tous ses passages préférés de la Bible. Elle n'a jamais parlé, mais je sais qu'elle m'a entendue. L'infirmière était étonnée qu'elle puisse ainsi s'accrocher à la vie pendant autant d'heures avec une fièvre s'élevant à 41,5 °C, seulement quatre respirations par minute et pratiquement aucune pression sanguine.

Je croirai toujours qu'elle m'a attendue.

C'est cette partie du lien entre sœurs duquel j'apprends toujours: continuer après qu'une sœur n'est plus là. La peine et la perte sont pires encore que je l'imaginais; sans elle, le temps s'étire devant moi dans la plus douloureuse des solitudes.

Je suis en paix, sachant qu'elle est avec le Christ. Mais comme le disait avec amertume notre sœur aînée à un ami bien intentionné qui cherchait à la consoler aux funérailles: « Le Paradis aurait été tout aussi beau dans trente ans! »

Mes souvenirs sont indiciblement précieux. Je n'ai aucun regret; nous n'avons gaspillé aucun moment, nous avons affronté ensemble ce futur horrible, nous avons dit tous les bons mots, souri, ri et pleuré en parfait unisson jusqu'au tout dernier moment possible. Elle était une sœur parfaite.

Il y a quelques semaines, j'ai reçu un appel de Mélissa, sa fille de dix-huit ans. Elle me dit, d'une voix brisée par le chagrin: « Tante Jenn, j'ai tellement peur qu'on oublie combien maman était merveilleuse. » Pleurant avec elle, je lui promis que ça n'arriverait pas. Je ne permettrai pas qu'on l'oublie.

Jennifer Koscheski

La lumière dans la fenêtre

C'était la première nuit de Hanouka et la veille du dernier examen d'Ellie. En tant qu'étudiante universitaire de première année, elle était plus que prête à retourner à la maison pour la première fois depuis août. Elle avait mis dans sa valise tout ce dont elle avait besoin d'y apporter, sauf ses livres d'étude avec lesquels elle se bourrait le crâne, et sa ménorah, ce chandelier à sept branches qui illumine chaque nuit de Hanouka. Ellie avait bien failli emballer la ménorah plus tôt ce soir-là. Cependant, juste au moment où elle cherchait à se convaincre qu'il était justifié de sauter l'allumage de la première nuit — a) elle devrait attendre que les chandelles soient consumées avant de pouvoir quitter pour la bibliothèque, et b) elle n'avait aucune idée où se trouvaient les chandelles, — sa conscience (et son bon sens) entra en jeu. La voix, provenant de cet endroit spécial dans son corps où la « culpabilité maternelle » réside, lui rappelle: « Maintenant que tu as sorti la ménorah, il te faut l'allumer. » N'étant pas de celles qui ignorent les conseils de leur mère, Ellie dénicha donc les chandelles, les alluma, récita les prières, plaça la ménorah sur le rebord de sa fenêtre et passa le reste de la soirée à étudier dans sa chambre.

Le premier congé d'hiver d'Ellie se déroula sans histoire. Mais à son retour au dortoir, la veille du début des classes, quelle ne fut pas sa surprise de trouver une note accrochée à sa porte!

« Merci », disait la note. Et c'était signé « Susan ». La note était datée du jour de son départ, après l'examen final. Ellie était totalement perplexe. Elle ne connaissait aucune Susan. Convaincue que la lettre lui avait été adressée par erreur, elle la déposa sur son bureau et l'oublia.

Peu de temps avant qu'elle parte dîner, on frappa à sa porte. Là, debout dans le corridor, se trouvait une dame. Ellie ne la connaissait pas. « Je suis Susan, annonça-t-elle. Je voulais vous remercier en personne, mais vous aviez déjà quitté l'école avant que je termine mes examens.

– Êtes-vous bien certaine que c'est moi que vous cherchez? » rétorqua Ellie. En guise de réponse, Susan demanda si elle pouvait entrer afin de clarifier la situation.

Susan s'était retrouvée devant le même dilemme lors de la première nuit de Hanouka. Elle ne voulait vraiment pas, elle non plus, allumer sa ménorah. Non pas parce qu'elle faisait ses valises ou rentrait à la maison, qu'elle ne pouvait trouver les chandelles ou qu'elle était occupée à étudier, mais parce que Hannah, sa sœur aînée, avait été tué dix mois plus tôt par un conducteur ivre, et c'était la première année qu'elle devait allumer seule les chandelles de la ménorah. Chaque année, les sœurs avaient toujours alterné leur tour pour allumer la première chandelle de la ménorah et, cette année, ce n'était pas le tour de Susan. Celle-ci ne parvenait pas à se résoudre à prendre la place de sa sœur. Susan ajouta qu'à chaque fois que Hannah allumait la première chandelle,

Hannah la taquinait en affirmant que ses chandelles brûleraient plus longtemps et seraient plus lumineuses que celles de Susan. Une année, elle était même allée jusqu'à chronométrer la durée. Susan était toujours contrariée lorsque Hannah disait quelque chose d'aussi stupide, mais cependant, cela faisait partie de la tradition familiale. Susan déclara que c'était tout simplement trop douloureux de penser même célébrer Hanouka sans Hannah, elle avait finalement pris la décision de sauter toute la fête.

Susan venait tout juste de finir d'étudier et allait fermer ses rideaux lorsqu'elle aperçut de l'autre côté de la cour du quadrilatère les chandelles briller dans la fenêtre d'Ellie. « J'ai vu la ménorah dans ta fenêtre et je me suis mise à pleurer. C'était comme si Hannah avait posé la ménorah à ta fenêtre pour que je la voie. » Lorsqu'elle cessa de pleurer, Susan récita les prières, ferma les lumières de sa chambre et regarda les chandelles brûler jusqu'à ce qu'elles se soient éteintes.

Susan confia à Ellie que c'est alors qu'elle était étendue sur son lit ce soir-là, réfléchissant à quel point elle se sentait proche d'Hannah, qu'elle aperçut la ménorah et réalisa que sa sœur avait raison. Le dernier tour d'Hannah aurait toujours des chandelles qui brûleraient plus longtemps et plus brillamment que toutes celles de Susan, parce que, pour Susan, les lumières d'Hannah ne s'éteindraient jamais. Elles seraient toujours présentes dans son cœur afin que Susan les voie quand elle sentirait le besoin de se reconnecter à sa sœur Hannah.

Tout ce que Susan avait à faire était de fermer les yeux et de se souvenir des chandelles dans la fenêtre, celles qu'Hannah avait allumées la dernière fois que ce fut son tour.

Eileen Goltz

3

RIVALITÉ FAMILIALE

Les sœurs ont probablement la relation
la plus compétitive au sein de la famille,
mais une fois qu'elles ont grandi,
leur relation devient la plus solide.

Margaret Mead

Une histoire moderne du temps des fêtes

Plus que le père Noël, votre sœur sait quand vous avez été bonne ou mauvaise.

Linda Sunshine

Enfants, ma sœur et moi étions des ennemies. Wendy, ma cadette de trois ans, empruntait mes vêtements et les laissait éparpillés sur le plancher. On se battait à savoir qui utiliserait la salle de bain en premier et combien d'eau chaude il restait. Par moments, nous nous tirions les cheveux dans des bagarres interminables.

En grandissant, notre aversion se transforma en tolérance, en acceptation et ensuite en amitié. Aujourd'hui, elle est non seulement ma meilleure amie, mais également ma partenaire de méfaits, alors que nous tentons de défaire les traditions dingues de nos parents auxquelles ils ne veulent pas renoncer. Il y en a une, en particulier, contre laquelle nous tentons chaque année de nous insurger, mais sans succès.

Depuis autant d'années que je puisse me souvenir, moi et Wendy devions lire à haute voix *La nuit avant Noël*, à notre famille, la veille de Noël. Cette routine se répétait chaque année.

Après la messe de minuit, Wendy et moi recevions l'instruction de monter à l'étage où nous trouverions de nouveaux pyjamas. Puis, revêtues de nouveaux vêtements, nous descendions en gambadant pour une collation de fin de soirée : des biscuits confectionnés maison et du vin. On s'assoyait devant le foyer et on lisait l'histoire, dans le livre qui appartenait à ma grand-mère.

Wendy a vingt-sept ans ; j'ai trois ans de plus qu'elle. Nous lisons encore cette histoire. En fait, nous recevons encore de nouveaux pyjamas, bien que la lingerie ait remplacé les pyjamas pour enfants.

Chaque année, nous jurons d'arrêter cette lecture. Lorsque nous mentionnons à nos parents que nous sommes trop vieilles pour cela, ils rient. Ma mère déclare : « Le père Noël ne viendra pas ce soir s'il n'y a pas de lecture. » Elle ne plaisante pas !

Le père Noël continue de nous laisser des cadeaux en échange de biscuits et du lait, malgré que le lait ait été remplacé depuis bien longtemps par de la bière. En réalité, le lapin de Pâques se cache encore dans nos paniers, mais, ça, c'est une autre histoire.

Il faut reconnaître que Wendy et moi avons fait bien des bassesses afin de rendre notre lecture désagréable, espérant que cela nous dispenserait de cette tâche annuelle. Une année, nous avons lu l'histoire avec le nasillement de la campagne. L'année suivante, nous avons lu un mot à la fois, très lentement. Une autre année, nous l'avons lue le plus vite possible. Notre famille trouva ces variations amusantes et ne considéra aucunement mettre un terme à cette tradition.

Alors, Wendy et moi avons décidé de nous venger. Il y a sept ans, nous avons planifié notre première revanche.

Nous avons acheté un gril à nos parents, mais, plutôt que de simplement le leur donner, nous avons décidé qu'ils travailleraient pour l'obtenir: une punition pour toutes ces années de lecture.

Cette année-là, lorsque mes parents ouvrirent le cadeau, ils découvrirent une énigme à résoudre. Après l'avoir résolue, ils en trouvèrent une autre qui les rapprochait de leur cadeau. Trente minutes plus tard, après avoir couru partout dans la maison, ils ont trouvé le gril sur le perron.

Nous avons quand même dû lire l'histoire l'année suivante. Alors, nous sommes devenues plus méchantes.

Nous avons rempli une énorme boîte avec des arachides en styromousse. Nous avons inséré un message roulé dans trois arachides, qui dirigeait mes parents vers leur cadeau. Notre chance s'envola quand, au bout de quinze minutes de recherche, mon père trouva une arachide codée.

L'année suivante, nous avons usé de notre intelligence dans notre plan de revanche.

La boîte que mes parents ouvrirent contenait un piège: un tapis du jeu Twister. Afin de trouver leur présent, ils devaient se rendre à un coin du tapis.

Pour s'y rendre, ils devaient passer avec succès une série d'épreuves. Après chaque épreuve complétée, mes parents pouvaient bouger vers l'autre rond.

Wendy et moi avons passé une journée à assembler ce labyrinthe, mais cela en valait la peine. Le matin de Noël, mes parents ont chanté *Jingle Bells* en se bouchant le nez, ont embrassé nos deux chats (vous n'auriez jamais payé suffisamment mes parents pour faire une telle chose en temps ordinaire), et, oui, ont lu *La nuit avant Noël*.

Nous n'avons pas été dégagées de notre devoir.

Depuis, Wendy et moi avons fait jouer à mes parents notre version de l'émission française « Le Bigdil »*. Ils ont tout échangé sauf un sac de litière pour chat. Deux heures plus tard, le père Noël a téléphoné pour dire qu'il y avait eu une erreur technique, mes parents ont trouvé une nouvelle télévision.

Le Noël suivant, nous avons assemblé un immense puzzle, dessiné leur présent à l'arrière (un voyage à San Francisco), puis nous l'avons tout défait. Nous avons passé les heures suivantes à les regarder le reconstituer. L'année suivante, ils avaient à compléter une liste d'activités extravagantes avant de recevoir une carte géographique qui les dirigeait vers leurs présents. Dans nos pyjamas, nous nous sommes entassés dans la voiture et nous sommes allés chez un ami où nous avions caché leurs cadeaux.

---

* *Traduction libre: Faisons un échange.*

L'année dernière, ils ont joué à la version *Qui veut gagner ses présents de Noël?* copiée sur l'émission *Qui veut devenir millionnaire?* Cependant, nos règlements étaient différents: une seule gaffe et ils devaient réaliser certaines activités avant de pouvoir jouer de nouveau. Ainsi, ils ont couru dehors autour de la maison dans leur robe de chambre, serré entre leurs dents les gâteries de mon chien, soit des oreilles de cochon, et ont fait vingt pompes sur le plancher.

Notre plan de revanche s'est manifestement retourné contre nous. Mes parents aiment tellement nos revanches — ils les attendent impatiemment — que notre sotte façon de donner des cadeaux est maintenant devenue une tradition en elle-même.

Cela veut dire que Wendy et moi sommes prises pour lire *La nuit avant Noël* pour toujours. Si seulement l'histoire pouvait changer. Mais elle ne change pas, et peut-être est-ce là le point. Bien que je déteste l'admettre, jamais je ne voudrais échanger cette lecture contre les heures passées avec ma sœur à planifier de nouvelles et loufoques façons de donner à mes parents leurs cadeaux de Noël.

Au moins, Wendy et moi n'aurons plus jamais besoin de magasiner des pyjamas.

Karen Asp

Les aveux de coupes glacées : briser la règle de la crème glacée

Je suis préoccupée que des scientifiques découvrent que la laitue faisait grossir tout ce temps.

Erma Bombeck

Alors que les plus chaudes journées de l'année approchent, mes pensées se tournent vers la crème glacée. La crème glacée exerce sur moi la même fascination que le sexe illicite.

Ma mère, une nutritionniste zélée, tenait tous les sucres raffinés dans la catégorie du mal absolu. Lorsque j'étais enfant, elle appelait l'hôtesse avant que j'arrive chez mes amies pour leur fête. Elle l'avertissait d'un ton menaçant : « Ma fille n'a pas le droit de manger de gâteaux ni de bonbons. » Je m'assoyais seule, au bout de la table, alors que les autres filles gobaient leur festin royal. Lorsque l'hôtesse m'offrait une pomme, je faisais semblant d'être contente afin d'éviter les sympathies non désirées. Je ne voulais pas pleurer.

L'objectif de ma mère était d'élever des enfants purs et sans tache. Éviter le sucre — c'est-à-dire la graisse et les caries dentaires qui en résultaient — était plus important que la vie elle-même. Elle prophétisait avec une joie morbide : « Lorsque vous serez étendues dans votre cercueil, vous n'aurez aucune carie dans votre bouche. »

Pour ma sœur, Lisa, ainsi que pour moi, briser la règle était la supercolle qui nous tenait ensemble. Lorsque nous n'étions pas à nous chamailler pour obtenir un peu d'attention de nos parents, nous conspirions pour dérober des bonbons et de la crème glacée.

Le soir de l'Halloween, notre mère nous permettait de récolter des friandises seulement si nous lui donnions tout notre butin dès notre retour à la maison. Toujours très pratique, elle remettait ensuite le tout aux lutins et astronautes qui venaient frapper à la porte. Une année, Lisa et moi nous sommes organisées pour cacher la moitié de notre trésor sous le lit. Le soir, nous nous gorgions de Reese's au beurre d'arachide et de barres Snickers miniatures.

Même à l'adolescence, les gâteries sucrées étaient plus attirantes que la drogue et le sexe. Les coupes glacées, la plus diabolique des confections, offraient un plaisir sensuel sans les risques des rapports sexuels et des grossesses. J'ai appris les dangers du sexe en premier avec ma mère. En sixième année, durant une longue marche, elle me révéla tout sur les méthodes contraceptives, en caoutchouc et en plastique, ainsi que sur l'importance de les utiliser « avec » un homme pour prévenir une grossesse. En tant que jeune fille prépubère, sans gonflements de seins ou de besoins sexuels, j'étais terrifiée.

Même si nous sommes toutes les deux heureuses en mariage, Lisa et moi prenons toujours un grand plaisir à briser les règles et à nous adonner à la dépravation sensuelle des coupes glacées. Lors d'une visite estivale chez nos parents, nous avons décidé de nous esquiver pour aller au comptoir de crème glacée. Là, avec tout le plaisir coupable de la tromperie, Lisa et moi contemplons les coupes glacées.

« Je pense choisir un sundae avec de la crème glacée au caramel écossais avec fondant chaud au chocolat et caramel écossais, plus des croquants aux amandes », dis-je à Lisa. Elle est perdue dans ses pensées, fixant le choix de crèmes glacées. Je soupçonne qu'elle hésite entre de la crème glacée aux pépites de chocolat à la menthe avec du fondant chaud au chocolat, ou à la vanille avec sauce au caramel saupoudrée de petites dragées au chocolat.

Le serveur, un étudiant blasé de fin du secondaire, grand et mince avec de longs cheveux bruns tombants sur son front boutonneux, nous apporte le menu de luxe des coupes glacées. Les cuillères à glace luisantes remplies de sauce s'alignent droit devant mes yeux. « Êtes-vous prêtes à commander? » demande-t-il. Il regarde vers la porte d'entrée comme s'il s'attendait à voir entrer sa copine ou son groupe d'amis. Il ne se soucie guère de notre moment transcendant.

« Laissez-moi vous poser quelques questions », dis-je, feignant une voix calme. « Est-ce que cette coupe contient deux ou trois boules de crème glacée? » Je tiens la forte envie de commander le *Superchouette* à cinq boules. Ma bouche salive, mes mains sont froides, ma voix est aigüe et tremblotante.

Le serveur saisit lentement l'esprit de la chose alors que je le presse de questions sur la température du fondant chaud au chocolat et la salinité des noix dans la crème glacée aux amandes et chocolat suisse. Lisa veut savoir si la crème glacée à la menthe a un goût très ou peu parfumé. Nos papilles gustatives sont stimulées jusqu'à la frénésie.

Le serveur se penche vers nous et prend des notes sur son carnet. Il nous explique avec soin les différents types de sauces et les options pour la crème fouettée, nous laissant un instant pour aller vérifier les provisions dans la cuisine. Après avoir finalisé notre commande, il nous demande : « Qu'est-ce que vous diriez si je me laissais simplement aller complètement avec ces coupes glacées ? » Nous avons approuvé.

Nous n'avons pas cessé de bouger jusqu'à ce qu'il nous remette enfin nos coupes glacées : un pur bonheur. Avec ma longue cuillère, je plonge à travers la crème fouettée et la chaude sauce couvrant les boules de crème glacée. C'est à la fois sucré, chaud et froid. Nous échangeons nos saveurs, nous assurant, à chaque cuillerée, de mettre des parts égales de crème glacée et de sauce. Nous nous gavons jusqu'à ce que nos cuillères touchent le fond du verre épais. Je vois le serveur regarder vers nous. Nous soupirons de contentement. Pas besoin de cigarettes.

Andrea D'Asaro

Les sœurs

Même si elles ont beaucoup en commun,
Elles sont différentes.

Même si elles s'aiment l'une et l'autre,
Elles se bagarrent souvent.

Parfois, elles ressentent de la haine
l'une envers l'autre.
Puis, elles s'embrassent et s'enlacent.

Bien qu'elles ne soient jamais vraiment en colère
l'une contre l'autre,
Elles peuvent se disputer constamment.

Elles sont pareilles et opposées.
Elles sont des sœurs.

Elles sont les meilleures amies.
Elles sont le reflet l'une de l'autre.

Hope Fillingim
Onze ans

L'importance de la conscience

Là où il y a des frères et des sœurs, il y a de la discorde.

Selma Saskin

J'étais confrontée à une décision. Alors que je distribuais le linge propre dans les chambres appropriées, je suis tombée sur le journal de ma sœur de treize ans, une boîte de Pandore des temps modernes remplie de tentations. Que devais-je faire? J'avais toujours été jalouse de ma petite sœur. Son sourire charmant, sa personnalité attachante et ses talents multiples menaçaient ma place de chef. Je compétitionnais tacitement avec elle et je grandissais en enviant ses habiletés naturelles. Il était nécessaire pour moi de ternir son image avec mes propres accomplissements. Ainsi, nous nous parlions rarement. Je cherchais des occasions pour la critiquer et je me délectais de supplanter ses réalisations. Son journal reposait à mes pieds et je n'ai pas pensé aux conséquences qui pourraient s'ensuivre en l'ouvrant. Je n'éprouvais aucune considération pour sa vie privée, pour la moralité de mes actions et pour sa douleur consécutive à mon infraction. Je savourais simplement la possibilité de dénicher assez de ragôts pour souiller le dossier sans tache de ma compétitrice. J'ai justifié mon iniquité comme étant le devoir d'une sœur. C'était de ma responsabilité de vérifier ses activités. Il serait incorrect de ma part de ne pas le faire.

J'ai ramassé avec hésitation le livre sur le plancher et je l'ouvris, éventant les pages à la recherche de mon nom, convaincue d'y découvrir magouilles et calomnies. En lisant son journal, je suis devenue livide. C'était pire que ce que j'avais soupçonné. Je me sentis faible et me suis affalée sur le sol. Il n'y avait ni conspiration ou diffamation. Il y avait une description brève d'elle-même, de ses buts et de ses rêves, suivie d'un court portrait de la personne qui l'avait inspirée le plus. J'ai commencé à pleurer.

J'étais son héroïne. Elle m'admirait pour ma personnalité, mes réalisations et, ironiquement, pour mon intégrité. Elle voulait me ressembler. Elle m'observait depuis des années, s'émerveillant silencieusement de mes choix et de mes actions. J'ai cessé de lire, accablée par le crime que je venais de commettre. J'avais mis tellement d'énergie à pousser ma sœur hors de ma vie que j'avais raté la personne qu'elle était.

J'ai perdu des années à en vouloir à quelqu'un capable de magie — et maintenant, j'avais violé sa confiance. C'était moi qui venais de perdre quelque chose de merveilleux et c'était moi, aussi, qui ne me permettrais plus jamais de poser de nouveau un tel geste.

Lire les mots sérieux de ma sœur a semblé faire fondre une barrière de glace autour de mon cœur et j'ai eu envie de mieux la connaître. J'étais enfin capable de mettre de côté mon insécurité mesquine qui me tenait éloignée d'elle. En cet après-midi fatidique, alors que je mettais de côté le linge propre et que je me levais, j'ai décidé d'aller vers elle — cette fois, pour connaître au lieu de juger, pour étreindre au lieu de disputer. Après tout, elle était ma sœur.

Elisha M. Webster

La poupée aux cheveux jaunes et le répugnant bol d'argile

Quelques mois avant mon mariage, ma mère et moi passions en revue tous les détails relatifs à la planification d'un grand mariage. De son côté, mon fiancé faisait avec bonheur les arrangements pour notre lune de miel. Dennis et moi nous voyions seulement les week-ends et nous avions hâte à nos deux semaines de voyage de noces. Environ trois semaines avant notre mariage, mes parents déménagèrent dans leur maison en rondins nouvellement construite, où je partageais une chambre avec ma plus jeune sœur. Durant la semaine, je passais la plupart de mes soirées à fouiller dans les boîtes que nous avions déménagées de la vieille maison de ferme, déterminant ce qui appartenait à ma sœur et ce que je devais apporter à mon nouvel appartement. Vingt-trois ans de nostalgie m'attendaient chaque soir. J'ouvrais les boîtes les unes après les autres, remplies de livres de fin d'années du cours secondaire, de rubans 4-H, de cerfs-volants confectionnés avec du papier de bricolage, d'assiettes en carton, d'un tamis à grains et des crayons à dessins. Dans le fond d'une boîte, je découvris un bol d'argile brun et laid, que seul un enfant pouvait avoir façonné, et que seule une mère pouvait avoir aimé. Je ne me rappelais pas avoir créé ce bol, alors, je supposai qu'il s'agissait de celui de ma sœur.

Quand ma sœur entra dans la pièce, je soulevai le massif grumeleux et j'annonçai en toute confiance:

« Voilà, Sharon, ceci est à toi. » Elle grimaça et nia avoir jamais vu cette argile vagabonde. Mais j'étais certaine que c'était la sienne. Alors, quand elle quitta la pièce, je glissai le bol sous son oreiller, une façon subtile de lui dire: *C'est vraiment le tien!*

Le lendemain matin, elle sourit à cette blague et je partis à mon travail — seulement pour trouver le bol dans mon sac à main à l'heure du dîner. Ce soir-là, je le mis dans le sac à dos qu'elle utilisait pour le collège, espérant qu'elle serait forcée de le sortir devant toutes ses amies. Nous passâmes la semaine suivante à tenter de nous montrer plus malignes l'une que l'autre, jusqu'à ce que je sois prise par les détails de dernière minute de mon mariage.

Quelques jours avant mon mariage, ma sœur s'approcha de moi en traînant une poupée d'enfant par la jambe. La poupée mesurait soixante centimètres et avait des cheveux de couleur jaune paille. Je ne l'avais jamais vue auparavant. Elle me dit simplement: « Voilà, Gail, ceci est à toi. » Je lui répondis que cette poupée ne m'appartenait pas, et que, même si elle était à moi, elle ne m'était d'aucune utilité pour le moment, et certainement pas plus tard pour l'offrir à ma fille, si et quand le moment viendrait. En d'autres mots, elle pouvait garder la poupée. Elle partit et je négligeai complètement de remarquer l'étincelle malicieuse dans ses yeux.

L'aube de notre mariage fut lumineuse et chaude pour un début d'avril. L'église était pleine, ma sœur se tenait à mes côtés à titre de demoiselle d'honneur et, durant la réception, nous avons dansé sans relâche. Alors que les derniers convives prenaient congé, je suis allée de table en table, avec ma mère, ramassant les fleurs fraîches pour nous deux. Dennis et moi sommes arrêtés à la maison de mes parents, nous avons changé de vêtements, chargé la voiture, puis offert des étreintes et des au revoir à chacun.

Notre trajet de trois heures vers les montagnes Poconos nous donna une chance de relaxer et de savourer le plaisir de nous échapper enfin ensemble. Nous nous sommes arrêtés à notre lieu de séjour, avons signé le registre, trouvé notre cottage et déchargé la voiture. J'ai tiré ma valise jusque sur le lit en forme de cœur et je l'ai ouverte au moment où mon nouveau mari s'approchait derrière moi. Il glissa ses bras autour de ma taille, puis il figea sur place. Là, dans ma valise, au-dessus des vêtements, gisait une poupée avec des cheveux jaunes qui me tendait les bras en me regardant. Sur le visage de mon mari se peignit l'horreur totale alors qu'il crut que j'avais apporté ma poupée pour notre lune de miel. J'ai tellement ri qu'il me fallut quelques minutes avant de pouvoir lui expliquer que ma petite sœur m'avait réellement eue cette fois-ci.

Gail E. Strock

Vraiment bénie

Il est préférable d'être auprès de ceux avec qui, éventuellement, nous espérons être pour l'éternité.

Sir Thomas Fuller

Dans la vie, certains cadeaux arrivent avec des boucles rouge vif et d'autres partagent votre chambre, vos disques d'Elvis et les fous rires tard dans la nuit.

Ce genre de cadeau s'appelle une sœur.

Quand vous êtes un enfant, une sœur est une merveilleuse compagne de jeu avec qui partager ses poupées de mariée, sa varicelle, ses robes en tissu écossais et une boîte métallique remplie de sous noirs pour aider maman et papa à « acheter » un petit frère.

Lorsqu'elles sont fillettes, les sœurs pleurent lorsque leur maman agite avec un malin plaisir une spatule en bois et quand elles se disputent pour savoir qui obtiendra la généreuse somme d'argent que leur tante et oncle favoris ont épargnée pour elles en vendant leurs bouteilles vides. Elles manigancent des plans pour vendre leurs livres d'histoires afin d'acheter un cadeau d'anniversaire spécial pour maman et papa.

Quand la période de l'adolescence approche, les sœurs ont une seule chose en commun et c'est se disputer. Des disputes pour le temps passé dans la salle de bain, pour déterminer qui fera la vaisselle, pour les appels téléphoniques, pour le chandail angora que toutes les deux veulent porter le même soir pour la danse à l'école, pour la personne qui dit à maman et papa « qui » était dans une voiture stationnée à se bécoter avec « vous savez qui » et, finalement, pour à peu près tout, de A à Z.

Quand les boutons cèdent la place aux bagues de fiançailles, les sœurs partagent un soda et leurs rêves tard dans la nuit, leur lingerie dans les tiroirs, la solennité de la marche nuptiale et les larmes d'adieu à un chapitre de vie qui vient de se terminer.

Lorsque les poussettes et les ballons de basketball commencent à remplir leur vie, les sœurs échangent des recettes sur les 101 façons d'apprêter le bœuf haché. Elles troquent leur vêtement de maternité, enlacent les neveux et les nièces, versent des larmes sur les erreurs de leurs enfants, voyagent dans les montagnes et sur des lacs où prolifèrent les moustiques afin d'être ensemble durant les vacances, et s'étreignent l'une l'autre quand les joies sont immenses ou les chagrins sont accablants.

Les sœurs peuvent être des tantes, des épouses, des mères ou des grands-mères, mais si votre vie a vraiment été bénie, une sœur peut être votre amie.

Je le sais, parce que ma sœur Jo est mon amie.

Alice Collins

Ma vie: une comédie de situation

Je suis certain que je vis présentement dans une comédie de situation télévisée. La plupart des gens qui me connaissent diraient qu'il ne s'agit pas d'une grande révélation, mais, pour moi, c'est nouveau. Tout a commencé en novembre, lorsque la sœur de ma femme et son mari ont vendu leur maison. Ils se construisent une belle maison à Avon, pour la famille en expansion, et la fin de la construction est prévue quelque part vers la fin du mois de février. Par un coup de chance (bonne ou mauvaise — qui peut le dire?), ils ont rapidement vendu leur première maison, les soulageant ainsi du stress du déménagement. Évidemment, cela signifiait qu'ils se retrouveraient sans résidence pendant au moins trois mois. Ce qui les amena aussitôt à choisir entre deux cauchemars: vivre chez les beaux-parents ou louer un appartement à court terme. Dans un geste de pure charité chrétienne et d'amour familial, ma femme leur offrit d'emménager avec nous pour quelques mois. (Je ne me rappelle pas avoir endossé l'idée, mais on m'a assuré fermement que je l'avais fait.)

La sœur de ma femme et son mari sont donc devenus nos invités. Évidemment, dès le départ, la plupart de mes amis de gars ont prédit un fiasco, mais j'étais joyeusement confiant. J'adore la sœur de ma femme, son mari décontracté, ainsi que leurs filles qui sont, comme on dit, mignonnes à croquer. Nous

nous entendons tous à merveille, et ma femme et sa sœur ont toujours été les meilleures amies du monde. Mais, c'est à partir de ce moment que ma vie est devenue une véritable comédie de situation avec le pur chaos qui s'installe lorsque huit personnes et un chat insolent vivent sous le même toit.

Commençons par l'augmentation du bruit et du niveau d'activités. Ma maison était habituellement un endroit calme. Il faisait bon y revenir après une journée au travail, retirer mes souliers et apprécier un relaxant souper en famille. Maintenant, elle ressemble à une combinaison de garderie et de parc d'attractions. Dès que j'y entre, c'est comme si je me retrouvais dans un centre de divertissement familial, un samedi après-midi. Nous, les parents, appelons maintenant la période entre 20 et 21 heures « l'heure joyeuse », car les enfants se mettent au lit pour la nuit.

Ma cuisine a été transformée en un petit restaurant ouvert vingt-quatre heures. Avec quatre adultes, deux jeunes enfants, deux bébés et le susmentionné chat, il y a toujours de la vaisselle sale dans l'évier et quelque chose qui mijote sur la cuisinière. Lorsque nos horaires le permettent, nous nous retrouvons tous ensemble pour un copieux repas. Souvent, mes invités peuvent servir un souper; moi, j'en sers un autre en revenant du travail; et ma femme en sert un troisième lorsqu'elle arrive à la maison. Quand le troisième souper est servi, c'est le temps de préparer les collations du coucher. (Nous buvons tellement de lait que je considère l'idée d'acheter une petite vache.) Vous allez penser qu'avec tous ces mets cuisinés, il serait possible pour moi de me faire servir un petit-déjeuner convenable le matin. J'entre dans la cuisine et je dis: « Deux œufs sur le plat, une crêpe et un café noir ». Mon épouse, ou ma belle-sœur, met alors une main sur sa hanche et me tend un Pop-Tarts. La règle de base est celle-ci: « Si tu n'aides pas à le cuisiner, tu n'aides pas à le manger. » Les Pop-Tarts sont parfaits pour moi.

Tout comme dans une comédie de situation, ma femme et moi terminons la journée en rigolant à propos des activités rocambolesques qui surviennent durant une journée « normale ». Comme des bébés nus pourchassant le chat à travers la cuisine. Ou bien un chat nu pourchassant des bébés à travers la cuisine. Je n'ai jamais eu de sœur, mais je peux sincèrement dire que, maintenant, la sœur de ma femme est devenue ma sœur.

Chadd A. Wheat

Ma sœur, la Martienne

Ma sœur Marsha et moi étions irrésistiblement attirées par les œillets bicolores dans la cour arrière de madame Pendergast. Le jour où nous avons cueilli ses précieux œillets, madame Pendergast a d'abord grogné, puis foncé sur nous avec son balai en criant des jurons allemands ; de la vapeur sortait de ses vieux chignons gris tendus qu'elle portait au-dessus de chaque oreille. Nous avons couru jusqu'à la maison à la vitesse de l'éclair.

Or, quand arriva le temps de la vente annuelle des biscuits des Éclaireuses, ma sœur et moi avons débattu longtemps à savoir si nous arrêtions ou non chez madame Pendergast. Certes, nous avons eu le courage de nous y rendre, mais nous n'avons pas flâné devant l'entrée, nous assurant de marcher très loin de ses fleurs. Monsieur et madame Pendergast étaient tous les deux durs d'oreille et lents à répondre à la sonnette et à nos cris. Après quelques protestations, les Pendergast achetèrent finalement cinq boîtes de biscuits !

Quelques semaines plus tôt, Marsha s'était brisé le poignet droit en jouant au basket-ball chez un garçon du voisinage. J'étais son assistante de quatre ans. Étant une sportive aux cheveux bouclés à la Shirley Temple, je suivais ma sœur pour l'aider à transporter les caisses de biscuits qui pesaient presque autant que moi. Nous devions être deux pour trimbaler les biscuits d'une maison à une autre, et pour les monter et descendre dans les escaliers des voisins. En 1961, les Éclaireuses livraient la marchandise sur place, alors qu'elles vendaient les biscuits cinquante sous la boîte en faisant du porte-à-porte. Les Pendergast, ainsi que tous les voisins, prirent en pitié Marsha, alors âgée de neuf ans et en quatrième année à l'école élémentaire. Tous ont prétendu qu'elle semblait si bien s'en tirer avec son poignet brisé et tout le reste. Par pure compassion, les voisins achetèrent des boîtes en surplus. En fait, cette année-là, les gens achetèrent tellement de boîtes que Marsha remporta le premier prix pour les meilleures ventes du groupe des Éclaireuses — mais nous n'avons dit à personne qu'elle était gauchère. Mon silence a été acheté par une boîte de biscuits à la menthe.

Nous avons déménagé en 1964. J'avais sept ans et ma sœur venait juste d'en avoir treize. Dans notre nouvelle maison, nous avions chacune notre chambre. Ma sœur avait troqué ses socquettes pour des collants. À partir de ce moment, nous ne faisions plus grand-chose ensemble. Secrètement, je me demandais si Marsha venait d'une autre galaxie. Elle était si différente avec ses cheveux blonds (les miens sont bruns) et ses yeux ambre (les miens sont bleus). De plus, le comportement de Marsha semblait à des années-lumière de celui dont elle avait l'habitude, comme sauter des toits en parachute avec les draps propres de maman.

Marsha s'était fait une nouvelle amie du nom de Susan, et celle-ci traînait constamment à la maison. Elles avaient raffiné leur coiffure, appliquaient des tonnes de maquillage, chantaient des chansons des

Beatles et parlaient au téléphone à des garçons. Lorsque je les importunais, elle me chassait loin d'elles.

« La vieille madame Pendergast était plus gentille que toi ! » Je lui tirais la langue et j'ajoutais : « Je vais le dire à maman. »

Marsha prenait mon menton avec ses deux mains. « Attention à ce que tu dis à maman.

– Tu es bizarre, lui rétorquais-je.

– C'est parce que je ne suis *pas* vraiment ta sœur. Je suis une extraterrestre venant de la planète Mars. Voilà pourquoi je m'appelle Marsha. Si tu mouchardes, je vais devoir téléphoner à mon vaisseau spatial et je retournerai sur Mars. Tu ne me verras plus jamais !

– C'est vrai ! intervenait Susan. Tu ferais mieux de te tenir tranquille, ma petite. Déguerpis ! »

J'ai couru vers ma chambre en sanglots. Plusieurs semaines se sont écoulées. Marsha et Susan ont maintenu leur histoire d'extraterrestres et de voyages dans l'espace. J'avais mordu à l'hameçon de toute cette mascarade. Finalement, ne pouvant plus garder davantage le secret, je l'ai dit à maman. « Si ta sœur est une extraterrestre, alors je suis une extraterrestre et tu es une extraterrestre. Allons tous sur Mars ! » me dit-elle en riant aux éclats.

Je lui ai répondu en pleurant : « Mais je ne veux pas partir, j'aime mon école ! »

J'étais une enfant crédule et maman réalisa que j'avais été amenée à croire à cette histoire de Martiens. Maman demanda à Marsha de s'excuser pour m'avoir entraînée dans cette voie. Marsha admit avoir inventé cette histoire pour que je la laisse tranquille. Maman m'a dit alors: « Stéphanie, je m'excuse d'avoir ri. »

« Tu ne dois pas jouer avec les secrets, Marsha. Les confidences sont faites pour être gardées », réprimanda-t-elle. Ma sœur n'était pas désolée de m'avoir trompée, mais elle l'était que je l'aie très mal pris.

Lorsque Marsha a atteint ses quinze ans, elle a obtenu son permis de conduire temporaire. Maman et papa laissaient un jeu de clés supplémentaire de la vieille Chevy Nova familiale, suspendu à un crochet dans le placard.

Marsha m'a dit un jour: « Ce ne sera pas très grave si nous faisons seulement le tour du pâté de maisons en voiture avant qu'ils reviennent à la maison.

– Je n'y vais pas… Je ne veux pas avoir d'ennuis, ai-je répliqué.

– Tu dois venir. Je ne peux te laisser seule à la maison. Va t'installer sur le siège arrière », m'a-t-elle ordonné. Nous n'avons pas dépassé la sortie de l'allée. Marsha a reculé droit dans le fossé.

« Où est ton vaisseau spatial, maintenant? lui ai-je demandé sarcastiquement? Et que vas-tu dire à papa?

– Il ne le saura pas à moins que tu ne le lui dises. Promets-moi de ne rien dire.

– Je ne dirai rien. »

Quand tous nos efforts ont échoué pour sortir avec de vieilles planches la voiture de la boue, nous avons mis en commun l'argent de nos tirelires pour payer une remorqueuse. Maman est arrivée du travail juste au moment où la remorqueuse quittait l'allée. Ma sœur lui a alors avoué avoir conduit sans permission.

« Attends que ton père revienne à la maison. Tu devras tout lui dire ! » déclara-t-elle brusquement. Maman, Marsha et moi avons attendu anxieusement le retour de papa. « Tu vas souhaiter aller vivre sur Mars quand papa en aura fini avec toi », la taquinai-je.

Non seulement papa n'était pas en colère, mais il a ri lorsqu'il a vu les ornières dans la boue. « La tentation était trop forte, n'est-ce pas ? Tu es privée de sortie, ma petite Martienne. La prochaine fois que tu t'aventureras de nouveau dans la rue, assure-toi de quitter l'allée avec un parent dans l'auto. »

Marsha était humiliée. Après l'avoir taquinée, je fis de mon mieux pour la consoler. Marsha était trop gênée pour retourner immédiatement à l'intérieur de la maison. Pour elle, deux semaines sans sorties ressemblaient à l'éternité. Nous nous sommes assises sur la balançoire de la véranda jusqu'à la tombée de la nuit, à parler et à compter les étoiles.

Avec le temps, je suis devenue une adolescente et je dépendais des conseils de ma sœur concernant des sujets étrangers, tels la grammaire et les garçons. Je lui téléphonais à l'université et nous parlions pendant des heures. Partager des secrets a été la partie la meilleure du fait d'être sœurs.

Trente années ont passé. L'histoire des Martiens a été oubliée et remplacée par les histoires de nos propres enfants. J'ai souri en emballant le cadeau de Noël de ma sœur que je me préparais à poster chez elle, à plus d'un millier de kilomètres. C'était une soucoupe volante électronique accompagnée d'une carte qui disait : « Je pense aujourd'hui encore que tu es une sœur extraordinaire ! »

Stephanie Wyndance

Ne te mets pas dans tous tes états.
Rien n'est résolu et cela te donne
simplement une démarche bizarre.

Kathryn Carpenter

Quarante ans, et un an de moins que ma sœur

Ma sœur célébrera ses quarante ans ce printemps. Pour être plus précise, cela signifie que *mon* quarantième anniversaire n'est pas très loin derrière. Puisque ma sœur a seulement dix-huit mois de plus que moi, je l'ai suivie un an plus tard pendant toutes nos années scolaires.

En deuxième année, je redoutais déjà le moment où Mme Stevens ferait la liste de ses élèves. Je savais qu'une lueur béatifique transformerait son visage rongé par les soucis quand elle remarquerait mon nom de famille. « Votre sœur est-elle *Vicki* Christian ? » demanda-t-elle impatiemment.

Je me tortillai anxieusement sur ma chaise, et j'admis qu'effectivement j'étais la petite sœur de la vertueuse Vicki. Sainte Vicki de l'immaculée socquette et de la main continuellement levée. Sainte Vicki du plus éminent groupe de lecture et des bonnes manières, toujours désignée cheftaine de classe quand Mme Stevens est convoquée au bureau. Sainte Vicki, la conasse commère et autoritaire, qui prétendait toujours être ma sœur quand il était question de conduite et de conscience.

Je souhaiterais avoir une pièce de cinq sous chaque fois que j'ai vu Vicki me dévisager du haut de ses lunettes à montures bleues, de style « ailes de chauve-souris », incrustées de diamants de fantaisie (lesquelles, selon Mme Stevens, étaient très

« tendance »), et dire d'un ton méprisant: « Je ne crois pas que papa et maman aimeraient vraiment cela. »

Une légende familiale a été inventée la première fois que j'ai eu la chance de suivre mes bas instincts plutôt que ceux si purs de ma sœur. Un jour, après l'école, elle et sa meilleure amie, Cindy, ont raconté à ma mère l'incident durant lequel, Edward, le garçon le plus détestable de l'école, a baissé son caleçon jusqu'aux chevilles dans la cour de récréation et a beuglé: « Regardez ce qu'il y a ici! »

« Qu'avez-vous fait? » a demandé ma mère, scandalisée.

Vicki et Cindy ont répondu qu'elles ont fermé leurs yeux et descendu la colline en courant, main dans la main, dans la direction opposée d'Edward.

« Et *toi*, qu'as-tu fait? » s'enquit ensuite ma mère.

Étant seulement en première année et n'ayant pas la vivacité d'esprit de dissimuler quoi que ce soit, j'ai répondu qu'à ce moment-là, j'étais sur l'aire de jeux pour enfants et que j'ai grimpé jusqu'en haut pour obtenir une meilleure vue.

Avec les années, le gouffre de nos dix-huit mois s'est enfin refermé. Vicki était une lectrice vorace et sans discernement. Ce qu'elle lisait préparait la mise en scène pour nos poupées. Notre mère ne voulait pas que l'on joue avec les poupées Barbie. « Leur poitrine est trop parfaite », avait-elle déclaré.

Nous avions plutôt les poupées Tiny Tear. Celle de Vicki s'appelait Tina et la mienne, Betsy. Nous avions aussi une poupée bien ordinaire avec un visage en caoutchouc que nous avions surnommée Frère Deanie. Selon les différentes lectures de Vicki, Tina et Betsy allaient secourir le Frère Deanie d'un feu de prairie (nos quatre colonnes de lit étaient notre diligence), elles changeaient sa couche à Plymouth Rock, ou le présentaient à la cour du Roi Arthur. C'était lassant de jouer à la poupée avec d'autres filles qui ne comprenaient pas notre jeu et à qui on devait montrer comment parler comme une quakeresse ou une princesse d'Arabie. Lorsqu'elles retournaient chez elles, nous nous exclamions : « Maintenant, nous pouvons jouer ! »

Quand nous avons rangé nos poupées, nous avons partagé nos petits amis, notre maquillage, nos accessoires et nos vêtements. Nous étions très généreuses avec nos petits amis, mais très odieuses pour le reste.

Nos batailles les plus mémorables ont été livrées pour un collier en velours noir, un ruban de vison pour les cheveux, une résille nacrée et un tube de crème de maquillage White-white. White-white était un produit bizarre, comme un correcteur liquide blanc à dactylo que nous appliquions autour de nos yeux pour obtenir des yeux grands ouverts, plus séduisants et d'allure innocente de Twiggy et Mia Farrow. Je suppose qu'il fallait être une blonde squelettique pour parvenir à ce résultat.

En regardant de vieilles photographies, j'ai constaté que la généreuse application de White-white sur notre visage nous donnait l'air de récupérer de la tuberculose ou bien d'être extraordinairement surprises. Je ne sais pas pourquoi il ne nous est jamais venu à l'esprit d'acheter des doubles de ces articles convoités — aucun d'eux n'étant cher.

Ma sœur est devenue ma meilleure amie et, aujourd'hui, j'ai honte des surnoms que je lui ai donnés et de mes crises de colère. Si on vendait encore du White-white aujourd'hui, je lui en achèterais un approvisionnement à vie. Mais, en même temps, je ne peux m'empêcher d'exulter à la pensée qu'elle aura quarante ans avant moi.

Si nous devions vivre longtemps, je lui offrirais un ruban de vison pour les cheveux à ses quatre-vingts ans — juste avant de lui rappeler que je reste encore une fille de soixante-dix-neuf ans.

Rebecca Christian

4

SURMONTER LES OBSTACLES

Nos vies, nos projets et nos expériences
ont été si intimement entremêlés que,
séparées, nous éprouvons le sentiment
d'être incomplètes — et, réunies,
la certitude d'une telle force
qu'aucun obstacle, aucune divergence
ou aucun danger ne nous apparaissent
insurmontables.

Elizabeth Cady Stanton

Une promesse à tenir

Hier soir, Margot et moi étions étendues l'une à côté de l'autre dans mon lit. C'était incroyablement inconfortable, mais voilà ce qui a rendu la chose amusante.

Anne Frank,
à propos de sa sœur

J'ai une histoire à vous raconter à propos de ma sœur. Bien que mon récit soit certainement rempli d'amour fraternel, le sujet n'est pas nécessairement doux, gentil ou féminin. À vrai dire, c'est le récit d'un lien peu connu des autres et la façon dont il s'est développé, entre ma sœur et moi, dans des conditions très rudes mais honnêtes dans notre petite maison de briques à Forth Worth, au Texas.

Ma sœur et moi n'étions pas seulement des sœurs l'une pour l'autre, nous étions également des mères. Ma mère s'est suicidée quand j'avais cinq ans, ma sœur et son frère jumeau en avaient six. Maman n'habitait pas avec nous à ce moment-là, car elle éprouvait de graves problèmes de maladie mentale qui, éventuellement, ont causé la séparation de mes parents. Elle a alors emménagé avec une de mes demi-sœurs dans un autre État.

Mon père n'a jamais cessé d'aimer ma mère et, s'il en avait la chance, il la remarierait aujourd'hui. Après son décès, les choses ont été difficiles pour mon père, bien qu'elles n'aient jamais été faciles avant. Mon père faisait de son mieux côté travail et, chaque jour, il nous envoyait tous les trois à l'école même si la maison en souffrait. N'ayant que notre père pour nous élever, je pense que nous avons compris très jeunes que nous devions nous élever nous-mêmes, du moins en partie.

En plus de la maison négligée, nous ne pouvions pas nous permettre grand-chose. Je me souviens de nombreux hivers au cours desquels nous n'avions pas de chauffage ni même d'eau chaude et, pendant de nombreuses années, nous avons vécu sans réfrigérateur et cuisinière.

Un jour d'hiver, alors que nous avions neuf et dix ans, ma sœur et moi avons décidé que nous avions besoin de nous laver plus souvent. À cette époque, nous n'avions pas de chauffe-eau, mais papa faisait bouillir de l'eau et, une fois par semaine environ, nous prenions « un bain » dans l'évier. Après une visite embarrassante chez le médecin, ma sœur et moi avons conclu que cela ne suffisait pas.

Un jour, l'infirmière de l'école nous a amenées à l'extérieur du campus pour consulter un médecin et, en fin de compte, nous avions la gale, c'est-à-dire de petits acariens parasites sous l'épiderme. Je suppose que nos professeurs avaient remarqué notre étrange condition cutanée et qu'ils ont alors alerté l'infirmière. De toute façon, nous sommes allées voir le médecin et nous avons dû nous dévêtir. Nous avions honte de lui montrer les cercles de saleté autour de nos chevilles et de nos poignets.

Ce soir-là, nous nous sommes fait la promesse de nous laver tous les jours. Je me souviens qu'il s'agissait d'une froide soirée d'hiver, que l'air était très froid dans notre vieille maison qui n'avait qu'un radiateur au gaz dans une des chambres à coucher. Pour respecter notre promesse, nous avons rempli une cuve d'eau FROIDE jusqu'à nos chevilles et nous y sommes restées debout en frissonnant. Puis, vint le moment de déterminer qui serait la première à s'immerger dans l'eau et à se savonner. Je pense que c'est ma sœur qui a décidé d'être la plus courageuse et elle s'est glissée dans l'eau glacée.

Il s'agissait d'une pure torture et l'air ambiant n'offrait aucun soulagement, mais nous nous sommes tour à tour courageusement savonnées et ensuite rincées. Je me souviens comment nous nous sommes senties pendant quelques instants, ayant faussement chaud alors que l'air froid brûlait notre peau mouillée.

Tel que promis l'une à l'autre, le rituel du bain devint notre routine de tous les soirs. Jamais nous ne l'aurions fait seules, mais nous avions la discipline et la volonté parce que nous le faisions ensemble.

Bien d'autres expériences nous ont réunies de la même manière, par exemple lorsque nous avons attrapé des poux l'année précédente et que nous avons méticuleusement peigné chaque mèche des cheveux de l'autre, dans une pièce noire et froide devant la cheminée.

Je me souviens également des nuits d'été sans air conditionné, alors que nous ouvrions les fenêtres et que nous dormions la tête au pied du lit, invitant les chats à s'installer sur notre ventre. Ces nuits-là, nous chantions toutes les chansons que nous avions apprises. Quelle magie nous pouvions créer à nous deux seulement!

Il y avait beaucoup de soucis et de raisons de nous sentir inquiètes à cette époque, mais nous nous sommes créé un paradis temporaire loin de tout cela dans le petit cocon de notre chambre.

Plus tard dans la vie, nous avons toutes deux connu des succès académiques et professionnels. Les gens ne pouvaient deviner nos origines — en fait, ils présumaient souvent que nous venions d'une famille privilégiée. Et c'était vrai, en effet.

Quand je repense à ces soirées dans la cuve, je sais maintenant où nous avons trouvé notre capacité à surmonter les difficultés de la vie. Ma sœur et moi, sans le savoir à cette époque, enseignions l'une à l'autre comment trouver des solutions aux situations difficiles, comment rechercher des promesses dans des situations qui ne semblaient en offrir aucune et, surtout, comment faire preuve de bravoure d'esprit.

Bien qu'un bain d'eau glacée ne soit certainement pas l'expérience la plus éprouvante qu'une personne puisse vivre, je réalise que le plus difficile que nous ayons eu à surmonter relevait davantage du mental que du physique. Nous devions croire suffisamment en nous-mêmes pour nous procurer notre propre confort lorsque papa dormait et que la maison s'écroulait. La partie la plus ardue n'était pas de prendre un bain, mais d'avoir dû être des adultes pour nous-mêmes, et d'apprendre précocement à redresser nos propres situations plutôt que d'être vaincues par elles.

Personne n'a jamais été un modèle pour nous, pourtant, d'une manière ou d'une autre, nous avons trouvé entre nous comment y arriver. Ce dont nous n'avions pas pris conscience à ce moment-là, c'est que la façon dont nous gérions nos problèmes de bain serait la base de notre manière de gérer les problèmes plus tard. C'est la raison pour laquelle nous avons toujours été capables de retomber sur nos pieds quand survenaient les épreuves pénibles.

Lorsque le temps vient où je ne me sens plus immédiatement outillée pour supporter, je pense de nouveau à ces bains d'eau froide en hiver et je retrouve le sens de la personne que je suis. Je me souviens des filles qui en ont fait un jeu et qui ne pensaient pas à leur propre inconfort, mais essayaient plutôt de rendre la vie plus joyeuse pour l'autre. Et alors, je suis remplie de la certitude absolue qu'à travers l'amour de ma sœur je suis encore capable de tout accomplir.

Phoebe Elizabeth Sisk

Quoi qu'il arrive

Peu importe la distance entre nous — physique ou émotionnelle —, il y aura toujours quelqu'un en ce monde qui m'a connu dans mon innocence, et me connaît au plus profond de mon cœur mieux que quiconque. Et si je devais un jour éprouver de gros problèmes dans ma vie, elle apparaîtrait soudain à mes côtés pour prendre mes mains dans les siennes.

Anthony Brandt

Je me souviens de ma sœur Linda qui prenait toujours ma défense quand nous étions enfants. Elle a quatre ans de plus que moi et, parmi les cinq enfants de la famille, nous étions les pacificatrices. Nous nous sommes promis d'être toujours là l'une pour l'autre — quoi qu'il arrive!

Chaque fois que je commettais un méfait, j'étais renvoyée dans ma chambre avec les paroles suivantes: « Attends que ton père revienne à la maison. » Nous nous assoyions sagement sur le bord du lit en se tenant la main, sachant trop bien ce qui allait survenir dès le retour de papa. Ma sœur m'aidait à mettre en dessous de ma robe de nuit tous les sous-vêtements, les bas de pyjamas et les shorts que nous possédions afin d'offrir un coussin à mon derrière.

Un jour, après que ma sœur aînée m'a forcée à avaler un sou noir, Linda et moi avons attendu en silence que la pièce de monnaie sorte de mes entrailles, certaines qu'elle allait me tuer. Elle a tout essayé pour me faire vomir et a frotté mon ventre douloureux pendant une heure. Lorsque le vieux monsieur Lincoln est enfin sorti à l'autre bout, nous avons tellement ri que nous avons pratiquement mouillé nos culottes.

Nous avons partagé toutes les deux un monde secret de joie et un sanctuaire dans lequel nous pouvions nous échapper du reste de la famille. Les moments les plus paisibles de mon enfance ont été le maïs soufflé tard le soir, les fous rires sous les couvertures dans nos lits et le partage de rêves d'un avenir heureux.

Les punitions incluaient parfois de retirer les mauvaises herbes dans la cour. Un jour, nous avons décidé d'enlever des épines des rosiers. Nous les avons mouillées avec notre salive à l'extrémité et les avons collées au bout de notre nez. Nous sommes devenues des rhinocéros de l'Afrique sauvage, nous pourchassant partout à travers la cour.

Notre grand-mère nous racontait des histoires sur la vie en Suède et à propos d'une belle et jeune princesse. Chaque fois que je vivais une mauvaise journée ou que je me sentais tout simplement laide, Linda me permettait d'enfiler ses vêtements, me maquillait et me faisait croire que j'étais une princesse.

En grandissant vers l'âge adulte, nous avons poursuivi chacune nos rêves individuels. Même si nous avions toutes les deux un mari, une carrière et des enfants, nous n'étions jamais loin l'une de l'autre par le cœur ou l'esprit. Linda a donné mon nom à la plus jeune de ses filles, et ma petite fille a hérité du nom de la princesse que nous prétendions être.

Je savais que je pouvais compter sur elle pour n'importe quoi, n'importe quand et n'importe où. Lorsque mon fils se suicida après avoir subi des dommages au cerveau à la suite d'un accident d'automobile, Linda a pris le premier avion pour venir me soutenir.

Les mots ne m'apportèrent que peu de réconfort, mais elle me serra fort dans ses bras et nous pleurâmes ensemble comme s'il s'était agi d'une de ses propres pertes. Elle m'aida à organiser les funérailles et s'occupa de bonne grâce des visiteurs, ouvrant son cœur à des étrangers.

Je n'oublierai jamais comment j'étais anéantie devant le cercueil alors qu'elle me tenait fermement pour ne pas que je tombe en m'évanouissant. Une fois de plus, elle a brossé mes cheveux, préparé le thé et tenu ma main en silence. Linda a toujours promis d'être là et de ne jamais me laisser souffrir seule, quoi qu'il arrive.

Les autres membres de ma famille et mes amis m'évitaient à cause de leur propre ignorance. « Laissons la poussière retomber », disaient-ils. Linda m'a toujours offert son amour inconditionnel, sans me juger ou me reprocher quoi que ce soit et elle continue de m'offrir sa force.

Elle semblait comprendre l'atroce douleur et la folie avec lesquelles je vivais, et attendit patiemment pendant que je continuais à guérir de cette perte. Linda m'a appris comment libérer un peu de ma culpabilité et m'aimer de nouveau. Nos conversations téléphoniques, tard le soir, m'ont donné le courage et l'espoir de vivre à nouveau. Je lui dois ma vie pour s'être tenue à mes côtés et m'avoir donné de l'espoir.

Lorsque je me sens à fleur de peau et que mon cœur souffre, nous pleurons ensemble au téléphone. Je me rappelle la barbe de plusieurs jours sur le visage de mon fils quand il était allongé dans sa paix éternelle, et son petit grain de beauté dans le cou. Je trébuchais toujours sur ses chaussures de tennis de grandeur quatorze qu'il laissait traîner dans l'entrée, et je réalise que ce serait l'une des nombreuses choses qui allaient me manquer. Nous nous rappelons le sourire qu'il arborait avec beaucoup de fierté et ses yeux bleus que je peux voir dans le miroir quand je plisse les miens juste ce qu'il faut. Le plus beau cadeau que je lui ai offert a été d'aimer inconditionnellement, et Linda me rappelle la tendresse et l'affection qu'il manifestait à sa mère.

Tous les mois, ma fille reçoit un cadeau spécial rempli d'amour de sa tante favorite. Un petit jouet, une pièce artisanale, une photo ou une simple carte postale assurant mon enfant qu'elle est toujours une petite sœur spéciale. J'ai appris à aimer plus profondément ma propre petite princesse grâce à un modèle merveilleux.

À chaque date d'anniversaire de la mort de mon fils, la douleur de ma perte est intolérable. Je reçois des appels et des témoignages spéciaux d'amitié. Un ange repose sur le monument, au cimetière, veillant sur le jeune homme qui nous manque terriblement.

Quand je pense aux rires que nous partagions, enfants, lorsque nous voyagions à travers le désert, je me rends compte que la vie était beaucoup plus simple. Nous laissions pendre nos jambes par-dessus le hayon arrière de la familiale, observant le monde passer. Le chaud soleil réchauffait nos jambes alors que la brise caressait nos pieds avec délice. Ensemble, nous dévorions un sac de cerises destinées à toute la famille. Libres de tous les soucis du monde, nous nous assoyions côte à côte, crachant les noyaux dans le vent. Les chauffeurs qui les recevaient sur leur voiture n'appréciaient pas tellement nos talents. D'ailleurs, mon père n'a jamais compris pourquoi il y avait une parade de voitures derrière lui qui klaxonnaient et des gens qui montraient leurs poings avec colère.

Je m'ennuie de ces journées d'innocence de notre jeunesse et je me sens bénie de partager mon âme avec ma sœur Linda. Je suis tellement reconnaissante de l'avoir à mes côtés, autant dans les bons que les mauvais moments. Je l'honore de mon amour inconditionnel et j'espère avoir contribué positivement à sa vie. Nous resterons à jamais les meilleures amies et nous nous accepterons toujours l'une et l'autre pour ce que nous sommes, quoi qu'il arrive!

Judy Lynne Lucia

Le rire miraculeux de ma sœur

On ne parlera jamais assez des vertus, des dangers et du pouvoir d'un rire partagé.

Françoise Sagan

Certains des jours les plus sombres de ma vie sont survenus peu après le décès de mon mari. Alors que je vivais encore mon deuil, j'ai été placée devant la dure réalité d'élever seule nos quatre enfants. Les funérailles étaient terminées, les amis et la famille, partis. Il ne restait que les enfants et moi, et chacun vivait son deuil selon son âge et sa personnalité. Un fils en colère, l'autre silencieux; une fille qui était exigeante, l'autre qui maternait. D'une manière ou d'une autre, je devais m'occuper de tout. J'étais supposée donner la seule direction, la seule connaissance et les seules réponses sages.

Alors que je me trouvais au fond de ce puits d'impuissance, ma sœur est arrivée chez moi à l'improviste. Elle avait planifié de le faire lorsque tout le monde serait parti. En quelques heures, l'intimité que nous avions partagée dans le passé est revenue nous submerger de nouveau. Elle me laissa parler et pleurer, et elle m'aida aussi à commencer à faire certaines choses. Nous avons retourné les enfants à l'école et nous nous sommes attaquées à des projets. Nous avons débuté par mon placard, dont la moitié vide me rappelait constamment l'absence de mon mari. Nous avons décidé d'installer un organisateur de placard afin que je puisse le remplir en y ajoutant mes cardigans et mes autres vêtements.

Cela ne se passa pas très bien. Alors qu'elle tenait une extrémité, j'essayais d'installer l'autre avec un marteau. Rien ne s'emboîtait. Plus nous improvisions, plus les choses empiraient. Puis, au milieu de notre frustration, je remarquai l'image sur la boîte de l'organisateur. Une femme en deux dimensions souriait alors qu'elle installait d'une seule main ce que ma sœur et moi avions échoué à faire ensemble. Pendant que je tenais encore mon extrémité, je lançai à ma sœur: « Hé, Jeanne! regarde cette image. Je voudrais bien en faire autant! »

Elle jeta un coup d'œil à la femme et répondit: « Ouais, moi aussi. Elle porte même une robe. » C'est alors que cela se produisit. Je ne sais trop comment, mais toute la situation s'est transformée en plaisanterie.

Tout maniement gauche de notre part, chaque planche qui glissait, chaque visse qui refusait de tourner nous ramenait à la femme parfaite sur la boîte et nous faisait rire. Nous avons ri jusqu'aux larmes, jusqu'à ce que nous devions laisser tomber l'organisateur pour nous précipiter à la salle de bain.

C'était la première fois que je riais depuis des semaines.

Ce rire s'est produit il y a quinze ans, et je m'en souviens encore comme si c'était hier. Cela n'a rien changé, néanmoins, cela a tout changé. Mes enfants vivaient toujours leur deuil. Je souffrais encore, accablée et impuissante. Mais lorsque j'embrassai ma sœur et lui dit au revoir, je savais que Dieu avait passé par elle pour m'offrir un miracle. Ainsi, au cours des mois difficiles qui suivirent son départ, dans les jours les plus pénibles, j'ouvrais inévitablement mon placard et repérais mon organisateur légèrement incliné. Peu importe comment je me sentais, il m'était tout simplement impossible de ne pas sourire.

Deborah Hedstrom-Page

Si le monde pouvait voir avec les yeux de ma sœur

Sois bénie, ma sœur, en tous lieux
Dans chaque gare et chaque contrée
Longtemps puisses-tu vivre ici
Dans une douce satisfaction
Chérie pour toujours et chère à jamais.

Elizabeth Barrett Browning

Lorsque ma sœur Mintie vint au monde, j'avais six ans et mon frère Hud, trois ans. Ce jour-là, nous étions chez nos grands-parents et papa est venu à la maison pour nous annoncer l'arrivée de notre nouvelle petite sœur. Je me souviens d'avoir attrapé les mains de Hud et d'avoir sauté de joie, mais, lui, il n'avait pas envie de sauter : il voulait un frère. En route vers l'hôpital pour voir maman et le nouveau bébé sœur, papa nous a révélé qu'à sa naissance, Mintie était malade et qu'elle avait une forte fièvre, quelque chose comme la « jaunisse », et que nous allions nous présenter dans un lieu spécial à l'hôpital. Eh bien, soit ! J'étais juste excitée à l'idée de voir le nouveau-née.

Après avoir vu maman, nous avons emprunté un couloir pour aller voir notre sœur. Dès le début, notre sœur était différente. Nous avons regardé dans la pouponnière à travers la grande fenêtre. La plupart des bébés étaient près de la vitre, mais papa nous montra « notre » bébé au fond de la pouponnière.

Elle était dans une sorte de boîte transparente munie d'une lumière brillante à l'intérieur. Elle était vraiment minuscule, rouge et ridée, avec de bizarres cheveux noirs et un masque noir autour des yeux. Papa nous a expliqué qu'elle était placée à cet endroit pour guérir de sa jaunisse. À partir de ce moment, Hud et moi avons décidé que nous étions le grand frère et la grande sœur et que, si notre sœur était petite et malade, nous allions tout simplement devoir en prendre soin.

En raison de la gravité de sa maladie, Mintie ne rentra pas à la maison en même temps que maman, mais, lorsqu'elle arriva, j'étais prête à assumer mon rôle de grande sœur. Mintie était si silencieuse qu'on l'entendait à peine pleurer, et elle était si petite ! Pas petite prématurée, mais menue et délicate comme une poupée de porcelaine. Avec le temps, les bizarres cheveux noirs de ma sœur ont été remplacés par les traditionnels cheveux de couleur blond bébé. Mintie se développait de plus en plus comme les autres bébés que je connaissais, même si elle était très tranquille. Elle était aussi agréable qu'on puisse l'être, et Hud et moi étions certains que nous avions une véritable poupée vivante entre les mains puisqu'elle nous laissait l'habiller dans des costumes farfelus sans rouspéter. Cependant, quand vint le temps pour elle de parler, elle ne le fit tout simplement pas. Les médecins nous déclarèrent que des parties de son cerveau avaient été endommagées à sa naissance par la forte fièvre. Elle n'apprendrait jamais à parler, sinon quelques mots, et elle serait toujours petite et fragile. La famille devrait apprendre le langage des signes pour pouvoir communiquer avec elle. Nous nous sommes donc inscrits à des cours de langage des signes. Hud et moi allions avoir beaucoup de travail à prendre soin de notre petite sœur.

Mintie a connu plusieurs problèmes médicaux. Elle entrait et sortait du Children's Hospital de Pittsburgh pour subir des traitements et des opérations. Elle était toujours souffrante, et nous avons appris qu'elle l'avait toujours été. En fait, quand les médecins la pinçaient et lui demandaient si elle avait mal, elle répondait non; ils ont dit qu'elle ignorait ce qu'était de ne ressentir aucune souffrance. À l'hôpital, tout le monde adorait Mintie, autant les enfants que les adultes. Un soir, alors que nous étions en visite à l'hôpital, un petit garçon atteint de leucémie, avec qui Mintie avait joué souvent, décéda. Les infirmières ont demandé que toutes les portes des chambres soient fermées pendant que les médecins tentaient de le réanimer, puis ils l'ont emmené sur une civière dans le couloir. Mintie avait cinq ans.

En raison de son déficit langagier ajouté à ses problèmes médicaux, les médecins ont recommandé que Mintie réside à l'Institut de réhabilitation de Pittsburgh pour une période de six mois afin de surveiller ses progrès médicaux et de recevoir une thérapie intensive du langage. Elle ne viendait à la maison que durant les week-ends. Ainsi, tous les vendredis, nous faisions les deux heures de route pour aller la chercher à Pittsburgh, et chaque dimanche, nous reprenions la route pour aller la reconduire. Tout comme au Children's Hospital, tout le monde à l'Institut aimait Mintie. Elle était toujours de bonne humeur, douce et affectueuse. Mon souvenir préféré de ces journées passées à l'Institut concerne son copain spécial, un infirmier très costaud, un ex-joueur très noir de la NFL, marchant dans le stationnement en tenant la main de notre si minuscule et pâle petite sœur. Le contraste était si grand que nous ne pouvions faire autrement que d'éclater de rire. Je n'ai jamais vu un homme si imposant être si doux.

Durant cette expérience avec notre chère petite sœur, notre famille comptait beaucoup sur notre foi et sur nos amis à l'église. Après mûres réflexions, de nombreuses discussions et beaucoup de prières, les aînés de notre église ont prié en se tenant tous la main pour la guérison de Mintie. Aucun miracle n'est survenu ce soir-là; elle n'a pas commencé à sauter, à crier et à lancer des phrases complètes. Mais ce même soir, les choses ont commencé à changer. L'opération suivante de Mintie serait sa dernière. Elle a commencé à dire plus de mots jusqu'à ce qu'elle puisse s'exprimer avec des phrases. Nous rions du fait qu'aujourd'hui, nous n'arrivons plus à la faire taire! Et les seuls signes dont je me souviens encore sont pour les mots « biscuits » et « jouer », parce qu'elle les utilisait si souvent.

Toutefois, ce ne fut pas la fin des obstacles pour autant. Mintie éprouvait plusieurs problèmes d'apprentissage. Elle fut placée dans des classes d'éducation spécialisée à l'école, et nous avons appris qu'elle ne pourrait jamais atteindre le même niveau que les autres élèves. Je me souviens de m'être littéralement assise avec elle des soirées entières à travailler sur les devoirs que les autres enfants prenaient seulement environ une heure à faire. Au secondaire, elle a été intégrée dans les classes régulières dans toutes les matières. Nous avons toutefois éprouvé des inquiétudes quand est venu le temps de commencer le deuxième cycle du secondaire. Le programme serait un pas en arrière pour Mintie, impliquant certes des salles de classes avec des ressources, mais peu ou pas d'intégration. Nous avons décidé de lui offrir l'école à la maison et avons joint un groupe chrétien offrant des cours à la maison grâce auxquels elle pourrait obtenir un diplôme technique en garde d'enfants.

Tous les accomplissements académiques de Mintie en dépit des obstacles ne sont pas ce qui la rend si spéciale; c'est Mintie elle-même. Elle est innocente et son amour est inconditionnel. Elle trouve toujours le bon chez les autres et ne remarque jamais le mauvais. Déposez un bébé qui pleure dans les bras de Mintie et il se calme. Tous ceux qui gravitent autour d'elle sont apaisés. Certaines personnes ont pitié de son innocence, mais les préjudices et la cruauté ne l'ont jamais touchée. Quand les enfants rient d'elle, Mintie ne comprend tout simplement pas ou ne réalise même pas leur cruauté. À la maison, elle demandera: « Pourquoi ont-ils fait cela? » ou bien « Pourquoi ont-ils dit cela? » Elle ne comprend pas parce qu'il n'y a aucune cruauté en elle et ce qui ne rejoint pas sa simplicité n'existe pas à ses yeux. Les besoins et les désirs des autres sont toujours sa priorité. Quiconque dont la vie a touché la sienne est devenu meilleur. Elle n'a jamais été en colère. Elle n'a jamais été de mauvaise humeur. Elle a seulement pleuré de frustration, ou bien en voyant les autres se blesser ou se battre. Jamais Hud et moi nous sommes disputés avec elle et, croyez-moi, nous nous sommes engueulés l'un et l'autre ! Elle est pacifique et une amoureuse de la paix.

Le 23 mai 1997, à 19 h 30, Mintie a reçu son diplôme de l'école secondaire. Elle n'était plus notre petite sœur fragile; elle était plus grande que moi et plus large que Hud. La cérémonie fut discrète. Étaient présents seulement les membres du groupe de l'école à la maison, quelques amis de la famille et la famille immédiate. Plusieurs personnes avaient été conviées à parler, dont moi. Des larmes silencieuses coulaient à chacun des intervenants qui s'adressait à l'assemblée. Debout derrière le podium, je luttais contre mes propres larmes. Je ne pleurais pas parce que c'était ma sœur et que la cérémonie de remise des diplômes est un moment émouvant. Je pleurais parce que Mintie représente ce que l'humanité a toujours voulu être. À bien des égards, ce n'est pas moi ni Hud qui prenons soin d'elle, mais plutôt elle qui prend soin de nous. Lorsque notre foi est faible, la sienne est toujours forte. Quand nous sommes blessés ou en colère, elle est calme et apaisante. Quand nous nous attendons au pire des gens, elle ne voit que le meilleur. Comme dit le proverbe chinois :

S'il y a de la lumière dans l'âme,
Il y aura de la beauté dans la personne.
S'il y a de la beauté dans la personne,
Il y aura de l'harmonie dans la maison.
S'il y a de l'harmonie dans la maison,
Il y aura de l'ordre dans le pays.
S'il y a de l'ordre dans le pays,
Il y aura de la paix dans le monde.

Vous voyez, Mintie a de la lumière dans son âme. C'est la plus belle personne que je connaisse. Elle apporte de l'harmonie dans la vie des gens qui gravitent autour d'elle. Elle voit le bon et l'ordre là où plusieurs n'en voient pas. Si le monde pouvait voir avec les yeux de ma sœur, il y aurait de la paix dans le monde.

Amanda Athey Swain

Si la famille était un bateau, elle serait un canot qui n'avancerait que si tout le monde ramait.

Letty Cottin Pogrebin

La septième sœur

L'arrivée du millénaire a été un grand tournant pour les réunions de famille dans tout le pays. Et puisque notre clan est réparti dans toute l'Amérique, du littoral du Maine jusqu'aux Rocheuses du Colorado, et des prairies de l'Indiana jusqu'aux côtes du golfe du Texas, nous avions vraiment hâte au rendez-vous qui se tiendrait chez un cousin dont la maison est située dans notre lieu d'origine, le Michigan.

Je suis arrivée une journée plus tôt afin d'aider aux préparatifs de la fête. Une tente blanche avait été érigée dans la cour arrière sous la voûte des arbres et elle avait été remplie de tables et de chaises pour une foule. Nous avons placé de belles piles de T-shirts imprimés spécialement pour l'événement, déposé sur chaque table des pots de chrysanthèmes colorés et installé une banderole de fête dans l'allée menant à la cour. À la télévision, le météorologiste avait annoncé une température modérée, du soleil et quelques averses isolées durant la journée. Nous étions prêts.

Le jour suivant, mes parents étaient parmi les premiers arrivés. Papa, le patriarche de la famille, âgé de quatre-vingt-deux ans, nous démontra qu'il était toujours un bon sportif en enfilant le T-Shirt de la réunion sur sa chemise de golf impeccable. À l'arrière sur son dos, j'ai écrit avec un stylo spécial pour le tissu: « Je suis une histoire vivante… demandez-moi ! » et « Go blue ! » pour sa bien-aimée université du Michigan. D'autres membres de la famille, certains proches et d'autres très éloignés, sont venus timidement vers moi pour que je les étiquette. En peu de temps, la fête battait son plein avec la viande à hamburger sur le gril, les enfants déchaînés courant partout, et les adultes riant et parlant comme s'ils n'avaient jamais passé une journée sans se voir.

Je venais tout juste de penser à quel point tout se déroulait à merveille lorsque j'ai repéré une femme rondelette, d'âge moyen, guidée par un imposant golden retriever qui la dirigeait avec précaution dans l'allée.

Je l'ai reconnue immédiatement même si je ne l'avais pas revue depuis plus de trente ans. Mon estomac s'est noué alors qu'elle s'approchait de la foule.

Où est maman? me suis-je demandé, et mes yeux ont cherché papa afin de le prévenir de la catastrophe imminente.

***

Chaque famille a ses histoires; ces zones « interdites d'accès », qui sont trop pénibles pour en parler en public. La nôtre concerne un divorce acrimonieux qui a eu lieu en 1951. Ce n'était pas une rupture entre des gens de la haute société de Manhattan ou de Los Angeles; ou le genre de peine d'amour à la Sinatra que l'on suit dans les journaux à potins du supermarché. C'était plutôt le triste éclatement d'une famille vivant dans l'impassible Middle West et impliquant mon père, un étudiant travailleur fréquentant l'université grâce au G.I. Bill*, sa petite amie de l'école secondaire et leur fille de quatre ans, Jane. Comme dans tous les divorces, les raisons de leur séparation étaient privées et complexes. Cependant, à cette époque d'avant les thérapies et les divorces par consentement mutuel, le règlement fut tout autant punitif que coûteux… émotionnellement et financièrement.

Mon père s'est remarié un an plus tard, et je suis venue au monde en 1953. Comme tant de fillettes de ce temps, on me donna le nom de Debby, pour Debbie Reynolds et Deborah Kerr. J'étais une vedette, du moins aux yeux de mon père. Mais je pouvais ressentir sa douleur lors d'événements spéciaux, comme mes anniversaires de naissance et des baptêmes. Certaines choses n'allaient pas, et j'en suis venue à croire que Jane en était la cause.

Mon père m'emmenait lors de ses visites mensuelles à Jane. Ses cheveux épais et foncés contrastaient avec les miens qui étaient blonds avec des boucles fines, et ses yeux étaient d'un brun profond alors que les miens étaient bleus, mais nous avions l'une et l'autre le même regard intelligent dans un visage qui était indéniablement celui de notre père.

**Ndt: Loi américaine adoptée au mois de juin 1944, qui permet aux soldats démobilisés de la Seconde Guerre mondiale – communément appelés les GIs – d'être financés pour les études universitaires ou leurs formations professionnelles.*

Elle pleurait devant la fenêtre quand venait le moment pour lui de me prendre dans ses bras pour m'apporter à sa voiture. Les sentiments de confusion et de culpabilité n'étaient pas seulement les siens.

Au cours de cette période des baby-boomers, notre famille a rapidement pris de l'expansion. Becky a vu le jour en 1955; ensuite Libby, en 1957; Jenny, en 1958; Martha, en 1959; et finalement Stephanie, en 1961. Jane est demeurée une enfant unique, bien-aimée de sa mère et de son beau-père, mais elle partageait son « premier amour » avec six autres filles.

Au cours des années 1960, Jane et moi étions parfois ensemble. Je portais ses jupes en laine Pendelton à l'école même si les ourlets ont dû être défaits parce que je grandissais vite. Elle m'a appris tous les mots des chansons populaires qu'elle écoutait sur sa radio transistor. À mes yeux adorateurs, elle était aussi charmante et dynamique qu'Annette Funicello de Disney.

Les adultes, cependant, portaient un regard différent sur elle. Jane était une enfant dévergondée. Expulsée de son école pour avoir fumé, bu et couru à droite et à gauche dans la ville après le couvre-feu, Jane poussait désespérément les limites de la tolérance parentale. Et moi, pendant ce temps, je tentais tout aussi désespérément d'être la fille parfaite qui ne déçoit jamais. Cette situation sans issue culmina en une crise avec la grossesse de Jane à l'adolescence. Et voilà qu'une autre petite fille était née!

Pendant plus de trente ans, Jane et moi avons suivi des routes différentes.

***

Et maintenant, elle était ici, debout devant moi. Est-ce que cette femme au doux parlé et presque aveugle était vraiment ma lointaine sœur? J'ai conduit Jane vers une chaise pliante, et Ginger, son chien-guide, s'installa confortablement à nos pieds. Nous avons parlé tranquillement pendant que les gens s'agitaient autour de nous.

Jane a été une traductrice médicale à Ann Arbor pendant plusieurs années jusqu'au moment où sa vue déclina. Elle souffrait de *retinitus pigmentosa*, une maladie incurable héritée de sa mère, qui l'a laissée avec seulement trois précieux degrés de vision. Elle a maintenant des petits-enfants et, depuis de nombreuses années, elle s'est retirée avec son mari dans la campagne du nord du Michigan.

J'ai aidé Jane à enfiler le T-shirt de la rencontre et je lui ai expliqué comment nous « brisions la glace » à cette fête avec des stylos à tissus.

« Qu'aimerais-tu que j'écrive sur le tien? lui demandais-je. Non, attends, ne dis rien. »

J'ai retiré le bouchon du marqueur et écrit en toutes lettres sur l'arrière de son T-shirt: « La fille numéro un, la septième sœur ». Quand je lui ai mentionné ce que j'avais écrit, ses yeux voilés se sont remplis de larmes.

Deborah Blackmore

Noir foncé

Si votre sœur est terriblement pressée de sortir et essaie de fuir votre regard, c'est qu'elle porte votre plus beau chandail.

Pam Brown

Quand nous étions enfants, nous avons divisé notre chambre au milieu avec du ruban de masquage et de la soie dentaire. Évidemment, cela ne nous a pas empêchées, peu de temps après, de nous quereller de nouveau. Tout entre Karen et moi finissait par une compétition féroce, qu'on livrait poings serrés, en donnant des coups de pieds et en injuriant l'autre. Avec un petit frère et une troisième chambre à conquérir, Karen me donna un avertissement: « Si je suis obligée de partager cette chambre encore plus longtemps avec toi, les murs vont passer de ce rose écœurant au noir foncé. Et tu le sais, je mets toujours mes menaces à exécution. » Elle me regarda, l'air menaçant, tel un prédateur. Je tremblais en sa présence. C'est ainsi que mon frère Russ et moi sommes devenus des camarades de chambre pendant plusieurs années. (Il ne s'est jamais plaint une seule fois de ma couleur favorite, mais maintenant qu'il est un homme dans la quarantaine, il éprouve une étrange passion pour la barbe à papa.) Un jour, elle m'a accusée d'avoir volé ses pantoufles de vair Cendrillon alors que j'avais tenté de corriger le fait qu'elle avait adressé son colis de Noël à une autre sœur. Une autre fois, elle m'a forcée à manger des chenilles en prétextant une expérience scientifique.

Les années d'adolescence ne se sont pas avérées plus faciles ; je lui ai dit qu'elle était l'exemple parfait de ce qu'il ne faut pas être et elle m'a volé mon petit ami. Au début de notre vie adulte, nous adorions être différentes. Karen était devenue « Miss Manières » et menait sa vie selon les règles de l'étiquette qu'elle avait lues dans des livres que je lui avais offerts à la blague comme cadeau.

Peut-être allez-vous penser que, des années plus tard, nous avons séparé l'autoroute de la même manière que nous avons divisé notre chambre lorsque nous étions plus jeunes. « Je vais vivre du côté est de la 1-35 et tu peux avoir le côté ouest. » Avec une distance de cinq cent kilomètres entre nous, nous étions à des mondes l'une de l'autre. Ce n'était pas seulement notre mode de vie qui était différent, elle vivait à la campagne entourée d'animaux, alors que je vivais dans la banlieue et que j'enseignais, mais aussi notre philosophie. Quelque part après notre dernière rencontre tumultueuse, j'ai vieilli et je me suis assagie, allant même jusqu'à me faire des amis ayant des points de vue complètement différents des miens. Est-ce que Karen et moi pouvions agir en adultes et combler le fossé entre nous pour devenir des amies ?

Soupirant d'un air triste et rêveur, je regardais des sœurs magasiner ensemble, partager des secrets non révélés de leur enfance qu'elles avaient gardés jusque dans leur vie de femmes adultes, les rendant encore plus proches. J'enviais leurs anniversaires passés ensemble à s'échanger des cadeaux. De notre côté, les anniversaires passaient inaperçus. Les rêves n'étaient jamais partagés, les chagrins jamais consolés. Karen n'avait pas revu ma fille Kim depuis qu'elle était bébé et cette dernière était sur le point d'être diplômée de l'université. Je n'ai pas revu son fils depuis l'époque où il faisait rouler sa voiture miniature sur sa tranche de pain recouverte de beurre d'arachide et de confiture, assis dans sa chaise haute au plateau argenté. Aujourd'hui, Ben mesure plus de 1,85 mètre et chante dans un groupe de country western.

En réfléchissant à tout ce qui avait mal tourné dans notre relation, j'ai décidé d'aller rencontrer un expert en counseling; mon fils de seize ans, Matthew, était disponible.

« Alors, dis-moi ton secret. Comment se fait-il que toi et ta sœur ne vous querellez jamais?

– Facile. Nous considérons l'autre comme un être humain. Je n'essaie pas de la changer et elle n'essaie pas de me changer. Nous nous aimons, tout simplement. »

Quelle idée nouvelle! L'acceptation totale. Ça pourrait bien fonctionner.

Karen et moi étions restées de chaque côté de notre chambre aux murs roses, divisée par du ruban de masquage et de la soie dentaire. Cette douleur pénétrait mon âme profondément. J'ai donc décidé d'effacer la ligne invisible que nous avions tracée entre nous, qui nous séparait et nous divisait. Le temps était maintenant venu. Je méritais d'avoir une sœur.

Assise en tailleur sur la moquette, je tournais une à une les pages de vieux albums. Des visages heureux d'une autre vie me souriaient. Je me rappelais les choses utiles que Karen m'avait apprises, comme la façon d'écraser des petits pois et de les mettre derrière mes oreilles, puis les couvrir avec mes cheveux afin que maman croie que je les avais mangés. Nous regardions Roy Rogers à la télévision et étions devenues des « cowgirls », montant notre balai jusqu'au coucher du soleil.

Je souhaitais tellement revenir dans le passé, ne serait-ce qu'une seule journée, pour régler nos malentendus, lui dire que je l'aime et à quel point je suis reconnaissante de l'avoir comme sœur. Déposant mes armes de combat, comme la concurrence et la mesquinerie, il ne me restait plus que l'honnêteté pure et simple. Je ressentais encore une profonde tendresse. Depuis la mort de nos parents, j'aspirais à revoir une partie de ma famille que j'avais perdue de vue depuis longtemps. Pouvions-nous aller au-delà du passé? Me confierait-elle l'ingrédient secret dans sa délicieuse tarte aux pommes? Peut-être pourrions-nous monter ensemble ses chevaux et galoper côte à côte dans le coucher du soleil de la vie en sentant le vent du renouveau sur nos visages?

Le moment était venu de revoir Karen et de construire une relation de ces décombres. Un temps pour de nouveaux commencements. Enfin, j'aurais ma sœur à qui me confier, à qui envoyer des cartes pleines de fioritures et qui diraient: « Je suis tellement contente que tu sois ma sœur. »

En conduisant vers son domicile sans m'être annoncée, je vis deux joues rondes dans le rétroviseur. J'étais seule dans la voiture, alors ce ne pouvait être que les miennes. Il fut un temps où j'aurais exulté d'être plus mince que ma sœur. Maintenant, cela était bien loin de la vérité. Le temps avait carrément fait tomber ma poitrine sur ma taille, et j'étais reconnaissante d'avoir un gros ventre pour l'empêcher de se retrouver à mes genoux. Je me sentais embarrassée et j'appréhendais. Me recevrait-elle?

En arrivant à sa petite maison de campagne, je vis Karen penchée, creusant avec une bêche dans son jardin. En entendant l'arrivée de la voiture, elle fit une pause et mis sa main sur son front pour cacher ses yeux du brillant soleil d'été. Je peux dire à quel moment exactement elle se rendit compte que c'était moi, car sa main retomba sur le côté et la bêche se retrouva sur le sol. Oui, un sourire commença lentement à illuminer son visage. Ses cheveux étaient gris, elle était soignée et semblait en forme. Le temps avait été bon pour elle. Elle s'approcha de moi alors que je marchais rapidement vers elle. On riait toutes les deux nerveusement.

Karen tapota mes fesses. Elle croyait avoir remporté la compétition du poids.

« Savais-tu qu'avoir des kilos en trop est en vogue maintenant? me demanda Karen à ma plus grande stupéfaction.

– Vraiment ? ai-je répondu, en tirant sur mon chemisier pour cacher mes bourrelets.

– Je viens juste de lire un article à ce sujet, ajouta Karen en m'ouvrant la porte.

– Sans blague. »

J'ai senti l'odeur d'une tarte aux pommes…

Robin Janson-Shope

Mes sœurs savaient que je les aimais, mais j'étais très avare de paroles à ce sujet. Je ne leur ai pas dit cela assez souvent parce que c'était difficile pour moi. Mais laissez-moi vous dire que si vos sœurs sont toujours vivantes, vous feriez mieux de les serrer dans vos bras. Vous le regretteriez si elles partaient et que vous ratiez la chance de leur exprimer ce sentiment. Peut-être qu'elles attendaient cet amour. Je le sais, car mes sœurs m'attendaient.

Patti LaBelle
à propos de ses trois sœurs

Les pas

Ma famille vivait dans une de ces vieilles maisons de la Floride construites sur pilotis pour empêcher l'eau d'y pénétrer lors des marées hautes. Nous pouvions très bien entendre tous les bruits de pas parce qu'il n'y avait rien sous le plancher et nous apprenions aussi à reconnaître le marcheur par le bruit de ses pas. Mais ce n'est qu'à l'âge adulte que j'ai pris conscience que je n'avais jamais entendu le bruit des pas de ma sœur.

Ma sœur et moi partagions un père (le nôtre), une mère (la mienne) et un plus jeune frère. Nous n'avons pas grandi dans un foyer idyllique. Mon père a été un alcoolique invétéré jusqu'au moment de sa mort, il y a cinq ans, et ma mère a transposé beaucoup de sa rage contre mon père sur sa fille à lui, ma sœur. Par moment, durant ses épisodes de rage, je me plaçais devant ma mère pour détourner un peu de sa colère, mais elle réussissait toujours à m'écarter brusquement. Ma sœur a donc appris à se tenir tranquille, à ne pas déranger, à rester hors du chemin de ma mère. Elle a appris à marcher sans faire de bruit.

Elle a quitté la maison tôt, à l'âge de seize ans. Je me souviens d'être revenue de l'école ce jour-là et d'avoir immédiatement senti que quelque chose n'allait pas. Quand j'ai vérifié notre chambre, ses vêtements étaient partis. Il y avait un espace vide sur la commode, là où étaient ses bouteilles de parfum, ses barrettes, sa Bible. Elle était partie sans avertissement, sans célébration, sans adieu.

Nous avons perdu contact après cela, alors que nous entrions dans notre vie adulte. Puis, il y a eu des appels maladroits ou des déjeuners à l'occasion, mais ils nous faisaient toujours sentir davantage éloignées que proches l'une de l'autre. Nos différences étaient importantes, portées comme des insignes autour de notre cou. Ces différences avaient été tellement soulignées durant l'enfance — j'étais la fille biologique de mes parents, mais elle, seulement la moitié. Pour cette raison, on la faisait toujours se sentir incomplète ; un fardeau et une honte pour la famille. Elle était forcée de porter le poids du sentiment d'incapacité de nos parents. Maintenant, quelque chose dont ni l'une ni l'autre n'avait le pouvoir nous contrôlait.

Elle a déménagé dans le sud de la Floride, s'est mariée et a eu des enfants. J'ai déménagé dans la direction opposée, à Atlanta, où je me suis mariée et divorcée plus tard. À certains moments, nous ne nous parlions pas durant des mois, et pourtant le passé délicat que j'étais obligée de confronter en thérapie ne cessait de rebondir sous la forme du sentiment que j'avais perdu quelque chose d'important en perdant ma sœur. J'ai réalisé aussi avec une infinie tristesse que je ne l'avais jamais vraiment perdue, parce que, au départ, je ne l'avais jamais trouvée. Certes, nous avions grandi ensemble dans la même maison, mais nous étions de parfaites étrangères.

L'été dernier, à l'âge de trente-sept ans, j'ai décidé de faire un saut dans le passé et de lui tendre la main. J'ai fait un appel téléphonique — j'allais en Floride pour un voyage d'affaires, voulait-elle qu'on se rencontre? Nos voix se modifiaient sous la tension des centaines de kilomètres reliés par une ligne téléphonique — la nervosité était audible. Nous ne nous étions pas vues depuis presque dix ans.

Finalement, elle a dit oui, sa voix devenue aigüe à cause de la nervosité. Nous avons fait des plans pour nous rencontrer à l'aéroport et elle emmènerait ses enfants. J'avais rencontré son aîné quand il était petit. Deux autres bébés avaient suivi qui, pour moi, ne représentaient que des avis de naissance.

Deux mois plus tard, j'ai débarqué de l'avion à Tampa, l'estomac noué par l'appréhension. En jetant un regard circulaire, j'ai constaté que ma sœur n'était pas à la porte de débarquement. J'ai vérifié auprès d'un agent de bord afin de m'assurer que le numéro de la porte n'avait pas été changé. Il m'assura que non. J'étais donc au bon endroit. Je me suis assise sur le bord d'une jardinière en ciment et j'ai attendu. *Avait-elle oublié? Avait-elle décidé de ne pas venir finalement?*

Soudain, un visage familier émergea du mur de gens qui se dirigeaient vers le carrousel à bagages. Ce visage était celui de ma sœur et, juste derrière elle, les petits yeux ronds d'un enfant qui regardait timidement autour. Son visage était exactement celui dont j'avais gardé le souvenir et, lorsqu'elle me vit, elle souria. Un sourire que j'avais rarement vu durant son enfance.

En la regardant approcher d'un pas rapide et anxieux, mon cœur se détendit de soulagement et de quelque chose d'autre que je n'arrive pas à nommer. Elle me dit qu'elle était désolée de son retard. Elle avait été coincée dans un embouteillage. Nous nous sommes étreintes maladroitement. Je voulais me précipiter dans ses bras, la serrer et crier que j'étais désolée de la façon dont ma mère l'avait traitée quand nous étions enfants. Mais quelque chose en moi m'a retenue, la peur de démontrer trop d'émotion.

Alors que nous attendions mes bagages au carrousel, j'ai pensé à tout ce qu'elle avait traversé dans sa vie et tout le chemin parcouru à ce jour. Le fait de prendre conscience que le simple acte de pardonner peut donner la force à une personne de mettre le passé de côté et de reconstruire sa vie a allumé quelque chose à l'intérieur de moi. Elle était nerveuse et je l'étais aussi. Puis, soudain, cela n'avait plus d'importance. L'important était que nous avions finalement renoué après tant d'années. Nous nous étions toutes deux aventurées sur cette branche fragile et nous nous y accrochions comme à la vie.

Chez elle, nous avons fait griller des crevettes et j'ai fait la connaissance de ses enfants. Nous avons parlé de nos parents comme s'ils étaient seulement des gens que nous connaissions tout simplement. Son mari, que j'avais rencontré une seule fois, m'a traitée comme un membre de la famille. Et c'est ce que nous avons été durant cette unique soirée, une vraie famille.

Nous avons été incapables de nous revoir depuis ce jour-là. Les responsabilités et les obligations dans des États différents s'occupent de contrecarrer nos projets. Mais le lien a été rétabli et il ne sera plus jamais rompu. Le lien entre sœurs a persévéré. C'est un lien plus fort que les dommages causés par l'alcoolisme de notre père et la rage de notre mère. C'est un lien qui a été établi et scellé lorsque, petites filles, nous étions étendues côte à côte dans notre lit, écoutant les disputes qui se déroulaient de l'autre côté de la porte de notre chambre, toutes deux priant secrètement pour que la nuit se termine. Je me souviens d'une fois où la lumière diffusée sous la porte de notre chambre se reflétait dans la fenêtre au-dessus de notre lit. Ma sœur avait déclaré que c'était le personnel de Dieu, et cela voulait dire qu'Il nous protégeait. Et nous protéger, Il l'a fait, mais avec plus de vision et de compassion qu'aucune de nous n'aurait pu être en mesure de comprendre à cette époque. Ce soir-là, alors que ma sœur marchait dans sa maison de Floride en préparant notre souper, je me suis assise et, pour la première fois, j'ai entendu le bruit de ses pas.

Kelly L. Stone

Tout est relatif

D'autres choses peuvent nous changer, mais nous commençons et terminons avec notre famille.

Anthony Brandt

Si quelqu'un me demandait ce que je ferais « si je devais recommencer ma vie », ma réponse serait celle-ci : « J'aimerais mes amis et mes parents à un point tel que, quoi qu'il arrive, ils m'aimeraient de la même façon en retour. » Pas de restrictions, pas de quiproquos. Pas d'angoisse existentielle, pas de rivalité entre frères et sœurs, aucune retenue prescrite. Et peut-être que maintenant, je ne serais pas à me demander ce qui entrave les relations entre les gens dont le lien à l'autre est si profond que rien ne devrait être en mesure de lui porter atteinte.

J'ai commencé à penser à cela en raison d'extraordinaires et douloureuses querelles qui semblent déchirer les liens entre des sœurs que je connais. Cette situation a-t-elle toujours été présente, me suis-je demandé, cette terrible et presque inévitable blessure de l'âme de l'une et de l'autre? Sommes-nous seulement en possession de cette douleur ou si quelque chose de plus fondamental a quitté nos vies relationnelles, faisant place aux récriminations acides qui semblent se glisser si facilement dans les crevasses de notre cœur? Beaucoup d'études ont été réalisées, ces derniers temps, sur la complexité de la dyade mère-fille, mais presque personne, semble-t-il, n'a exploré le délicat territoire des relations entre sœurs, ni leurs amitiés, d'ailleurs. Si elles n'ont pas été cartographiées, leurs topographies compliquées mérite davantage d'exploration.

Je suis devenue convaincue de cela quand, récemment, une amie m'a raconté, avec beaucoup de tristesse, la querelle qu'elle avait eue avec sa sœur juste avant son décès. Cette révélation fut suivie d'une conversation larmoyante avec une de mes cousines préférées dont la relation avec sa sœur bien-aimée était devenue si fragile qu'elle avait peur de ne jamais plus être en mesure de réparer les dommages. Quelque temps après, une autre cousine, et ensuite une autre, me racontèrent des histoires similaires. « Elle n'est pas là pour moi quand j'ai besoin d'elle », me dirent-elles. « Elle a fait ceci ou n'a pas fait cela. » « Elle ne me comprend tout simplement pas. » « Je l'aime tendrement, mais une conversation entre nous semble impossible. » « Elle ne sait pas d'où je viens. » « Il y a trop de compétitions entre nous. » Tout cela m'était très familier. Moi aussi j'avais souffert de la séparation d'une sœur très aimée et j'étais affligée depuis bien des années par la transformation de notre relation. C'est une expérience de perte que seuls ceux qui l'ont vécue peuvent comprendre.

À chaque fois, j'ai donné le même conseil. « Quels que soient vos différends, retrouvez le chemin vers ce qui vous lie. » Peu importe les moyens: des heures de discussions ensemble, des larmes, des cris, quoi que ce soit — sortez tout jusqu'à ce que vous puissiez entrer en contact avec l'amour, la loyauté, et la relation spéciale que vous avez déjà connue. Retrouvez votre sœur avant qu'il ne soit trop tard. Toutes ces femmes m'ont comprise, je pense, mais aucune d'elles n'a encore été capable d'agir.

Ce scénario, peut-être plus dramatique entre sœurs, ne se limite pas seulement à la famille. Des amitiés et d'autres relations significatives sont détruites chaque jour pour des problèmes tant banals que profonds. Une de mes amies — une amie de longue date sur ma courte liste de gens sur lesquels je peux compter — m'a dit récemment qu'une remarque de but en blanc de ma part l'avait tellement offensée qu'elle n'a pu accepter mon invitation à un souper annuel de fête. J'ai été stupéfaite. Même si j'avais été involontairement maladroite, était-ce une raison pour mettre pratiquement fin à tout contact? *Si je cessais de parler à tous les gens que j'aime et qui m'ont un jour offensée*, ai-je pensé, *la vie serait une aventure plutôt solitaire.*

À quel moment les relations sont-elles devenues si minables, si peu essentielles? Depuis quand renonçons-nous à tenter « d'arranger les choses »? Quand avons-nous commencé à empiler les relations importantes dans nos vies comme de la camelote, et cessé d'accumuler des réserves de pardon et de tolérance afin que les familles et les amitiés aillent bien?

Dernièrement, j'ai beaucoup parlé de cela avec mes cousines et mes amies. Chaque fois, une douleur familière s'enracine dans mon cœur et je me demande ce qui serait advenu si ma sœur était encore vivante. Aurions-nous crié, pleuré et parlé jusqu'à ce que nous puissions nous étreindre, jusqu'à ce que nous retrouvions le chemin de la solidarité féminine et la profondeur d'une relation entre sœurs?

Est-ce que ces filles, avec lesquelles je m'efforce sincèrement de tisser des liens familiaux, comprendront un jour pourquoi mon cœur se brise lorsqu'elles me tiennent à distance en raison du bagage qu'elles portent? Est-ce que mes cousines réclameront leurs propres sœurs avant qu'il ne soit trop tard?

Je le souhaite de tout mon cœur. Parce qu'elles sont les chanceuses. Elles peuvent tout recommencer. C'est une occasion trop bonne pour être refusée en ces temps d'amitiés fragiles, de parents au loin et de cœurs assoiffés d'amour souhaitant simplement maintenir un lien.

Elayne Clift

5

AH, MON FRÈRE !

Les frères et les sœurs sont aussi proches
que les mains et les pieds.

Proverbe vietnamien

L'intruse

Nous recevons souvent à la maison la visite de parents qui viennent de l'extérieur pour passer deux ou trois semaines avec nous. La plupart d'entre eux sont très gentils, mais c'est tout de même dérangeant d'avoir toutes ces personnes supplémentaires dans notre maison. Récemment, une autre personne est arrivée chez nous un soir. C'était une demoiselle. Elle est arrivée il y a environ trois mois et demi et elle est toujours avec nous. Nous sommes vraiment très dérangés par cette jeune fille dont les habitudes sont vraiment différentes des nôtres. Elle aime dormir durant la journée et, la nuit, elle nous tient réveillés pour qu'on la divertisse. Nous devons toujours la garder de bonne humeur parce qu'elle devient contrariée à la moindre irritation. Ses repas sont pris à des heures assez régulières, mais jamais en même temps que les nôtres, et cela constitue un gros problème. De plus, elle ne mange pas ce que nous mangeons. Elle a ses propres aliments spéciaux. Lorsqu'elle est de bonne humeur, elle a un sourire si large et si plaisant que nous ne pouvons nous empêcher de lui retourner son sourire, même si elle a complètement perturbé nos vies. En dépit de toutes ces choses, nous espérons qu'elle ne partira jamais, parce que nous aimons beaucoup notre petite sœur.

Joseph Brandes,
Douze ans,
Trois mois après la naissance
de sa petite sœur

Tomber amoureux de Molly

Un magnifique exemple de déni est l'histoire d'une petite fille à qui l'on venait d'annoncer qu'un bébé... sœur était en route. Elle écouta dans un silence méditatif, puis détacha son regard du ventre de sa mère pour la regarder dans les yeux et déclara: « Oui, mais qui sera la maman du nouveau bébé? »

Judith Viorst

Mon fils Joe a su, même avant moi, l'existence de Molly.

Il avait quatorze ans et venait juste d'entrer dans la salle de bain ouverte où je me tenais devant le lavabo. « Juste besoin de prendre mon gel pour les cheveux », me dit-il en étendant le bras vers l'étagère au-dessus de ma tête. Surprise par son arrivée, je me suis légèrement détournée de lui. Mais il était trop tard. Il avait déjà remarqué que je tenais quelque chose dans ma main.

« Qu'est-ce que c'est? » demanda-t-il.

Je n'ai pas répondu tout de suite. *Marmonne n'importe quoi*, me suis-je dit. *De toute façon, il n'écoute pas la moitié de ce que tu lui dis.* Mais il y avait quelque chose à propos de la profondeur de sa voix derrière moi, quelque chose à propos du fait que la question provenait d'un bon douze centimètres au-dessus de moi, qui m'a fait retourner et lui dire la vérité.

« C'est un test de grossesse », dis-je en regardant la petite languette blanche. « Je… Je ne crois pas vraiment que je… tu sais… c'est juste une possibilité… une vague possibilité… ton père m'a dit que je devrais essayer une de ces trousses… »

J'ai regardé Joe alors que ma voix s'estompait. Son visage est devenu livide. Il avait l'air si adulte après tout.

« Comment sais-tu si c'est… positif? demanda-t-il.

– Eh bien! répondis-je, en attrapant le livret d'instructions, il est écrit ici qu'une petite ligne rouge devrait apparaître. »

À ce moment-là, le téléphone sonna. J'attendais des nouvelles de mon mari, je ne voulais donc pas manquer son appel.

« Tiens ça pour une minute, lui dis-je, remettant la languette à Joe. Ne l'incline pas. Je reviens tout de suite. »

Ce n'était pas mon mari. « D'accord, dis-je, en retournant dans la salle de bain. Excuse-moi à propos de tout cela, Joe, le temps est écoulé de toute façon. Je vais simplement jeter tout ça dans… ». Je me suis arrêtée. La languette était dans le lavabo. Joe la regardait fixement. Il leva sa tête et la tourna lentement vers moi et me regarda droit dans les yeux.

« Il y a une ligne, dit-il. Une petite ligne rouge ». Ses yeux se rétrécirent. « Une grossière, dégoûtante petite... ligne… rouge. »

Puis, il passa à côté de moi, sortit de la salle de bain, descendit l'escalier et se retira par la porte du côté, et le plus souvent qu'il lui a été possible durant les neuf mois suivants, hors de nos vies.

Durant l'attente de la venue au monde de notre fille, Molly, je m'étais habituée à la gêne et l'animosité de mon fils aîné. Je m'étais habituée à bien des choses, et non la moindre que celle d'avoir un enfant imprévu à l'âge de trente-neuf ans, longtemps après que nous avons cru que notre famille de deux garçons était complète. Mon mari, à son éternel crédit, s'en réjouissait. Le plus jeune des garçons, Shea, âgé de onze ans, se plongeait dans les livres de bébés avec moi, suivant avec enthousiasme, semaine après semaine, les progrès du développement *in utero* de sa petite sœur. Durant tout ce temps, Joe me parlait rarement, sinon pour me dire: « Tu n'as pas besoin de venir à mon école », et « Molly est le nom du chien de Ron » — après un marathon pour trouver un nom au bébé.

Lorsque Molly vint finalement au monde — toute petite, tranquille et parfaite —, six bras familiaux étaient là pour la prendre. Mais ceux de Joe sont restés fermement croisés sur sa poitrine, et tout au fond de la chambre d'hôpital. Ce fut un effort de sortir de mon euphorie pour l'appeler, pour l'inviter dans notre cercle d'adoration. Il secouait sa tête en reculant davantage dans le couloir. Je pouvais le voir, se tenant là, les bras toujours croisés, regardant droit devant.

Joe s'arrangea pour être à la petite maison de campagne d'un ami quand Molly et moi sommes revenues de l'hôpital. Il était encore parti dix jours plus tard, lorsque j'emmenai notre fille pour son premier bilan de santé. Il arriva en même temps que moi à la maison, alors que les larmes coulaient le long de mes joues. « Le médecin croit qu'elle a peut-être un problème d'audition, dis-je en sanglotant. Elle est trop silencieuse, elle ne réagit pas comme elle le devrait. Nous devons lui faire passer des examens. »

Pendant que mon mari me calmait, minimisant l'importance de mes soucis, je remarquai que Joe s'était arrêté près du bébé, profondément endormie dans son siège d'auto. Il tendit les bras vers elle et la déplaça légèrement afin qu'elle ne soit pas incommodée par une bosse dans le coussin. « Elle va bien, me dit-il en la regardant. Il n'y a rien qui ne va pas chez elle. Elle est juste petite. »

Il nous regarda. Je cessai de pleurer. Je retins mon souffle. « Je vais faire du patin à roulettes, lança-t-il. Je rangerai mes affaires quand je reviendrai. »

Trois mois plus tard, à quatre heures du matin, alors que je marchais de long en large avec le pleurnicheur et inconsolable bébé dans mes bras (et par ailleurs en parfaite santé), je suis entrée en trébuchant dans la chambre de Joe et je l'ai réveillé en lui donnant de petits coups de coude. « Joe, peux-tu la prendre? Juste pour quelques minutes. Je n'arrive pas à la calmer, ton père est au travail et j'ai vraiment besoin d'une pause. »

Sans dire un mot, Joe a repoussé ses couvertures et il a pris sa petite sœur de mes bras. Il l'a couchée un court moment dans son lit pour resserrer sa couverture sur elle. Il l'a placée ensuite contre son épaule, a tapoté ses fesses, lui a parlé doucement, marchant lentement de long en large dans le couloir à l'extérieur de sa chambre. Ce n'était pas sa première nuit ni sa dernière avec Molly.

Dans les mois précédant la naissance de Molly, beaucoup de gens nous ont parlé des plaisirs d'un bébé qui arrive tard dans la vie. « Un petit-enfant que vous faites vous-mêmes », a dit un vieux monsieur. « Nous en avons eu un également et il a été la meilleure chose qui nous soit arrivée. » Un autre nous a dit: « Un enfant qui change une vie. » « Quelle bénédiction! » « Un dernier bébé », mentionna une tante. « Ils sont toujours les plus adorables. » Ces gens nous ont tous assurés que nous allions chérir ce détour inattendu dans notre vie.

Ils avaient raison. Mais ils n'ont pas mentionné les bonus. Ils ne nous ont pas parlé de la vision d'une poussette de bébé garée dangereusement à proximité d'un filet de basket-ball dans la cour arrière, et d'une petite fille de un an, les cheveux en broussaille, hurlant de plaisir alors que des adolescents dégingandés allaient et venaient devant elle. Ils n'ont pas parlé d'une petite fille joufflue, habillée dans un large pull-over de hockey, ramassant la rondelle qui glisse toujours directement dans son gant trop grand. Ils n'ont pas décrit une petite de deux ans, assise sur une pile de coussins, à la table de cuisine, « aidant » sérieusement à résoudre les formules mathématiques de quatrième secondaire de son frère. Ou l'enfant de quatre ans s'agrippant solidement aux jambes d'un finissant souriant, sur chacune des photos.

Personne n'avait prédit la première visite d'une famille dans une chambre d'une résidence universitaire, où seize dessins des deux mêmes bonhommes fil de fer sur le mur faisaient concurrence aux filles de calendrier toutes en jambes. Ils ne se sont pas représenté des bras nouvellement musclés soutenant une nageuse qui se démène, une patineuse aux jambes tremblantes, une skieuse à sa première fois. Ils ont échoué à tenir compte d'une petite face espiègle s'accrochant à la fenêtre d'une vieille voiture rouillée et bruyante, et aussi à me préparer à être évitée sur le quai par de petits bras tendus. Personne ne m'a certainement jamais prévenue que je forcerais mon cœur à rester intact la veille de Noël, lorsqu'une petite de sept ans, dont le frère est à l'autre bout du monde, me demanderait si elle pouvait troquer tous ses présents sous l'arbre contre « notre Joe à la porte ».

Personne ne m'a jamais parlé de la joie ressentie en voyant sa propre fille perchée sur les épaules de son frère devenu adulte, ses bras baissés et tendus vers lui, tandis que le beau visage souriant de ce garçon est levé vers son rire. Ces gens ne pouvaient pas me le dire, parce qu'ils ne pouvaient pas le décrire.

Liz Mayer

Changement de cœur

Il y a soixante ans, lorsque notre sœur cadette est née, mon petit frère avait six ans et moi j'en avais huit. J'avais toujours été la « grande sœur », et il avait toujours été « le bébé ».

L'arrivée de notre sœur a été une surprise totale pour nous deux. À cette époque, personne ne se préoccupait trop de la rivalité entre frères et sœurs, et aucun « expert » ne nous disait comment se comporter avec un autre enfant dans la maison. Cependant, nous avions de sages et affectueux grands-parents.

J'étais enchantée du nouveau bébé fille et j'aimais la tenir dans mes bras et aider à prendre soin d'elle. Par contre, les sentiments de mon frère étaient tout à fait différents. Il l'a regardée brièvement et il est parti, préférant passer la soirée dans sa chambre. Lorsque je me suis rendue dans sa chambre pour lui parler et l'amener jouer avec moi, il a tout simplement regardé ailleurs.

« Pourquoi sont-ils allés chercher ce vieux bébé? »

Plus tard, ce soir-là, grand-papa arriva à la maison pour voir le nouveau bébé. Alors qu'il la tenait, il dit à mon frère: « Elle est beaucoup comme ce petit agneau que je nourris à la bouteille. Je dois faire attention à elle et la nourrir souvent, exactement comme ta mère le fait pour le bébé. »

Mon frère a murmuré : « J'aimerais mieux avoir l'agneau », mais juste assez fort pour que grand-papa l'entende.

Même si grand-papa semblait très vieux à mes yeux (je figurais au moins cinquante ans), son ouïe était très bonne et il avait entendu le commentaire que mon frère venait de marmonner.

« Eh bien, dit grand-papa, si tu préfères un agneau, nous pourrions peut-être faire l'échange. Je vais te laisser une journée pour y penser, et si tu veux toujours faire l'échange demain, nous le ferons. »

Je pense que je l'ai vu faire un clin d'œil à maman, mais je savais que je faisais erreur, car grand-papa ne faisait jamais de clin d'œil à personne.

Après que grand-papa fut parti, maman demanda à mon frère s'il voulait qu'elle lui fasse la lecture. Il se blottit contre elle et maman lui fit la lecture pendant un bon moment.

Il ne cessait de regarder le bébé, et maman lui demanda de tenir sa petite sœur pendant qu'elle allait chercher une couche. Lorsqu'elle revint, mon frère touchait gentiment les doux cheveux noirs du bébé et, alors qu'il tenait sa main, elle l'agrippa à son doigt.

« Regarde, maman ! Elle tient ma main !

– Elle doit certainement savoir que tu es son grand frère », lui répondit maman en souriant. Il a tenu le bébé encore quelques minutes et, à l'heure du coucher, il semblait plus heureux. Grand-papa est revenu le lendemain soir comme promis et demanda à parler à mon frère.

« Eh bien! Es-tu prêt à échanger le bébé contre un agneau? »

Mon frère regarda son grand-père, surpris qu'il se soit souvenu du marché.

« Elle vaut deux agneaux maintenant. »

Grand-papa sembla étonné de cette rupture de contrat. Il lui mentionna qu'il devait y réfléchir et qu'il reviendrait le lendemain soir pour en parler.

Le jour suivant était un samedi, et mon frère et moi avons passé la plus grande partie de la journée à l'intérieur de la maison, à regarder le bébé prendre son bain, à l'observer dormir et à la prendre dans nos bras. Ce jour-là, mon frère la prit trois fois plus souvent. Il semblait inquiet quand son grand-père revint nous voir durant la soirée et demanda à lui parler.

« Tu sais, j'ai pensé toute la journée à cet échange bébé-agneau, et tu as vraiment conduit une affaire difficile. Cependant, j'ai décidé que le bébé valait bien deux agneaux. Je pense que nous pouvons faire des affaires. »

Mon frère hésita très brièvement avant de répondre à grand-papa. « Elle a un jour complet de plus maintenant, et je pense qu'elle vaut au moins cinq agneaux. »

Grand-papa eut l'air abasourdi et il secoua lentement sa tête.

« Je ne sais pas. Je vais retourner à la maison et faire une sérieuse réflexion à ce sujet. Peut-être que je vais même devoir en parler à mon banquier. »

Grand-papa partit peu après, et mon frère sembla soucieux. J'essayai de l'amener à jouer avec moi, mais il se retira dans la chambre de maman et prit le bébé un long moment dans ses bras.

Le jour suivant, un dimanche, grand-papa vint nous visiter très tôt dans l'après-midi. Il mentionna à mon frère que, s'il devait rassembler cinq agneaux et avoir une chambre prête pour le bébé, il devait commencer très tôt.

Mon frère prit une grande respiration, regarda grand-papa droit dans les yeux et fit son annonce: « Le bébé vaut maintenant cinquante agneaux. »

Grand-papa le regarda, incrédule, et secoua sa tête.

« Je suis désolé de te dire que l'affaire est annulée. Je n'ai pas les moyens de payer cinquante agneaux pour un petit bébé. Je suppose que tu devras le garder et aider tes parents à le soigner. »

Mon frère se retourna et partit avec un petit sourire qu'il ignorait que j'avais vu et, cette fois-ci, j'ai vraiment vu grand-papa faire un clin d'œil à maman.

Muriel J. Bussman
Tel que paru dans
Bouillon de poulet pour l'âme
des Aînés

Où est ma petite sœur?

Bobby, âgé de dix ans, avait pour tâche d'écrire une composition de quelques mots seulement sur deux des plus grands problèmes de la vie. Il a écrit: « sœurs jumelles ».

Auteur inconnu

Nous avons attendu pendant des mois et avec impatience la nouvelle petite sœur. Même si nous n'étions pas certains qu'il s'agissait d'une petite fille, dans nos cœurs il ne subsistait aucun doute. Mon mari, Roy, nos garçons, les jumeaux Brad et Chad, ainsi que moi-même avons préparé une chambre rose remplie de poupées et de dentelles. Puisque les garçons avaient atteint l'âge mature de quatre ans, ils étaient en mesure de nous aider considérablement. Nous avons fait de sa nouvelle arrivée une histoire de famille, remplie de fantaisies à propos d'un petit ange précieux qui allait couronner notre foyer.

Le jour arriva finalement. Mon mari me conduisit d'urgence à l'hôpital, alors que mes beaux-parents préparèrent les garçons à rencontrer leur petite sœur, le nouveau membre de notre famille. Le travail se déroula rapidement et, avant même de le réaliser, mon mari et moi étions dans la salle d'accouchement.

Dans un cri perçant, Becky vint au monde. Elle était aussi belle que nous l'avions imaginée. Après avoir été nettoyée, l'infirmière la déposa dans mes bras. Ses pleurs se transformèrent en de doux gazouillis alors que ses petits yeux rencontraient les miens. Pendant qu'il l'accueillait en ce monde, des larmes se mirent à couler sur les joues de mon mari.

« Va chercher les garçons, lui criai-je. Ils font également partie de cet événement. » Mon mari sortit précipitamment de la salle d'accouchement pendant que l'infirmière nous poussait, Becky et moi, dans le corridor. Peu de temps après, les portes de la salle d'attente s'ouvrirent. Roy revint avec un jumeau dans chaque bras. Je regardai la photo parfaite de mes trois hommes arborant chacun un large sourire.

« Brad et Chad, voici Becky », annonça fièrement Roy pendant que l'infirmière observait la scène. « Bonjour, Becky », lança Brad en s'avançant vers sa petite sœur.

Je remarquai Chad alors qu'il commença à essuyer ses larmes en regardant partout autour. « Qu'est-ce qui ne va pas, Chad? » demandai-je.

Avec sa petite lèvre tremblante, il demanda: « Où est ma petite sœur?

– Becky est aussi ta sœur, Chad », répliquai-je.

– Becky est la sœur de Brad. Candy était supposée être la mienne, dit Chad à l'infirmière. Nous voulions tous les deux une sœur. »

Après quelques minutes à tenter de le consoler, mes beaux-parents ramenèrent les garçons à la maison. En partant, Chad continua de regarder autour pour trouver son bébé manquant.

Pendant plusieurs jours, leurs prières, à l'heure du coucher, se terminaient ainsi: « Jésus, merci pour notre petite sœur. S'il te plaît, donne-nous une autre petite sœur. »

Becky était un bébé à coliques et passait presque chaque nuit à crier à pleins poumons. Après trois mois de nuits mouvementées, j'entendis les garçons réciter une prière légèrement modifiée. À l'unisson, ils disaient: « Jésus, merci pour notre petite sœur, mais nous n'avons pas besoin d'une autre sœur. »

Nancy B. Gibbs

Précieuse à mes yeux

Je rêve d'accomplir des tâches grandes et nobles, mais mon devoir premier est d'accomplir de petites tâches comme si elles étaient grandes et nobles.

Helen Keller

À l'âge de seize ans, ma sœur, Cynthia, a commencé à travailler comme bénévole, pour l'été, dans un petit hôpital local. J'arrêtais parfois à l'hôpital et je rentrais à la maison à pied avec elle après ses quelques heures de service.

Un jour, j'arrivai plus tôt que d'habitude à l'hôpital. J'errai ici et là jusqu'à ce que je la trouve enfin dans la chambre d'un patient. Alors que je me tenais dans l'embrasure de la porte restée ouverte, je la vis, assise sur une chaise près du lit d'un jeune garçon hospitalisé, regardant vers une fenêtre du rez-de-chaussée.

Le jeune garçon, âgé d'environ sept ans, était allongé sur le dos, d'épais bandages couvrant ses deux yeux. J'entendais ma sœur décrire ce qu'elle voyait par la fenêtre. « Le ciel est d'un bleu limpide, David. Juste sous la fenêtre, il y a un petit jardin où poussent des grappes de minuscules fleurs jaunes, roses et rouges ainsi que des arbustes dont les feuilles vertes ont une très jolie forme. »

Le garçon était silencieux. Les expressions de son visage changeaient et démontraient son intérêt pendant que ma sœur continuait de lui illustrer la scène extérieure. C'était comme s'il pouvait voir lui-même le monde à travers les yeux de ma sœur.

Soudain, Cynthia se leva et s'approcha de la fenêtre pour avoir une meilleure vue. Elle sourit et dit avec excitation: « Un petit chien terrier tacheté brun et blanc vient juste de sauter dans le jardin. Il renifle un peu autour avec son petit museau couleur réglisse. »

De mon point de vue, dans l'embrasure de la porte, je ne pouvais pas voir le chien; j'ai donc fermé mes yeux pendant que Cynthia décrivait la scène. En l'écoutant, je pouvais tout imaginer sans peine.

Pendant qu'elle continuait sa description, ses mots prenaient vie dans mon esprit. « Maintenant, le petit chien court en tournant en rond et il s'arrête à chaque buisson pour creuser des trous. Il a tellement de plaisir, David. »

Quand j'entendis le petit garçon rire aux éclats, j'ai ouvert mes yeux une seule fois pour voir l'expression sur son visage. Il souriait jusqu'aux oreilles, son visage illuminé de joie sous les bandages. Je souris également. Fermant les yeux de nouveau, je poursuivis mon écoute.

« Oh! oh! lança Cynthia, on dirait que la fête est terminée. Un des membres du personnel vient juste de sortir et il a chassé notre petit ami. Il s'est enfui avec une fleur jaune entre ses dents bien fermées. »

Le petit voleur tacheté ayant battu en retraite, je sus que ma sœur terminait son observation. J'ai alors ouvert mes yeux et j'ai jeté un dernier regard sur le joyeux garçon avant de me retirer silencieusement, les laissant seuls encore une fois.

Quand je me suis joint à ce jeune garçon qui voyait le monde à travers les yeux de ma sœur, je me suis retrouvé à voir dans son cœur à elle.

J'attendis patiemment Cynthia au poste des infirmières. Elle arriva peu de temps après, heureuse comme toujours. Quand je lui demandai comment sa journée s'était déroulée, elle me donna sa réponse habituelle *Bien*, tout en gardant son sourire. Je lui retournai son sourire alors que nous commencions notre marche vers la maison.

Je n'ai rien dit à ma sœur sur ce dont j'avais été témoin, mais elle m'a fait découvrir qu'il y avait beaucoup plus à son sujet que je ne l'avais d'abord réalisé — elle était plus précieuse à mes yeux. Je sais qu'avec tous les petits gestes de gentillesse qu'elle a posés cet été-là en tant que bénévole, l'hôpital a trouvé une des meilleures médecines pour ses patients.

Robert C. Fuentes

Ce n'est pas ce que tu penses

Il y a quelque chose de particulier chez les adolescents : ils adorent être ensemble. Robert et notre fils Calvin ont été les meilleurs amis tout au long du secondaire, il semblait donc fort naturel que Robert devienne un membre de notre famille. Un couple d'Allemands aisés de notre petite ville de Delburne, en Alberta, l'ont adopté lorsqu'il était enfant, mais Robert ne voulait pas être « aisé ». Il voulait de tout son cœur être un mécanicien. Il se sentait plus confortable dans une combinaison de travail couverte de graisse qu'il ne pourrait jamais l'être dans un costume trois pièces.

Sa mère ne considérait pas cette vocation compatible avec son statut, et cela causait beaucoup de frictions dans la famille. Calvin nous aborda avec l'idée de prendre Robert dans notre maison. Après avoir parlé à ses parents et obtenu leur consentement, c'est exactement ce qui arriva. Robert était un gentil jeune homme avec un esprit espiègle, plein d'astuces et de vie, tout comme notre propre fils. En d'autres mots, il n'y avait jamais de moments d'ennui dans notre maison.

Les autres membres de ce groupe de jeunes commencèrent à se tenir chez nous, habituellement le dimanche après la messe, alors que mon mari, John, le pasteur et moi étions encore à l'église. Et, comme il arrive habituellement avec les adolescents, ils ont commencé à se grouper par paires. Robert avait déjà une petite amie, Debbie, une ravissante jeune fille qui étudiait au Bible College dans une autre province. Lorsqu'il a commencé à porter attention à Cindy, une nouvelle venue dans le groupe, nous sommes devenus un peu inquiets. Nous avons rappelé à Robert que sa petite amie, Debbie, avait confiance en sa fidélité. Mais, à la plus grande consternation de tous, Robert continuait de passer de plus en plus de temps avec Cindy. Dans une petite communauté comme la nôtre, il est assez difficile de cacher un secret de ce genre.

Calvin détestait voir son meilleur ami devenir un tricheur. Un soir, il décida d'aller parler à Robert dans sa chambre et lui dit: « Ou bien tu arrêtes de voir Cindy ou bien je téléphone à Debbie! Comment peux-tu la blesser ainsi? Il est certain qu'elle va le découvrir! »

Robert ne répondit pas et haussa ses épaules. Pendant ce temps, je pris Cindy à part dans notre chambre et lui mentionnai plus ou moins la même chose. Elle me serra dans ses bras et pleura: « Oh! mais vous ne comprenez pas! Ce n'est pas ce que vous pensez. Robert est comme le frère que je n'ai jamais eu. Nous avons tellement de points en commun que nous devons constamment nous parler l'un et l'autre. J'aimerais bien que vous puissiez voir cette situation selon notre perspective. »

Puis, vint le jour tant redouté. Robert prit un congé de son travail et Cindy sécha l'école pour la journée. Ils se rendirent à Calgary, un trajet de quatre heures en voiture. Nous étions tous déçus et sentions que nous avions manqué à notre devoir.

Pendant la soirée, ils arrivèrent enfin à la maison. Robert sauta de son camion, courut vers l'autre portière et, lorsque Cindy sortit du véhicule, il la serra dans ses bras. Les deux étaient radieux et marchaient main dans la main en se dirigeant vers la maison. En les regardant s'approcher par la fenêtre de la salle à dîner, nos cœurs se serrèrent. *Nous y voilà*, avons-nous pensé.

Au moins, vous auriez pu être plus discrets, me suis-je dit. Mais je n'ai pas parlé. Robert s'exprima en premier. « Maman et papa (c'est ainsi qu'il nous appela juste après son arrivée à la maison), pouvons-nous rassembler toute la famille? Nous avons des nouvelles très importantes à partager avec vous. » Nos cœurs se serrèrent de nouveau. Lorsque Calvin et nos deux filles furent dans la pièce, Robert prit la parole.

« Comme vous le savez, nous nous sommes beaucoup vus, Cindy et moi, ces derniers temps, et nous savons que vous n'approuviez pas. Mais honnêtement, nous devions le faire. »

Nous étions assis, silencieux, attendant de voir quel genre d'excuse viendrait par la suite. Il poursuivit: « Plus nous nous rencontrions, plus nous découvrions que nous avions beaucoup de choses en commun. Cindy semblait vraiment me saisir à tous les niveaux. Nous avons découvert que nous étions tous les deux d'origine russe, que nous aimions les mêmes aliments et que nous détestions les mêmes choses. Et plus nous parlions, plus tout cela devenait évident pour nous. Alors, aujourd'hui, nous sommes allés au palais de justice provincial à Calgary. »

Nous avion le souffle coupé: « Oh non! Vous n'êtes pas allés vous marier? »

Cindy prit alors la parole: « Pendant des heures, nous avons cherché dans de vieux registres jusqu'à ce que nous trouvions enfin le certificat de naissance de Robert. » Puis, avec un large sourire sur son visage, elle annonça: « Robert est mon frère! »

Un silence stupéfait succéda à ses paroles.

« Pendant toutes ces années, je savais que j'avais un frère plus âgé que moi qui avait été donné en adoption à sa naissance. Mais je ne pensais jamais le retrouver un jour. Et voilà que, pendant tout ce temps, il demeurait à moins de cinquante kilomètres de moi. Nous avons eu des soupçons lorsque nous avons découvert que nous étions tous les deux russes et, peu à peu, les pièces du puzzle se sont mises en place. Mais nous ne voulions pas le dire à personne avant d'avoir des preuves et d'en être bien certains. »

Nous avons tous eu le souffle coupé en entendant cette histoire — d'abord d'incrédulité — puis d'une grande joie! De nombreuses étreintes et des larmes ont suivi cette nouvelle! Nous nous sommes tous excusés l'un et l'autre pour notre attitude critique et nos jugements, pour ensuite nous réjouir de nouveau. C'était tellement incroyable. Ce n'est qu'aux petites heures du matin que nous sommes enfin allés nous coucher. Aucun d'entre nous n'a beaucoup dormi cette nuit-là.

Au cours des années subséquentes, Robert est devenu un mécanicien journalier — réalisant ainsi sa propre vision pour sa vie. Ah oui ! Malgré tout, lui et Debbie se sont mariés — avec sa sœur, Cindy, pas très loin pour attraper le bouquet !

Greta Zwaan

Nous nous faisons des amis et des ennemis, mais nos sœurs viennent avec le territoire.

Evelyn Loeb

6

SŒURS DE CŒUR

Il semble que nous nous soyons simplement liées
Dès le début,
Destinées à être naturellement
Des sœurs de cœur.

Et même si n'avons pas les mêmes parents
Comme de vraies sœurs,
Il y a une branche spéciale pour toi
Qui croît dans mon arbre généalogique.

Une affinité ayant fait ses preuves
Dans laquelle Dieu joue un rôle
À travers les conversations et les rires,
    les chagrins et les rêves
Des sœurs de cœur.

Darla Perkins

Rappel amical

Je refuse de penser à eux comme à des poils sur le menton. Je pense à eux comme à des sourcils égarés.

Janette Barber

Les amitiés sont indispensables pour les femmes. Sans leurs amies, les femmes devraient aller toutes seules aux toilettes pour dames. Et qui nous offrirait une honnête appréciation si un ensemble nous donne, oui ou non, de larges hanches?

J'ai fait un Pacte Moustache avec mes amies proches. Si l'une d'entre nous sombre dans le coma, les autres seront forcées par notre pacte à venir épiler à la cire la moustache de l'amie comateuse. Nous, les femmes, adorons partager ces moments spéciaux.

Dernièrement, j'ai partagé un autre moment spécial avec des amies. Plusieurs d'entre nous se dépêchaient de se rendre à une fête surprise de bébé. Nous nous dépêchions parce que c'est difficile de surprendre l'invitée d'honneur lorsqu'elle arrive avant les invitées.

Nous avons mis nos ressources en commun afin d'acheter « la meilleure poussette d'entre toutes les poussettes ». Il s'agissait d'une poussette repliable qui promènerait le bébé, le transporterait, le bercerait — peut-être même le changerait — je n'en suis pas certaine. Il me semble avoir entendu quelqu'un dire qu'elle tranche, coupe en dés et fait des juliennes. C'était la *Méga-Super-poussette*! J'ai dit aux autres femmes de se précipiter dans la maison pendant que je sortais Super-poussette du coffre de la voiture. Je l'ai placée résolument en position ouverte et j'ai couru vers la maison. Malheureusement, au milieu de l'allée, Super-Poussette réalisa que je ne l'avais pas complètement bloquée au bon endroit (emphase sur la fonction précédemment mentionnée de repliable), et elle se referma pratiquement en mode d'entreposage.

Je n'ai probablement pas besoin de vous donner un cours scientifique sur la « force d'impulsion », mais laissez-moi vous mentionner que j'en avais beaucoup qui travaillait pour moi. Le fait que Super-poussette se referma brusquement ne voulait pas dire grand-chose à mon petit corps sprinteur, lequel décolla aussitôt.

Je vous prie d'imaginer un triple axel au-dessus de la poussette avec un atterrissage sur un seul point, avec pirouette arrière. Je l'ai terminé par une pose ravissante, étendue de tout mon long sur le dos, regardant le ciel pour plus d'effet. Je lui ai donné un 6.9.

Heureusement, mes merveilleuses amies se sont empressées vers moi pour s'assurer que je ne m'étais pas blessée. Évidemment, elles ne pouvaient pas vraiment me « demander » si j'allais bien puisqu'elles riaient tellement qu'elles étaient sur le point d'endommager certains organes internes de leur corps ! L'une d'entre elles a été incapable de rester avec nous plus longtemps. Elle a effectué une course rapide vers la maison. Vous savez ce qui peut arriver à une femme qui rit trop…

Une autre chose que nous aimons partager : le rire. Ceci est donc un petit rappel. S'il y a belle lurette que vous n'avez pas pris du temps pour vos amies, prenez-le et partagez un rire avec une sœur. Les deux sont un cadeau de Dieu. Nous avons besoin l'une de l'autre — il y a certains sujets que seules les femmes peuvent comprendre. Deux de ceux-là sont « mauve » et « taupe ». Un autre sujet est, bien sûr, les autres femmes.

Appelez votre copine spéciale aujourd'hui. Pendant que vous serez en liaison téléphonique, vous pourriez aussi vous occuper de cette histoire de pacte-coma-moustache.

Rhonda Rhea

Relation longue distance avec ma sœur

Une vraie sœur est une amie
qui écoute avec son cœur.

Anonyme

Vickie arriva au bon moment.

Mon mari était revenu à notre maison du Colorado pour recoller les morceaux de notre vie, pour reprendre le travail et s'occuper de notre plus jeune fils. Je pouvais maintenant continuer ma veillée au chevet de mon fils de vingt-trois ans qui reposait dans le coma, dépérissant dans une unité de traumatologie de Los Angeles.

J'étais toute seule, seule avec Kyle.

Les offres d'aide affluaient par téléphone, lettres et courriels. Des amis qui se souciaient et une famille aimante. Mais il n'y avait qu'une seule personne que je voulais, une seule personne dont j'avais besoin : mon amie Vickie.

Mon profond désir d'obtenir son soutien durant cette expérience l'emporta sur ma réticence à m'imposer auprès d'elle. Plus important encore, il transcendait ma terreur d'affronter son choc et ses émotions en voyant Kyle dans son état végétatif. Je l'ai aimée de tout cœur pour son sacrifice et son empressement à venir me rejoindre.

Oh ! je comprenais ses peurs silencieuses : originaire d'une petite ville du Kansas, elle était une voyageuse encore moins éclairée que moi. Ce périple en Californie représentait son premier vol — seule. Il exigeait de plus une escale compliquée et un changement d'avion à Dallas. Et elle serait accueillie par un étranger à l'aéroport de Los Angeles.

Pour moi, Vickie annulerait les cours de piano de ses étudiants. Pour moi, elle reporterait ses engagements à l'église et dans la communauté. Pour moi, elle mettrait de côté son mari et ses cinq enfants.

Pour moi.

Pour moi et Kyle.

Et j'étais trop égoïste pour la détourner de ce projet. J'avais trop besoin d'elle.

Notre belle amitié de vingt-quatre ans était cimentée par une histoire de certitudes, de confidences et d'aveux combinés. Nous étions séparées par des frontières d'États. Nos emplois du temps surchargés nous ont séparées encore davantage. Des années animées avec des bébés nous ont également isolées. Mais nous n'avons jamais laissé tout cela interférer entre nous. Nous avons plutôt nourri notre relation longue distance, chérissant nos appels téléphoniques tard le soir, nous organisant des visites certains week-ends et nous envoyant sporadiquement des lettres.

Vickie me dit un jour en riant : « Que serait-il arrivé si nous avions été voisines immédiates durant toutes ces années ? Avec les querelles des petits, les aboiements des chiens et les compétitions d'athlètes, nous ne serions peut-être jamais restées des amies. »

Mais nous en doutions toutes les deux.

Un lien très profond entre sœurs nous unit; un amour et un respect mutuel nous relient. Irrévocablement.

Vickie était le genre d'amies qui ne remarquait pas la poussière sur la table, mais qui remarquait plutôt les marguerites dans un vase. J'aspirais tant à sa vision, à son enthousiasme et à son optimisme.

Vickie serait utile et pleine d'espoir.

J'avais besoin des deux.

C'était seulement à elle que je pouvais exposer Kyle dans sa fragilité. En fait, c'était important pour moi que mon amie — qui l'avait connu et aimé depuis sa naissance — partage cette étape et le voie dans cet état. Ensuite, advienne que pourra, elle saurait alors tout le chemin qu'il a parcouru.

Dans les heures les plus sombres de la nuit, les pensées et les peurs m'ont envahie. Après tout, nous avions affaire à des lésions cérébrales traumatiques, à des poumons affaissés, à une pneumonie et à des os brisés. Des images de l'avenir m'atterraient.

Que se passera-t-il si…?

Que se passera-t-il si…?

Que se passera-t-il si…?

Je ne pouvais même pas expliquer mes soucis ni ce que j'imaginais de peur qu'ils se réalisent. Quelle juvénile et superstitieuse pensée ! Je le savais, mais je ne pouvais m'empêcher de le croire.

Oui, j'avais besoin de quelqu'un sur qui je pouvais compter, quelqu'un avec qui partager ma charge, quelqu'un qui comprendrait mes peurs de mère. J'avais besoin d'une femme amie.

J'avais besoin de Vickie.

Soudain, j'ai ressenti une profonde affinité avec une pionnière, au sujet de laquelle j'avais déjà lu, qui se retrouva à la fin de son périple dans les Grandes Plaines — enceinte, la mort dans l'âme et isolée. Seule.

Mon plaidoyer rejoignit le sien quand elle écrivit en pleurant dans son journal : « Je ne veux pas un médecin. Je veux une femme. »

Carol McAdoo Rehme

À chaque tournant

J'étais une enfant unique, avide de frères et de sœurs. Je dois avouer que j'éprouvais de l'envie envers mes cousines. Elles avaient des sœurs et, de ce fait, des camarades de jeux. Moi, je n'en avais pas. Je ne cessais de demander une petite sœur à mes parents. Même un petit frère ferait l'affaire. Mais ils ne m'écoutaient pas. OK. J'allais donc trouver moi-même ma propre sœur. Je pouvais faire cela.

Ma première sœur a été une compagne de jeu imaginaire. Punky m'a encouragée à laisser libre cours à mes fantaisies. Nous avons erré dans les champs et grimpé les peupliers de Virginie feuillus le long des canaux d'irrigation. Tard le soir, nous tenions des réunions et parlions à voix basse sur les événements de la journée. Punky m'encourageait à résister au contrôle parental et à partager mes aventures strictement avec elle. Nous n'avons jamais parlé des chatons que nous avons sauvés dans le fond de la remise. Mon père n'a jamais compris pourquoi les moutons me fuyaient quand j'entrais dans l'enclos. *Qui aurait pu croire que les moutons se souviendraient de la personne qui les pourchassait?* Ni moi ni Punky n'avons jamais répondu aux questions de ma mère qui se demandait pourquoi il y avait un soudain déclin dans la production des œufs. C'était tellement amusant de regarder les poules battre des ailes de peur en quittant leur nid. Punky et moi étions inséparables. Mais un jour, l'autobus scolaire jaune s'arrêta pour moi, et Punky fut laissée derrière.

À l'école, j'ai appris à me suspendre aux barres parallèles du module de jeux et à me balancer au-dessus du sol rocailleux. Quand je suis tombée de ces barres, Suzie me nettoya et me conduisit à l'infirmerie pour me faire soigner. À partir de ce moment-là, nous avons été inséparables. Nous avons combattu des cow-boys maraudeurs qui enfourchaient leurs chevaux de bâton et galopaient vers nous. Serrant fortement *Dick et Jane* sur notre maigre poitrine, nous avons eu mal pour un chaton aussi joli que Puff et un chien aussi vif et plein d'entrain que Spot. Nous avons mangé nos premiers tacos et observé des écrevisses pondre des œufs et se reproduire dans l'aquarium de la classe. La vie était riche.

À l'école secondaire, mon cercle de sœurs s'est agrandi. Les samedis après-midi, mes amies sœurs et moi allions magasiner à la boutique Joplin, caressant les mohairs pastel, tout en nous assurant que les plis de nos jupes en laine étaient bien lissés. Nous partagions librement autant les rouges à lèvres que les informations secrètes à propos de la nouvelle coqueluche du jour. Nous avons passé des heures à rire de nos cheveux et à nous consoler les unes et les autres lorsque les boutons d'acné menaçaient notre vie sociale. Un retour secret à la maison dans une voiture sport rouge Chevy 57 fut plus tard disséqué moment par moment, avec la précision d'un arrêt sur image. Nous avons été voir ensemble les films du samedi soir, mais nous nous sommes séparées dans la noirceur pour rencontrer des garçons qui ont enflammé nos cœurs. Nos relations fleurissaient et nous éclosions, comme dans un jardin de couleurs, avec notre robe de taffetas solennelle et notre petit bouquet de fleurs au poignet. Nous célébrions le grand amour et nous pleurions ensemble quand cet amour prenait fin. À travers tout cela, notre cercle d'amitié féminine a survécu, un petit peu écorché mais indemne.

Mes sœurs de l'université provenaient de différentes régions et m'offraient un aperçu d'autres vies. Nous avons partagé les frissons de nous dérober aux engelures alors que nous portions des minijupes et tentions de nous frayer un chemin sur les trottoirs glacés avec nos bottes en cuir repoussé à talons hauts. Nous avons eu des fous rires incontrôlables alors que nous avons lancé des slips lors de la toute dernière razzia à vie de petites culottes dans nos chambres, et que j'ai reçu de la purée de pommes de terre au cours d'une bataille de nourriture à la cafétéria. Dans un bled, nous avons goûté à de la bière servie à partir d'un tonneau de trente litres et avons été inquiètes de ne pouvoir revenir à nos dortoirs avant que les portes ne soient fermées pour la nuit. Les professeurs faisaient l'éloge de Kant et d'Aristote. Nous nous demandions pourquoi nous devions nous intéresser à ces anciens philosophes alors que Bob Dylan chantait ses messages. Des bougies distribuées dans notre cercle de femmes annoncèrent l'accueil de l'amour sous la forme d'un pendentif, d'une épingle ou de l'ultime cadeau : une bague de fiançailles. Puis, ce fut la remise des diplômes et nous sommes retournées chacune à notre propre monde.

J'ai été bénie par des sœurs adultes qui m'ont conseillée et qui ont partagé mes durs labeurs en tant qu'épouse, mère et enseignante. Nous nous sommes soutenues durant les accouchements, l'allaitement, les divorces et les changements de carrière. Alors que nos enfants jouaient dans la lumière d'une journée de printemps, nous buvions un jus de fruit énergisant et nous éclations de rire. Durant nos voyages de camping, nous avons partagé les corvées de biscuits, nous avons débarbouillé nos enfants avec de l'eau de source froide de la montagne, alors que nos époux sirotaient cette même eau, sauf que la leur était brassée dans les montagnes Rocheuses. Nous avons fait cuire des biscuits de Noël et nous les avons troqués. Quand nos parents âgés nous ont rendus orphelins, dérangeant l'ordre de notre monde, les larmes et les étreintes nous ont réconfortées comme aucun mot n'aurait pu le faire. Lorsque nos enfants ont passé avec succès de l'adolescence à l'âge adulte, nous avons poussé les soupirs de soulagement que nous avions retenus. Nous avons aussi partagé des conseils sur la façon d'accueillir dans notre famille les belles-filles et beaux-fils sans nous les aliéner ou nous aliéner nous-mêmes. Nous avons été à l'écoute des histoires à propos de patrons récalcitrants et de succès professionnels.

À chaque tournant, j'ai trouvé mes sœurs. Elles ont passé dans ma vie, me renouvelant et m'enrichissant par leur présence. Et j'ai très hâte de rencontrer la suivante. Je pense qu'elle vient tout juste d'emménager dans la maison voisine. Je me demande si elle aime grimper aux arbres.

Lee Schafer Atonna

Week-end entre filles

Les femmes dociles font rarement l'histoire.
Laurel Thatcher Ulrich

Nous avions appelé cela: batifoler comme des poulettes! Au début, cela voulait dire passer un bon moment avec une ou deux copines à vivre des « affaires de filles ». Une salade au poulet suivie d'un dessert au Salon de thé chez George Watts. Jeter un œil au rayon de la verrerie en cristal et de la vaisselle de porcelaine d'une exquise finesse à un prix exorbitant, en choisissant notre salle de réception pour le moment où la pantoufle de vair nous irait. Et au diable le reste, nous achèterons nos propres objets avec l'argent gagné de nos passe-temps créatifs: nous serions peintres, scientifiques, écrivaines ou enseignantes. Nous n'aurions à consulter personne et à faire aucun compromis; seulement la liberté de choisir, se laisser aller à nos caprices et changer d'idée.

Douze années se sont écoulées, et les poulettes ont une rencontre, si l'on peut dire. Cette fois-ci, nous étions six des sœurs par le sang, par alliance ou par amitié. Nous nous sommes réunies au chalet, *sans* conjoints et *sans* enfants, afin d'y passer un vrai week-end de filles. Le premier soir, nous veillons passé minuit afin de rattraper le passé. Notre réunion est arrosée de margaritas et, comme seules des femmes libres savent le faire, nous rions jusqu'à en avoir mal aux côtes.

Le samedi matin, nous sommes trois à pousser la chaloupe loin du quai, vers la rive est, sur le miroir immobile d'un lac encore endormi à l'aube, là où vivent les riches. Des maisons de style antique nouveau en bois rond dominent les pelouses émeraude dévalant la pente jusqu'à des quais en forme de L, où l'on peut admirer les motomarines amarrées près des catamarans et d'occasionnels hydravions. Nous sirotons notre café dans des tasses thermos en prenant bien soin de ne pas heurter avec nos rames, par mégarde, les parois de la vieille chaloupe en aluminium.

« Qui peut bien nettoyer ces immenses fenêtres qui vont du plancher au plafond? » nous demandons-nous. « Probablement les mêmes personnes qui nettoient et raclent le sable chaque soir, qui affalent les voiles, qui astiquent les coquillages bordant le sentier de petites pierres montant jusqu'à la terrasse à trois niveaux et qui rafraîchissent chaque jour le pot-pourri à l'odeur brise de mer dans la salle de bain des invités. » Nous pouffons de rire dans les manches de nos chandails de jogging en essayant de nous contrôler les unes les autres.

« Arrêtons, les filles! Il ne faut pas réveiller les cossus! Ce n'est pas encore l'heure du brunch ou du Bloody Mary! » Mais voilà: il est trop tard! La silhouette d'un patriarche apparaît en ouvrant une porte-fenêtre. Il nous jette un regard mauvais. « Tiens! Son pyjama est assorti », lance l'une d'entre nous. « Oui, mais ça ne l'empêche pas de se gratter », rétorque une autre. Nos rires résonnent dans le silence matinal. Nous le saluons en levant nos tasses : « Bonne journée à vous, monsieur ! »

De retour au chalet, nous planifions notre journée. D'abord, une marche rapide vers la marina du village, deux kilomètres dans chaque sens, suivie d'une dégustation de bagels et de jus, sous la véranda. Jusqu'au dîner, nous prévoyons une baignade en nageant jusqu'au radeau et parfaire notre bronzage. Puis, deux d'entre nous prendront les vélos en empruntant les pistes de campagne et joueront au tennis pendant que les trois autres iront fureter dans les magasins. Madame Solitude, quant à elle, réserva le hamac pour une séance de lecture ininterrompue. « *Madame* Solitude pour vous », s'empressa-t-elle de préciser. Nous avons finalement convenu de nous retrouver dans un restaurant italien pour le souper, et de revenir au chalet contempler ensemble la voûte étoilée en sirotant un chardonnay.

Devant nos assiettes de linguine et notre pain à l'ail, nous avons partagé notre journée.

« *Nous* avons vu deux faucons et cinq chevreuils, mais nous étions si géniales au tennis que nous n'avons même pas compté les points, racontèrent les sportives.

– *Nous* avons visité sept boutiques et trois magasins de bric-à-brac. Et *elle* a complété ses emplettes des fêtes.

Les autres ont grommelé.

– *Moi*, j'ai lu un bouquin du Club du livre d'Oprah. D'un couvert à l'autre. J'étais étendue sur la chaise longue au bout du quai. Et alors…

Elle fit une pause dramatique.

– Et alors ?

Nous avons toutes figé, les fourchettes soudain restées suspendues dans les airs.

– J'ai enlevé mon chemisier.

Les fourchettes tombèrent dans nos plats de linguine pendant que nous poussions en chœur un cri de stupéfaction.

– Et ce ponton du quatrième chalet à gauche a fait son apparition.

– Non !

Nous avions le souffle coupé par la surprise.

– Trèèèèès lentement, ajouta-t-elle en pesant bien sur les mots.

– Oh !

Nous étions assoiffées de détails.

– Il était bondé d'étudiants, continua-t-elle.

– Pas croyable ! Nous étions médusées. Qu'as-tu fait ?

– Eh bien ! J'ai… *souri*, continua-t-elle en souriant. Mais quoi les filles ? Je portais des lunettes de soleil ! »

Elle se mérita un toast sous un tonnerre d'applaudissements.

Plus tard, sous un ciel d'ébène, nos yeux s'ajustent lentement à la lumière des étoiles. Seule subsiste une paix profonde accompagnée du chant subtil de la brise tardive. Ici et là, quelques chauves-souris passent d'un arbre à l'autre dans la forêt tout près et elles ne nous dérangent même pas.

La conversation glisse doucement sur les thèmes habituels: nos anciens amoureux, les meilleures chansons pour danser un « slow », les prouesses les plus romantiques de nos partenaires de vie. Beaucoup de confidences sur nos pratiques sexuelles se transforment rapidement en rigolades alors que nous prêtons serment d'en garder le secret le plus strict. Puis, un silence paisible se répand sur nous comme un duvet réconfortant.

« Regardez, lance la plus âgée d'entre nous. À trente degrés nord-ouest. Ce sont les Pléiades.

– Raconte-nous l'histoire, chuchote la plus jeune.

– C'est à propos de sept sœurs et la fin du monde. Vous savez, le genre de truc mythique grec et peut-être même une légende indienne. Je vais relire sur le sujet en revenant à la maison.

– C'est notre histoire! dit une autre.

– Moins une, évidemment », rétorque l'une d'entre nous.

Nos regards se croisent un instant dans le silence de la nuit. Nous restons silencieuses durant un long moment.

« Allez ! Au lit ! » chantonne une des mères. Personne n'implore pour un cinq minutes de plus.

Après nous être emmitouflées sous nos douillettes, nous éteignons les lumières.

« Bonne nuit, John-Boy, Bonne nuit, Marie-Hélène. Dors bien, grand-mère. Bonne nuit, Lune. »

Nous nous endormons en gloussant.

À notre dernière matinée ensemble, nous balayons les planchers, faisons les lits, portons les ordures dans la camionnette et, nous donnant le bras, nous adressons nos adieux au lac, jusqu'à la prochaine fois.

Oui : batifoler comme des poulettes. Juste quelques poulettes ayant pris congé du nid pour un temps et ne recherchant rien d'extraordinaire. Et, contre toute attente, elles l'ont trouvé. Extraordinaire.

Chris Miota

7

SOUVENIRS SPÉCIAUX

Nous n'avons pas d'héritage dans notre famille. Mais nous avons des histoires.

Rose Chernin

Nos robes de sœurs

Comment les gens peuvent-ils traverser la vie sans la présence d'une sœur?

Sara Corpening

Lorsque ma mère est décédée, papa a décidé de se départir de la maison d'été. « Venez et prenez tout ce que vous voulez, les filles », nous a-t-il dit — nous nous sommes donc exécutées.

J'ai choisi l'imposant secrétaire où maman s'assoyait si souvent pour écrire des lettres près de la fenêtre ensoleillée. Beth a choisi une peinture représentant la maison d'été et, puisque maman partageait le même amour de l'équitation avec Ellen, celle-ci a opté pour une statue de chevaux. Nous avons ensuite vidé les tiroirs remplis de lettres, de diapositives et de photos décolorées — la mémoire collective de la famille — dans une douzaine de boîtes et nous en avons choisi chacune quatre.

Plus tard, je me suis assise sur la plus haute marche de ma véranda et j'ai ouvert la boîte sur laquelle était inscrit le mot « ALBUMS ». S'y trouvaient des photos de mon père, resplendissant dans son uniforme de la Marine, et une de ma mère appuyée contre leur première voiture. L'histoire de notre famille s'étalait sur chaque page: notre première maison, les voitures toujours plus grosses. Sur la dernière page se trouvait une photo de nous dans nos « robes de sœurs » assorties.

Je pouvais presque sentir les manchettes empesées et entendre le bruissement des crinolines, lesquelles étaient nécessaires pour maintenir les jupes amples et joliment placées. Je me suis souvenue du plaisir de maman en dénichant ces tenues dans le magasin pour enfants du village. Une des robes était à ma grandeur et une autre, à celle d'Ellen, mais aucune grandeur quatre pour Beth. Nous étions si excitées lorsque la commerçante nous annonça qu'elle commanderait une robe pour Beth qui arriverait à temps pour Pâques.

Lorsque la grosse boîte arriva au début d'avril, nous nous sommes rassemblées autour de maman qui sortait une à une les robes. Elles étaient faites de plusieurs voiles d'organdi blanc avec des pois bleus floqués. Les jupes et les cols étaient parés de petites boucles bleues. « Afin de se marier à la couleur de vos yeux », précisa maman. Maman nous donna la permission de les essayer juste une fois afin que nous puissions faire un « défilé de mode » pour papa ce soir-là. Alors que nous tournoyions, vêtues de nos plus beaux atours, dans la salle à manger, papa a applaudi à tout rompre. Nous avons saisi avec délicatesse nos jupes froissées et avons exécuté notre plus belle révérence.

En regardant une des photos prise ce dimanche de Pâques, je pouvais me rappeler la chaleur du pâle soleil printanier sur notre visage. Nous avons dû résister à porter nos manteaux pour nous rendre à l'église. Ils auraient sûrement écrasé nos robes — et de plus, comment les gens auraient-ils pu constater à quel point nos toilettes s'harmonisaient magnifiquement?

Le moment venu, j'ai passé ma robe à Ellen, qui passa la sienne à Beth. Ces créations suisses à pois ne furent que le début d'un long défilé de tenues de sœurs assorties. Je me souviens de l'année des robes tachetées de bleus et celle où nous avions toutes des jaunes. Même notre père a voulu participer lors de son retour d'un voyage d'affaires en Arizona en rapportant des robes mexicaines pour chacune de ses filles — incluant maman.

Ces magnifiques robes blanches, avec des rangées de rubans aux couleurs étincelantes bordant les larges collets et ourlets, avaient des jupes coupées en un cercle complet. Notre père a fait jouer le *Boléro* de Ravel sur le tourne-disque et nous avons tournoyé follement dans le salon, nos jupes enrubannées voletant comme des papillons. À la fin, nous nous sommes effondrées l'une sur l'autre en riant. Assis dans son fauteuil, papa nous a fait son fameux sourire qui disait: « Voilà bien mes filles. »

Je me souviens si clairement de ces premières robes de sœurs que je suis surprise de ne pas me rappeler les dernières que nous avons reçues. Peut-être que maman savait que le temps était désormais révolu pour ce genre de tenues. Je crois qu'elle a vu, avec les années, à quel point nous étions devenues différentes et elle cessa tout simplement de nous acheter des robes assorties.

Lorsque nous sommes devenues des adultes, nos vies se sont engagées sur des voies très différentes.

Perplexe, ma mère secouait la tête et demandait à notre père : « Comment avons-nous pu avoir des filles si différentes ? » Il se contentait de sourire.

Nous savions que ce premier Noël sans maman serait doux-amer. Aussi loin que je me souvienne, papa lui a toujours offert une magnifique robe de nuit à Noël — longue et soyeuse avec beaucoup de dentelle. Certes, l'arbre scintillait, mais la grosse boîte de la part de « Bonne nuit » n'était pas sous le sapin. Et même si nous affichions des sourires pour que nos enfants soient heureux, la petite touche magique que maman ajoutait toujours à cette fête manquait.

Soudain, Ellen sortit de derrière le sapin trois boîtes blanches identiques. Sur les couvercles était écrit de la main large de papa : « De la part du gnome de la nuit ». Nous avons ouvert notre cadeau et découvert trois chemises de nuit rouges identiques en flanelle.

Poussant des cris de joie, nous les avons sorties du papier de soie et avons couru pour les enfiler. Lorsque nous sommes revenues dans le salon pour montrer nos chemises de nuit de sœurs, papa a mis le *Boléro* de Ravel sur la stéréo. Nous avons aussitôt joint nos mains et exécuté une danse impromptue. Alors que la musique s'amplifiait, nous avons tournoyé toujours de plus en plus vite, ignorant les yeux écarquillés d'incrédulité de nos maris et les bouches béantes de nos enfants.

Je souris à la pensée de l'image que nous projetions : trois femmes adultes vêtues chacune d'une chemise de nuit rouge en flanelle, tournoyant follement parmi un amoncellement de boîtes vides et de papiers d'emballage. Lorsque la musique s'est arrêtée dans un fracas de cymbales, nous nous sommes écrasées l'une sur l'autre en riant.

Nos maris secouaient la tête, étonnés. Les jeunes enfants ont presque tourné de l'œil tant ils étaient gênés, alors que les plus vieux se tenaient les côtes en riant. Papa nous a offert son fameux sourire qui disait: « Voilà bien mes filles. »

Faith Andrews Bedford

Symbiose

Tout ce que nous avions besoin de dire, nous l'avons dit avec nos mains et nos yeux. Nous, les joueuses, les gardiennes de la rancune, les cœurs esseulés, ne savons rien, sinon ce qui passe entre nous dans un moment qui est, finalement, patient et sage. Des sœurs.

Carol Edgarian

Âgée de neuf ans, Samantha Brock, assise nerveusement dans l'autobus scolaire, regardait par la fenêtre de l'autobus, cherchant désespérément sa sœur cadette, Mitzi. La plupart des élèves de cette route de transport avaient déjà pris place dans l'autobus, mais aucune trace de la petite sœur de Samantha. Sa préoccupation croissante se transforma bientôt en inquiétude lorsque le dernier jeune monta dans l'autobus.

Mitzi avait seulement six ans, et Samantha était très protectrice envers elle. Dans des moments comme celui-ci, cependant, il lui fallait beaucoup de détermination pour demeurer concentrée et ignorer les pensées persistantes concernant sa petite sœur, sans doute dans le pétrin. Elle devait sans cesse se rappeler que Mitzi était seulement une enfant et que, par conséquent, la seule responsabilité qui lui incombait était de rester vigilante afin de garder sa sœur cadette hors de danger.

Un peu plus tôt cette journée-là, une caravane du même jaune vif que les autobus scolaires avait parcouru la route de l'école Harding Middle vers l'école primaire Watson où Samantha était assise anxieusement dans l'autobus numéro 8. L'autobus régulier des deux sœurs, affichant le numéro 16, était en panne et un autobus de remplacement avait été envoyé à Harding. Samantha l'aurait sûrement manqué aussi, mais son intuition lui indiqua de suivre quelques filles plus âgées qui étaient dans le même autobus que le sien. Samantha savait à quel point il était important d'être toujours consciente de son environnement.

Elle savait aussi que paniquer ne l'aiderait pas à trouver sa sœur, alors elle laissa le dernier petit garçon s'asseoir sur son siège avant d'avancer calmement mais rapidement dans l'allée étroite entre les sièges verts. Alors qu'elle arrivait près de la chauffeuse d'autobus, mademoiselle Cochran, celle-ci tirait le levier pour fermer la porte de l'autobus. Samantha lui demanda de ne pas partir, lui expliquant que sa petite sœur n'était pas encore montée dans l'autobus.

Voyant que la jeune fille était presque en larmes, la chauffeuse lui parla lentement et paisiblement, souriant avec bonté comme une grand-mère. Samantha écouta attentivement, ses yeux fixant le visage ridé de mademoiselle Cochran. Elle savait à quel point les adultes aiment qu'on les regarde directement dans les yeux lorsqu'ils parlent.

Toutefois, mademoiselle Cochran suggéra que Mitzi soit retournée à la maison avec sa mère. « N'avons-nous pas tous fait ça un jour, ma chérie ? »

Samantha écouta patiemment, sans interruption, même si elle savait que sa mère n'était pas venue chercher Mitzi aujourd'hui ; elle le savait tout simplement. Elle était convaincue que Mitzi avait raté l'autobus, car « le numéro 16 n'était pas indiqué ». Maintenant que son tour était venu de parler, elle mentionna que sa mère ne ramènerait pas seulement l'une d'elles à la maison et qu'elle ne le ferait certainement pas sans avertir l'autre au préalable. Elle supplia donc mademoiselle Cochran de lui permettre d'aller à la recherche de Mitzi.

La chauffeuse jeta un coup d'œil sur les enfants impatients qui sautaient sur leur siège en lui criant de « rouler ». Puis, elle revint au petit visage solitaire dont les yeux la suppliaient sagement de lui venir en aide. Puisque le cœur de mademoiselle Cochran n'était pas fait de pierre, elle accepta sa demande tout en l'avertissant de se dépêcher.

Les autres autobus quittaient les lieux pendant que Samantha dévalait les marches et sortait du sien. Faisant une pause, elle se tourna et remercia mademoiselle Cochran, et, en un éclair, elle se retrouva à l'intérieur des murs de l'école. L'écho de ses pas résonnait sombrement alors qu'elle marchait dans le corridor désert, s'arrêtant suffisamment longtemps devant chaque porte de classe pour vérifier la présence de Mitzi. En arrivant au bout du corridor,

Samantha entendit la voix de sa sœur. Alors, elle se précipita vers la dernière porte.

La petite Mitzi était assise sur la chaise à côté du bureau de son professeur, affaissée et perdue. Entre ses accès de larmes, Mitzi essayait d'expliquer qu'elle avait tenté de trouver son autobus, mais en vain. Soudain, elle cessa de parler et se retourna. Lorsque Mitzi vit Samantha, elle courut vers sa grande sœur et la serra très fort. Le petit corps de Mitzi tremblait pendant qu'elle sanglotait de joie.

Samantha retint un soupir de soulagement. Elle prit la main de sa sœur et la conduisit à l'extérieur. Mitzi essuya ses joues, et Samantha combattit le flot de larmes dans ses yeux qui menaçait de couler le long de ses joues.

Lorsque les deux filles sortirent de l'école, les enfants de l'autobus numéro 8 explosèrent de colère, criant à leur adresse des sarcasmes puérils et les ridiculisant pour avoir retardé leur période de jeu à la maison. Alors que Mitzi baissait la tête, Samantha resserra sa poigne sur la main délicate de sa sœur tout en lui disant bravement: « Tout va bien, Mitzi, je suis là à tes côtés. »

En levant les yeux vers la porte ouverte de l'autobus, Samantha vit mademoiselle Cochran sourire chaudement. Tenant toujours la main de sa sœur, Samantha grimpa une à une les marches et fit une pause devant l'allée. Elle regarda avec défi chacun des visages devant elle jusqu'à ce que la dernière voix se taise. Mitzi leva la tête, suivit sa sœur et s'assit à ses côtés jusqu'au moment de descendre en toute sécurité devant leur maison.

Pour Samantha, cet épisode semblait s'être passé hier, alors que quinze années s'étaient écoulées. Aujourd'hui, une fois de plus, elle marchait vers Mitzi pour la réconforter. Dans les minutes qui allaient suivre, Mitzi descendrait l'allée pour devenir une épouse et elle était incapable de retenir le flot d'émotions qui la submergeait. Elle se répandit en pleurs et se jeta sur un fauteuil. En voyant sa sœur affalée et sangloter de manière incontrôlable, Samantha réalisa à quel point Mitzi semblait fragile. Pas étonnant que le souvenir de cette journée d'enfance remonte soudain à la surface.

Samantha prit sa sœur par la main et la mena devant un long miroir. Alors que toutes les deux regardaient l'image radieuse de Mitzi dans le reflet de la glace, celle-ci essuya ses joues.

Leurs yeux se rencontrèrent dans le miroir et, ensemble, elles éclatèrent de rire. Des larmes se mirent de nouveau à couler. Lorsqu'elles s'enlacèrent, leurs larmes se mêlèrent à leurs rires et, pendant un moment, elles s'attardèrent dans la douceur de leur étreinte.

Mitzi renifla, eut un petit rire nerveux et chuchota à l'oreille de Samantha : « Cela me rappelle une journée, dont tu ne te souviens probablement pas, lorsque tu m'as retrouvée dans l'école, quand j'étais perdue et que j'allais rater l'autobus. Tu es revenue à l'école pour prendre ma main et… » Mitzi fondit de nouveau en larmes.

Samantha ne jugea pas nécessaire de retenir les larmes qui lui montaient aux yeux et descendaient le long de ses joues. Elle resserra son étreinte autour du corps délicat de sa sœur et, de sa voix la plus aimante, lui dit : « Tout va bien, Mitzi, je suis là à tes côtés. »

Ricky Keen

Un souvenir d'enfance

Pourquoi vivons-nous, sinon pour alléger la vie des uns et des autres?

George Eliot (Mary Ann Evans)

C'était en novembre 1957 et j'étais en première année. Chaque matin, maman me laissait choisir la robe que j'allais porter pour l'école et elle s'assurait que j'étais propre et soignée avant que je quitte la maison. J'aimais l'école et je me sentais tellement une personne grande et fière lorsque je mettais ma main dans celle de ma sœur Myra. Elle avait onze ans et était en sixième année. Myra et moi fréquentions la même école; sa classe était au quatrième étage et la mienne, au deuxième. Chaque matin, nous quittions la maison ensemble, main dans la main et, en chemin, Myra me parlait de tout: de ses amis, de l'école hébraïque, de la nouvelle luge que papa allait nous acheter, des nuages… de tout.

Par exemple, Myra me parlait de la fête-surprise que maman organisait pour papa afin de le féliciter de sa nouvelle promotion. « Nous serons au Jardin botanique dimanche et je ferai semblant d'avoir oublié quelque chose pour pouvoir retourner à la maison. Maintenant, que crois-tu que je devrais oublier? »

Avant même de m'en rendre compte, nous avions déjà marché les six longs pâtés de maisons et nous étions dans la cour arrière où Myra me disait toujours au revoir, là où tous les écoliers de première année se mettaient en ligne et attendaient leur moniteur, habituellement quelqu'un de la cinquième ou de la sixième année, pour les conduire dans leurs classes respectives. Denise, notre monitrice, nous rassembla et, comme d'habitude, nous fit monter les escaliers.

Un matin bien particulier, madame Cohen, mon professeur, dut sortir pour un moment. Elle demanda à Denise de prendre la responsabilité de notre classe et lui donna l'instruction d'appeler chacune des rangées pour que les élèves aillent accrocher leurs manteaux et leurs chapeaux.

Je me suis mise à penser à mes professeurs et à me dire combien elles étaient jolies. *Mon professeur de maternelle, madame Rubinstein était belle. J'aimais comment elle portait avec désinvolture ses cheveux noirs et brillants. Son maquillage était toujours parfait. Madame Cohen est jolie et bien plus jeune que madame Rubinstein. Elle a l'air beaucoup plus moderne. Si je suis belle quand je serai grande, peut-être que je serai également un professeur.*

J'entendis Denise dire: « Rangée un, allez accrocher vos manteaux. » Je me levai et, avec soin, je plaçai la boucle de mon manteau autour du gros crochet en métal, et je retournai m'asseoir tout en continuant de penser aux emplois qu'ont les belles femmes. *Hôtesse de l'air, vedettes de cinéma*...

Lorsque j'entendis Denise dire: « Rangée six, allez accrocher vos manteaux », je réalisai que mon chapeau était encore sur ma tête. Je le retirai rapidement et marchai vers la penderie pour le mettre dans la manche de mon manteau. Denise me regarda et cria : « Benita, les élèves de la rangée six sont en train de suspendre leur manteau. Es-tu dans la sixième rangée ? »

Très penaude, je répondis : « Non, mais j'ai oublié d'accrocher mon chapeau.

– J'ai oublié d'accrocher mon chapeau, mima Denise. Dans quelle rangée es-tu assise ?

– La rangée un, mais j'ai oublié d'accrocher mon chapeau.

– J'ai déjà appelé la rangée un, cria Denise d'une voix perçante. Puisque tu n'as pas accroché ton chapeau lorsque ta rangée a été appelée, tu devras le porter toute la matinée. Maintenant, remets ton chapeau et assieds-toi. »

Tout le monde me regardait et mon visage a commencé à chauffer. Je me suis rassise, j'ai mis mon chapeau et mordu ma lèvre inférieure jusqu'au sang. Je pensai : *Lorsque madame Cohen reviendra, elle me permettra d'enlever mon chapeau et d'aller l'accrocher. Alors Denise se sentira stupide.* C'est à ce moment-là que madame Cohen est entrée dans la classe. Denise marcha vers elle et chuchota quelque chose à son oreille. Je savais que c'était à mon sujet, car les deux me regardaient.

Madame Cohen ne me demanda pas de retirer mon chapeau ; en fait, elle n'a absolument rien dit, et je suis restée là, assise dans la première rangée, avec mon chapeau sur la tête tout l'avant-midi.

Lorsque Myra vint me chercher pour retourner à la maison pour le dîner, elle jeta un coup d'œil à mon visage livide et à mon expression triste et me demanda: « Que t'est-il arrivé, Beni? » Je lui ai raconté mon histoire en sanglotant et en reniflant. Elle m'a dit: « Tu dois te sentir très mal. Mais tu sais, elles avaient tort toutes les deux. Tu dois le dire à maman. »

Mais je n'ai pas pu.

J'ai essayé de manger mon repas, mais la nourriture pouvait à peine descendre. Alors, j'ai commencé à m'inventer des douleurs à l'estomac. Je me suis étendue sur le canapé et me suis donné le plus gros mal d'estomac qu'un étudiant de première année puisse avoir. Je ne pouvais pas retourner à l'école, ni ne pouvais dire à maman pourquoi. Elle a mis sa main sur mon front: « Tu n'as pas de fièvre, mais tu pourras rester à la maison cet après-midi. »

Le lendemain matin, je lui ai dit que mon ventre était toujours douloureux, mais maman ne voulait pas que je reste de nouveau à la maison à moins d'aller chez le médecin. Alors, nous sommes allées voir le médecin. Après l'examen du Dr Skodnick, maman m'a demandé d'aller m'asseoir dans la salle d'attente afin qu'elle puisse parler des résultats avec le docteur. Pendant tout ce temps, je pensais à mille et une façons de rester à la maison pour ne pas aller à l'école.

Nous sommes revenues à la maison vers midi environ. Je me demandais pourquoi Myra n'était pas à la maison pour le dîner lorsque maman déclara:

« Benita, le médecin n’a rien trouvé. Quelque chose a dû se produire à l’école pour te rendre malade. Dis-moi ce qui s’est passé. »

Mais je n’ai pas pu.

Le lendemain matin, maman annonça qu’elle venait à l’école avec moi et Myra. J’ai mis la plus enfantine de mes robes — de couleur vert menthe et avec une collerette Baby Jane. Maman n’a pas dit un mot, même si elle connaissait mon dégoût pour cette robe. Elle s’assura seulement que j’étais propre et soignée.

La marche vers l’école fut solennelle et silencieuse. À notre arrivée, ma mère et Myra ont marché avec moi vers le rang de première année. Puis, je les ai vues monter les marches de l’entrée principale et entrer dans l’établissement. Mon cœur battait si fort que tout le monde pouvait sûrement entendre le tambour en moi.

Denise vint nous chercher comme d’habitude et nous dirigea vers notre classe. Nous étions dans la classe depuis à peine deux minutes lorsque monsieur Rosen, le directeur, apparut à la porte avec maman et Myra. Monsieur Rosen demanda à madame Cohen et à Denise de sortir de la classe. Ce fut la dernière fois que je vis Denise.

Le matin suivant, Myra a pris ma main et nous avons marché jusqu’à l’école.

« Où étais-tu hier à l’heure du dîner? lui demandai-je.

– J’ai eu une conversation avec madame Gayrod et ensuite j’avais quelque chose de particulier à faire », me répondit-elle. Madame Gayrod était le professeur de Myra. Parfois, lorsque maman n’était pas à la maison, Myra m’emmenait dans la salle de madame Gayrod et nous mangions avec elle. Elle n’était pas aussi jolie que madame Cohen ou madame Rubinstein, mais elle était certainement gentille et compréhensive.

« J’ai une surprise pour toi », ajouta Myra. Elle m’entraîna dans la cour d’école et lâcha ma main. Cette fois-ci, elle ne m’a pas dit au revoir. Elle s’est placée devant la file des élèves de première année et a annoncé : « Je suis Myra, votre nouvelle monitrice. Maintenant, les garçons et les filles, mettez-vous bien en ligne calmement. » Elle marcha vers moi et me dit : « Je ne laisserai plus rien d’autre t’arriver, Beni. Rappelle-toi seulement que je suis dans la classe 402. » Puis, elle nous conduisit dans les escaliers.

Benita Glickman

Se rendre à Rome

Avoir une sœur, c'est comme avoir une meilleure amie dont vous ne pouvez vous débarrasser. Peu importe ce que vous faites, elle sera toujours là.

Amy Li

Cet été-là, j'ai quitté la maison en me donnant pour mission personnelle de découvrir qui j'étais réellement. Mon amoureux venait de rompre après six années de fréquentation et j'étais déterminée à prouver au monde entier que je n'avais pas besoin de lui ni de quiconque pour me rendre heureuse. Avec aplomb et munie d'un sac à dos, de ma passe de train pour l'Europe et d'un journal personnel, j'ai débuté ma quête solo.

Cependant, deux semaines seulement après le début de mon voyage, mon appel désespéré à la maison révéla les pleurs de la femme nécessiteuse et dépendante que j'essayais désespérément de ne pas être. Je me sens encore humiliée à la pensée de cet appel aux membres de ma famille, une rare démonstration de faiblesse et de vulnérabilité. Entre des sanglots puissants et dramatiques, je leur ai avoué mon immense sentiment de solitude, mon manque d'argent et mon mal du pays. Alors, ils ont envoyé du renfort — qui a pris la forme de ma sœur, Tawna, de deux ans ma cadette.

Je suis allée la chercher à l'aéroport d'Amsterdam. J'étais ridiculement reconnaissante pour sa présence au point de la laisser décider de notre prochaine destination. Elle voulait aller en Italie et s'y rendre rapidement. J'ai accepté son choix en me disant de considérer ce trajet de dix-neuf heures en train comme une chance de réclamer mon identité de « Sœur Aînée Responsable ».

Quand nous avons embarqué dans le train, Tawna tentait toujours de s'habituer à se diriger avec son lourd sac à dos. Déjà une adepte du transport de ma charge, j'avais envie de rentrer sous terre en regardant son sac à dos prendre des libertés avec la tête des gens pendant que nous avancions dans les allées étroites. Elle était inconsciente du chaos qu'elle laissait sur son sillage alors que, moi, je recevais tous les regards de désapprobation.

Nous avons été chanceuses de trouver un wagon vide de six sièges. Trois de chaque côté se faisant face. Nous avons placé nos sacs à dos dans le compartiment au-dessus de nos têtes et avons ri à notre merveilleuse chance d'avoir trouvé ce refuge si privé pour notre voyage. Assises sur nos sièges respectifs, complètement relaxées, nous avons étendu nos pieds pendant que le train quittait la gare d'Amsterdam. À peine quelques arrêts et une demi-heure de route, nous avions déjà de la compagnie.

Heureusement pour nous, il s'agissait d'un bel italien. Son nom était Archangelo. Je ne pouvais m'empêcher de le regarder. Il était magnifique — cheveux bruns ondulés, de grands yeux verts, un teint olivâtre et un sourire qui aurait pu faire fondre mon mascara. Mais je n'en portais pas, ayant abandonné ma fierté et mon maquillage quelques pays auparavant durant mon voyage. Je n'avais vraiment aucune raison d'entretenir l'idée qu'il puisse être mon guide personnel lorsque nous serions en Italie. Mes cheveux étaient attachés en queue de cheval, mon jean Levis n'avait pas été lavé depuis des jours et j'avais même la chance d'avoir de nouveaux boutons. Et ainsi, malgré le fait que, depuis mon départ, j'avais parlé à des étrangers seulement lorsque j'étais désespérément perdue, j'ai poussé le sans-gêne jusqu'à utiliser cet homme pour pratiquer mon italien.

J'ai sorti « le livre » — mon guide de confiance de l'Europe que ma sœur en est venue à détester — et j'ai essayé de prononcer les phrases en italien qui, d'après le livre, étaient nécessaires en Italie. Tawna a plissé les yeux, manifestant sa désapprobation évidente à chaque phrase que je soumettais au bellâtre. Elle avait une bonne chance de conquérir Archangelo puisqu'elle était jolie avec son maquillage qu'elle portait encore. Quant à moi, il était clair maintenant que je ruinais ma chance avec mon besoin prématuré de tenir une conversation italienne.

Il a d'abord semblé embarrassé — était-il censé *répondre* aux questions que je lui lançais? — mais éventuellement il se détendit et me laissa faire mon truc. Ma sœur haussa les épaules avec un air d'excuse à son intention, comme si elle voulait créer une alliance avec lui contre cette femme « stupide » avec laquelle elle se retrouvait prise à voyager. Elle a peut-être même tourné son doigt autour de son oreille à quelques reprises en me pointant ensuite, si empressée de lui prouver que j'étais un spécimen étrange.

Peut-être était-ce trop pour lui ou peut-être était-il arrivé à destination, mais après quelques heures seulement de voyage, notre Archangelo, notre ange magnifique, a quitté le train, en Allemagne, je crois. Un homme hollandais multilingue au crâne chauve luisant et ayant un grand besoin de désodorisant prit sa place. Je commençais tranquillement à perdre mes inhibitions de langage et il n'éprouva aucun problème à me faire pratiquer mon italien, m'offrant même des réponses humoristiques tout en jetant des regards lubriques à la poitrine de ma sœur. J'ai finalement commencé à m'ennuyer avec mes leçons d'Italie et je me suis rabattue sur un livre tout en gardant un œil vigilant sur l'homme hollandais qui, lui, gardait un œil attentif sur ma sœur.

Puis, j'ai accueilli avec joie l'arrivée d'un couple d'Allemands dans notre wagon. J'ai vite appris à regretter leur présence lorsque je me suis retrouvée prise en sandwich entre ma sœur et la femme allemande. La cuisse gauche de la *fraulein* [mademoiselle ou dame] refusait de rester sur son propre siège, me forçant ainsi à lire les bras complètement étendus devant moi. Ma sœur et moi retenions nos fous rires, nous nous amusions en nous donnant des coups de coude, mais assez tôt, nous avons eu la bougeotte et nous nous sommes ennuyées.

Tawna regarda par la fenêtre le paysage qui baignait dans l'obscurité de la nuit comme si elle espérait que quelque chose, n'importe quoi de divertissant, jaillisse de la noirceur. J'essayais de lire, mais l'air moisi et l'odeur de renfermé dans notre cabine devait diminuer ma concentration; j'ai lu le même paragraphe à plusieurs reprises. Un à un, le Hollandais et le vieux couple d'Allemands se sont endormis. Je ne pouvais en supporter davantage. Je murmurai à ma sœur que j'allais tenter de trouver un endroit pour écrire dans mon journal. Je me suis faufilée entre les corps et les valises, et j'ai pris la fuite.

J'ai avancé sans but dans les allées du train jusqu'à ce que j'arrive à la voiture-restaurant. Là, j'ai été accueillie par un groupe de personnes qui, en parlant un espagnol incompréhensible et en gesticulant, insistèrent pour que je me joigne à eux pour une consommation. J'ai rangé mon journal et tenté de rassembler le peu d'espagnol qui me revenait de mes précédents voyages au Mexique. Ces touristes venaient de l'Équateur et, des heures plus tard, nous étions déjà devenus des amis. J'entretenais ce que le vin m'avait fait croire être de longues et intelligentes conversations en espagnol. Je me suis dit qu'avoir été élevée en Californie me donnait sûrement un avantage.

Lorsque Tawna me trouva, trois heures plus tard, j'avais un nouveau groupe d'amis internationaux, je riais et je parlais ma propre langue. Malgré mes tentatives de l'intégrer à notre plaisir, elle demeura dans un coin, ennuyée. Je réalisai soudain qu'après avoir traversé des kilomètres pour venir amoindrir ma solitude, je la récompensais en l'abandonnant dans un wagon rempli d'étrangers. J'ai dit adieu à mes nouveaux amis et je suis retournée dans le wagon bondé et puant.

Dans notre compartiment, Tawna trouva enfin un paysage magnifique à regarder par la fenêtre. Je me suis rapprochée et lui ai pris la main. Le soleil se levait doucement alors que nous traversions les Alpes suisses. Nous étions assises en silence et nous regardions, à chaque tournant, les pics enneigés que le soleil teintait de rose, les cascades, les lacs et les ruisseaux.

Nous avons vécu beaucoup d'aventures durant ces trois semaines en Europe. Et ma sœur, sans pitié, ne manque pas une seule occasion de raconter le moment où je l'ai abandonnée, moi la sans-cœur, durant notre voyage en train jusqu'à Rome. Toutefois, elle prétend que cela prouve à quel point je suis forte ; que je n'avais pas vraiment besoin d'elle pour « me retrouver » en Europe ! Mais je sais qu'elle a compris à l'envers. Je sais que c'est seulement lorsque j'ai pu tenir la main de ma sœur que j'ai retrouvé mon plein pouvoir. Il y a plusieurs endroits où je « me retrouve », mais là où je me vois le plus clairement, c'est dans le reflet des yeux de ma sœur.

Tasha Boucher

Les empreintes

Autant au sein de la famille qu'à l'extérieur, nos sœurs nous servent de miroir. Le reflet de la personne que nous sommes et de celle que nous pouvons oser devenir.

Elizabeth Fischal

Quatre des cinq enfants de mes parents étaient atteints, à la naissance, d'une maladie génétique rare appelée *ostéogenèse imparfaite* (OI), autrement connue comme étant une « fragilité osseuse ». Outre les fractures multiples, l'OI, dans sa forme sévère, cause le nanisme, de graves déformations des membres de la personne atteinte et peut même conduire à la mort.

Mais notre famille compte parmi les quelques privilégiés puisque nous souffrons de la forme bénigne de la maladie. Mon frère n'a subi que quatre fractures alors que ma sœur qui me précède et moi en avons eu environ trente chacune à cause de l'OI. Par contre, notre sœur aînée a subi plus de cent fractures aux jambes et une douzaine d'autres aux bras et aux épaules au cours d'une période de seize ans. Ses jambes étaient si fragiles qu'un jour elle a subi une fracture simplement en se tenant devant le lavabo pour se brosser les dents. En conséquence, Debbie a dû passer la majeure partie de son enfance dans un fauteuil roulant.

Debbie est de dix ans mon aînée; étant la plus jeune de la famille, je ne l'ai jamais vue hors de son fauteuil roulant durant toute mon enfance. Pour moi, sa chaise était une extension d'elle-même et j'aimais qu'elle me fasse faire des tours autour de notre patio, assise prudemment sur ses genoux. Le tempérament joyeux de Debbie ainsi que son large sourire toujours présent la caractérisaient, ce qui, dès notre plus jeune âge, nous a aidés à ignorer les regards que nous attirions inévitablement lorsque nous sortions avec elle. Je me souviens d'avoir entendu des commentaires, de la part de gens bien intentionnés, du genre: « Cette pauvre petite fille », ou « Oh! comme c'est triste! » Je me disais alors: *Debbie n'est pas pauvre, et regardez son visage souriant — elle n'est pas triste.* Je crois que j'étais confuse parce que nous avions tous appris à regarder au-delà du fauteuil roulant pour voir notre sœur Debbie, habituellement heureuse, drôle et gentille, pouvant même nous jouer de mauvais tours — comme le font toutes les sœurs.

Encore aujourd'hui, nous rions tous en repensant à ce fameux jour où le fauteuil roulant de Debbie était resté coincé à la caisse de notre épicerie du quartier (c'était à l'époque d'avant l'accessibilité de nombreux lieux aux fauteuils roulants). Pendant que tous les clients curieux regardaient et murmuraient, le gérant a dû soulever ma sœur de sa chaise, la déposer sur le comptoir et ensuite replier son fauteuil pour le passer dans l'allée. Debbie était évidemment effrayée par sa situation fâcheuse, mais, fidèle à elle-même, elle a souri pendant toute cette mésaventure. Peut-être qu'au plus profond d'elle-même, cette expérience l'a rendue encore plus déterminée à marcher pour ne plus jamais connaître ce genre d'embarras.

Défiant les médecins, Debbie s'est fixé elle-même l'objectif de marcher de nouveau, et ce, avant l'obtention de son diplôme collégial. Elle était déterminée à marcher. Avec de la force, un travail acharné, de la patience et de la volonté uniquement, Debbie a travaillé à la réalisation de cet objectif. Finalement, sa force et son courage ont rapporté des fruits. Le jour de sa remise des diplômes, elle marche à la tête de sa classe de finissants, avançant avec sa marchette dans le *War Memorial Arena*.

À partir des gradins, nous regardions, les larmes aux yeux, ce petit corps déterminé de un mètre trente avancer pas après pas après pas, au rythme de la musique.

Je me souviens de mes parents, rayonnants de fierté, qui regardaient leur fille aînée marcher pour la première fois depuis l'âge de six ans.

Soudain, une femme vêtue d'une robe de coton blanc, assise juste devant moi, se pencha vers son mari et chuchota, assez fort pour être entendue : « Ils doivent avancer très lentement à cause de cette fille infirme qui les mène. »

Je ne sais pas ce qui s'est passé à ce moment-là dans mon esprit de fillette de huit ans, mais tout à coup, ma jambe gauche s'est raidie au genou et mon pied est allé frapper le dos de sa robe. Elle se retourna et je fis un saut, espérant que personne n'ait vu l'horrible geste que je venais de poser. La femme sourit et me demanda gentiment: « Désires-tu quelque chose, petite fille? »

Ma timidité habituelle et ma nature prudente ont répliqué sans hésitation et assez fort pour que toute notre section entende: « C'est ma *sœur*, et elle n'est *pas* infirme! Elle peut marcher maintenant! »

Je ne sais pas qui des deux avait l'air le plus horrifié, cette femme ou bien mes parents assis trois sièges à ma droite. La femme tenta rapidement de s'excuser de sa remarque; évidemment, elle « ne voulait rien dire de tel », et heureusement ma mère a eu la bonne grâce d'accepter ses excuses.

Puis, alors que je restais debout à regarder cette femme, me demandant comment elle avait pu dire quelque chose d'aussi méchant, je vis que toute l'audience se levait et applaudissait. Des acclamations fusaient: « Bravo, Deb! » « Beau travail! » « Tu as réussi! » En effet, nous réalisions que Debbie venait de rencontrer son objectif de marcher avant sa remise des diplômes. Lorsqu'elle atteignit son siège, toute la classe, tous ses professeurs et toute l'assemblée des membres de sa famille lui offrirent une ovation debout. Même la femme en robe blanche se leva et applaudit, se retournant pour nous regarder, nous souriant même comme pour nous dire: « Voyez! Je suis une bonne personne, vraiment, je le suis. »

Mais j'ai tout de même eu le dernier mot, façon de parler, car lorsque la femme s'est retournée, l'empreinte distincte d'un soulier de petite fille, grandeur douze, était clairement visible à l'arrière de sa robe de coton blanc.

Mon empreinte de pied, j'en suis certaine, est partie au lavage, mais je pense que l'empreinte que Debbie et moi avons laissée dans l'esprit de cette femme est demeurée beaucoup plus longtemps. Chose certaine, la vision de ma grande sœur marchant par elle-même est à jamais gravée dans le mien.

Jodi Severson

Mes sœurs, moi et les saisons de la vie

Comme le temps change tout, et trop tôt nous sommes pris dans les futilités préoccupantes de la vie. Mais lors d'un après-midi mouvementé, l'odeur des pins de mon voisin — un arôme boisé de térébenthine — me ramena plusieurs années en arrière, à une époque et à un endroit où la vie semblait plus simple.

Avec cette exhalaison de pin provenant des arbres voisins, je fus transportée soudainement vers ces temps heureux du passé, alors que je grandissais avec mes deux sœurs sur la ferme de nos grands-parents à Union Grove, en Alabama. Les 265 acres paradisiaques de forêt luxuriante, les vaches, les cochons, les poulets et les champs de coton étaient intacts dans ma mémoire, tout comme l'endroit secret que je partageais avec mes deux sœurs.

Ce lieu secret était situé près d'un grand étang, et nous ne pouvions l'approcher que d'une façon très précise. Nous — Mary, Patty et moi — revêtions nos grandes capes volantes (lesquelles, normalement, s'avéraient être des serviettes de bain) et traversions les pâturages en sautant et en riant.

Après cette traversée, nous arrêtions à notre club, qui avait servi jadis de lieu d'entreposage du maïs sur la ferme. Parfois nous dormions dans les lits de camps d'armée appartenant à notre père. C'était toujours intéressant de voir quel enfant du voisinage (ou enfants) serait là, à jouer. Si certains d'entre eux étaient des filles, elles venaient avec nous.

De là, nous courions vers la maison voisine la plus proche de chez nous. Cette famille alimentait les conversations du comté parce qu'elle incluait treize enfants. S'ils se trouvaient dans la cour, nous permettions aux filles de venir nous rejoindre. Quelle bande de filles rieuses aux cris aigus nous faisions ! Nous courions ensemble dans le bois et traversions le ruisseau où vivait, d'après ma mère, un renard argenté. En arrivant à l'étang, nous nous affairions dans notre magnifique maisonnette de poupées.

Nos maisonnettes étaient architecturales, bien que temporaires, une merveille faite avec tout ce qui était à portée de la main — habituellement des cônes de pin que nous trouvions autour de l'étang.

L'art de construire une maison de poupées avec des cônes de pin consiste d'abord à trouver au moins cinq arbres groupés de manière à former plus ou moins un cercle. Alors que les arbres murmurent leurs instructions et que les cigales chantent leurs louanges, nous ficelons soigneusement des grappes de cônes collants et parfumés entre les troncs des gros cèdres et des pins, en commençant par la base. Les cônes rassemblés forment des murs merveilleusement rustiques.

À la toute fin, nos maisons de cônes de pin sans toit mesuraient environ un mètre cinquante de haut. Nous n'avons jamais senti le besoin de les recouvrir et de cacher ainsi le ciel. Après la construction,

Mary, Patty et moi, ainsi que nos amies, nous étendions sur le sol et regardions le ciel, encerclées par les murs de notre maison, et nous rêvions.

C'est à l'intérieur de ces murs que nous avons planifié entièrement notre avenir, en commençant par les écoles que nous allions fréquenter, les maisons et les familles que nous aurions, les places que nous visiterions, et les choses importantes que nous allions accomplir. Nous avons partagé des secrets que nous ne pouvions dire qu'au vent ou seulement à l'une et à l'autre. La brise soulevait l'air au-dessus de l'étang qui soufflait un parfum frais vers nous, riant de concert avec nous. Ces moments étaient de l'or.

La construction de ces maisonnettes m'a enseigné plusieurs leçons subtiles de la vie. Tout comme les arbres, nous sommes plus solides si nous grandissons auprès de ceux que nous aimons. Tout comme nos maisons construites en cercle et sans toit, notre vie peut s'élever vers les hauteurs, sans les limites d'un plafond. Cette ouverture, je crois, est restée en chacune de nous alors que nous avons grandi, et que nous sommes maintenant avec nos enfants dans notre propre maison.

En construisant nos maisons avec des cônes de pin, mes sœurs et moi avons appris que tout est plus utile et amusant lorsque nous partageons le travail, en y incluant les rires. Partager nos rêves nous aide à les rendre possibles. Et mes amies « architectes » m'ont démontré l'importance d'avoir des sœurs de cœur ainsi que des sœurs de sang.

Cela s'est passé il y a si longtemps, et maintenant mes sœurs — toutes deux de sang et de cœur — et moi vivons séparées par plusieurs heures de route. Nos maisons sont construites en brique et non avec des cônes de pin, avec des toits bien isolés.

J'espère que, lorsque mes sœurs connaissent des journées chargées comme il m'en arrive, lorsqu'elles hument l'odeur des pins, cela leur offre une pause et leur rappelle que chaque saison de la vie contient des promesses, et que vivre avec simplicité et dans la joie comporte des plaisirs qui restent bien au-delà du moment lui-même.

T. Jensen Lacey

Alliées

De quoi parlent les femmes? Les conversations des femmes commencent au milieu, reviennent au début et n'ont pas de fin; nous cessons de parler en nous quittant et nous reprenons exactement là où nous avons laissé lorsque nous nous rencontrons de nouveau.

Susan Branen

Ma sœur et moi sommes devenues des alliées lorsque j'avais trois ans et qu'elle en avait sept. Cela est devenu *nous* contre *eux* — la ribambelle d'enfants que ma mère gardait à la maison. Non pas que nous étions préalablement des ennemies. Francie a toujours été très protectrice à mon endroit, sa petite sœur, et je la suivais partout comme un caneton suit sa mère.

Une des histoires favorites de la famille est celle où je cours après Francie avec aucun vêtement sur moi sinon mes souliers. Ce jour-là, elle était partie comme une flèche en traversant la rue pour jouer avec des voisines. « Attends-moi ! » lui ai-je crié.

Une de nos petites cousines nous appelait toutes les deux « Carolannafrancie » parce qu'elle entendait toujours nos noms ensemble et croyait que nous formions une seule entité. Notre survie a été en jeu lorsque notre vie paisible et douce a été infiltrée par une bande d'enfants bruyants et destructeurs. Ils étaient supérieurs en nombre et, comme les enfants le font intuitivement, nous nous sommes construit une forteresse de défense.

L'invasion est survenue lorsque mon père frôla la mort dans un accident d'élévateur au travail. Il a fallu plus d'une année avant qu'il puisse retourner travailler et être dédommagé financièrement à la suite d'une action en justice. Notre mère réalisa que c'était à elle de rapporter un revenu à la maison, mais elle était réticente à laisser ses deux filles timides avec des étrangers pendant qu'elle travaillerait à l'extérieur. Elle a donc pris la meilleure décision à cette époque : garder des enfants à la maison. C'était bien avant que les garderies soient répandues, et les solutions autres pour les mères sur le marché du travail étaient rares. Sa bonne réputation s'est fait connaître rapidement et, en peu de temps, quelle que soit la journée, nous avions dix-sept enfants grouillants dans notre maison. Le désordre s'installa dans notre vie bucolique et y régna toute notre enfance jusqu'à ce que nous quittions la maison pour l'université.

Francie et moi étions toutes deux petites et non combatives. Nous avons donc livré notre guerre d'une position strictement défensive. Nous avons construit un monde privé autour de nous qui incluait les livres, la passion de Francie pour le dessin, et Gina, notre chien boxer.

Promener Gina en haut de la colline et dans les bois était une façon, pour nous, de nous évader de ce monde. Sous les imposants sapins odorants, nous marchions tous les trois en un seul rang jusqu'au moment d'arriver à notre endroit favori. C'était une petite clairière près d'un vieux sapin où nous avions aplani le sol songieux. Nous relâchions Gina pour qu'elle renifle dans les sous-bois pendant que nous étions appuyées contre le large tronc de l'arbre pour commérer, rire et avancer à tâtons vers le chemin de l'adolescence. Francie appliquait la sagesse trouvée dans ses livres pour résoudre les mystères de ma vie. Souvent, elle prenait son bloc de papier à esquisses et ses fusains et dessinait pendant que nous parlions. Parfois, nous écoutions tout simplement le silence et respirions l'odeur douce et humide de la forêt. Au crépuscule, nous retirions les aiguilles de sapins de nos vêtements et redescendions la colline, calculant notre temps afin d'arriver à la maison après que la plupart des parents furent venus chercher leurs enfants. Nous devions alors faire face à la colère de notre mère épuisée.

Durant son adolescence, Francie a été davantage attirée par son art, ses livres et la solitude, pendant que je faisais la fête et vivait une amitié intense à l'école. Toutefois, nous sommes toujours demeurées les plus proches amies. Nous n'avons pas choisi de vivre la rivalité entre enfants de mêmes parents comme cela se passait dans d'autres familles. Nous savions que nous ne pouvions êtres rivales puisque nous n'avions seulement que l'une et l'autre. Francie a quitté pour l'université au moment où j'allais terminer mon cours secondaire. Je suis restée debout dans la chambre où nous avions passé quatorze années, à regarder les lits jumeaux que nous avions placés selon toutes sortes d'aménagement. Sur la table, entre nos deux lits, se trouvait le tourne-disque trouvé sous le sapin, un Noël. Le colis enveloppé portait nos deux noms et était accompagné d'un petit disque intitulé: « Susie Snowflake ». Maintenant, il appartenait à moi seule; je n'aurais plus jamais à le partager de nouveau. J'ai pleuré à cause du sentiment de vide, sachant que les choses ne seraient plus jamais comme avant.

Certains étés, Francie et moi reprenions où nous avions laissé, amenant Gina dans la forêt, traversant le pont pour aller acheter du matériel d'art en ville et pour faire tout ce que nous accomplissions auparavant. Mais, désormais, il y avait une distance indéniable entre nous. Elle avait un pied dans un monde d'adultes que je ne comprenais pas encore. Je suis entrée à l'université au moment où elle obtenait son diplôme. La distance entre nous s'est accentuée. Un jour, elle présenta Ron à la famille. Il y a eu l'effervescence de la planification du mariage, puis elle est partie.

Ron a pris un emploi d'enseignant sur la côte est. Je me suis alors dit: *Nous serons encore proches*, mais Francie, de manière notoire, était une pauvre correspondante et parfois une année s'écoulait sans même que je reçoive une lettre ou une carte de sa part. Onze années se sont écoulées sans que nous nous rencontrions. Puis un autre sept ans. Je peux compter sur les doigts d'une main les visites durant les trente années subséquentes. Mais lorsque nous nous séparions après chacune d'elles, c'était comme si nous venions tout juste de retirer les aiguilles de nos vêtements et que nous suivions Gina dans la forêt.

La vie de Francie, dans le nord de l'État de New York, restait toujours centrée sur son art. Elle possédait un studio et un magasin de matériel artistique où elle pouvait effectuer son travail et gagner juste assez d'argent pour maintenir l'entreprise opérante... jusqu'à il y a trois ans, lorsqu'on refusa de renouveler son bail. La lettre que je reçus alors était longue et tellement remplie de douleur que je souhaitais la prendre dans mes bras et la réconforter. Sans studio, elle ne pouvait pratiquer son art. Et sans son entreprise, elle perdait contact avec des clients qui, avec les années, étaient devenus des amis. Sa peine et son isolement l'amenèrent à m'écrire des lettres comme jamais auparavant. Ironiquement, environ à la même époque où elle perdit son studio, je redécouvris ma passion pour l'écriture. En lisant ses lettres, j'ai vu son émotion qu'elle exprimait avec ouverture et honnêteté et je l'ai encouragée à écrire. L'écriture ne remplacerait jamais ses peintures et ses sculptures, mais cela nous donnait un intérêt commun. Nous avons correspondu avec empressement et fréquemment.

Cet été-là, elle et Ron allaient visiter la mère de Ron à Spokane pour ses quatre-vingt-cinq ans. Leur horaire était serré et ils ignoraient s'ils auraient le temps de venir me voir à Seattle. Alors, j'ai fait des plans pour kidnapper Francie pour un week-end. Je lui ai envoyé un billet d'avion et j'ai fait des réservations à l'hôtellerie d'une abbaye bénédictine. Je suis allée la chercher à l'aéroport et je l'ai amenée sur-le-champ à notre retraite privée. À l'abbaye, nous nous sommes installées dans nos chambres, nous avons mangé avec les moines et marché dans les bois, parlant, parlant et parlant encore, mettant à jour les trente dernières années de nos vies séparées. Nous avons trouvé une clairière et nous nous sommes assises contre un vieux sapin, parlant et riant. Puis, nous nous sommes levées, nous avons retiré les aiguilles de nos vêtements et nous sommes retournées à l'aéroport, notre alliance encore plus forte que jamais.

Carol Sweet

Votre passé est préservé en ayant des sœurs. En vieillissant, elles sont les seules à ne pas s'ennuyer lorsque vous leur racontez vos souvenirs. C'est comme lorsque vous rencontrez quelqu'un qui, tout comme vous, est allé en Inde; vous pouvez parler ensemble pendant des heures. Tous les gens autour de vous s'ennuient, alors que vous êtes complètement captivés l'un et l'autre par vos mots. C'est ainsi avec des sœurs.

Debborah Meggah

Bien plus qu'un autre anniversaire

Pour apprécier la joie à sa pleine mesure,
il faut quelqu'un avec qui la partager.

Mark Twain

Il y a les week-ends, puis il y a les *week-ends*. Chaque minute de chaque heure de chaque journée est absolument parfaite. Et c'est ainsi que j'ai passé les derniers jours de ma quarante-neuvième année, approchant ainsi un demi-siècle de jeunesse.

J'ai reçu la plus belle surprise de ma vie — un week-end à Calistoga Hot Springs avec ma meilleure amie, ma sœur Arlie P.

Dès l'instant où Arlie m'a accueillie à l'aéroport avec un ballon sur lequel était écrit *Joyeux anniversaire* et un sourire aussi grand que l'univers, j'ai su que quelque chose de spécial m'attendait.

Nous avons dîné dans un de ces élégants restaurants dont on peut lire la description dans les livres ou en voir des images sur le grand écran. Le genre de restaurant avec des plafonds hauts, des salles spacieuses et des serveurs en tenue de soirée, et où nous méritons tous d'aller manger plus souvent. Malheureusement, la vie semble nous entraîner d'une obligation à une autre. Et ce n'est qu'au moment où nous sommes sur le point de nous effondrer que nous nous offrons ce que nous avons toujours mérité.

Après un repas succulent, nous nous sommes présentées à la réception du spa. Quelques minutes plus tard, nous étions allongées sur des chaises de jardin à nous prélasser dans la chaleur de l'après-midi.

Nous nous sommes animées dans une conversation, ivres de soleil. Notre rire remplissait l'air et rebondissait sur l'eau pour venir se suspendre audessus de nous comme un halo.

La chaleur s'infiltrait dans ma peau, relâchant ainsi les tensions dans mon corps. Je savais que j'étais arrivée à une période et à un lieu dans ma vie où j'étais reconnaissante de plus de choses que je pouvais en mettre dans ma petite valise désorganisée.

Quelques heures plus tard, nous avons flâné sur la rue principale comme deux femmes écervelées. Les regards de jeunes hommes se tournaient vers nous. Évidemment, pas tout à fait le même genre de regards qu'ils auraient lancé à nos filles. Néanmoins, nous avions été remarquées.

Nous nous sommes engouffrées dans les boutiques chics de robes et de cadeaux. Et nous avons parlé.

Nous avons parlé du fait de vieillir et du passage du temps. Il y a vingt ans, nos conversations tournaient autour des couches ainsi que des nuits sans sommeil; il y a dix ans, autour des biscuits des filles scoutes et de la Petite Ligue. Aujourd'hui, nos conversations s'animent sur l'éducation universitaire et les plans de retraite. Même si nos sujets sont différents, nous continuons de parler. Notre lien de sœurs a résisté aux changements inévitables qu'apporte le vieillissement. Nous avions quitté nos lits jumeaux pour nous retrouver dans des mondes séparés.

Plus tard, ce soir-là, saturées de plats mexicains et de bière, nous nous sommes traînées jusqu'à notre lit et avons tenté de rester éveillées pendant une dramatique à la télévision. Après tout, nous n'étions pas si vieilles que ça! Mais, quelques minutes plus tard, ma sœur et moi étions profondément endormies.

Le samedi matin s'est amorcé avec du café, des bagels et encore plus de bavardages! Carburant à la caféine, nous avons fait une longue balade en bicyclette, durant laquelle nous avons *essayé* de parler pendant que nous soufflions et haletions en roulant sur les collines pour ensuite redescendre le long de l'autoroute.

Enfin, ce fut l'heure de nos soins corporels.

Après la remise des casiers et des clés, une préposée nous a demandé de nous dévêtir. Enveloppées dans des serviettes, Arlie et moi avons bu de l'eau aromatisée, mangé des oranges sucrées et chuchoté. À ce moment-là, je fus si reconnaissante pour cette sœur assise à mes côtés. Pour toutes nos disputes idiotes à propos des vêtements et de maquillage. Pour toutes les conversations si chères encore à venir.

Avec nervosité, j'ai suivi une employée dans un couloir jusqu'à la salle des bains de boue minérale. Elle m'enjoignit de placer mes mains sur chaque côté du bain, de m'équilibrer au-dessus de la boue et ensuite de m'y enfoncer. Je ressentis aussitôt de la chaleur sur mes fesses et mon dos. Les techniciennes nous ont ensuite enveloppées comme si elles allaient nous expédier à l'autre bout du pays.

Tant et aussi longtemps que ma sœur était avec moi, j'étais prête à aller n'importe où.

Nous nous sommes ensuite assises dans un bain à remous, nous faisant nettoyer les ongles de nos mains et de nos orteils, tout en buvant de l'eau à petites gorgées. J'ai su que ma sœur avait faim lorsqu'elle a commencé à manger les concombres qui flottaient dans l'eau que nous buvions. Cette session fut suivie d'un spa à vapeur duquel ma sœur ne cessait de sortir sa tête pour respirer de l'air frais.

Lorsque nous en avons eu assez de la chaleur, une personne m'a conduite dans un autre long couloir vers un petit cabinet ressemblant à celui d'un médecin. Là, j'ai passé quinze minutes à relaxer à fond, des tranches de concombre sur mes paupières. Une douce musique flottait dans l'air et mes pensées vagabondaient au hasard. Je me suis presque endormie.

Les soins corporels se sont terminés par un massage complet du corps. Tout ce que je peux dire, c'est qu'une personne doit absolument vivre cette expérience. Je sais que j'ai très hâte de recevoir un autre massage.

Après avoir été dorlotées pendant deux heures et demie, nous sommes sorties nonchalamment (le mot *nonchalamment* est même trop rapide considérant la lenteur de nos mouvements) et nous nous sommes effondrées sur les chaises de jardin. L'air frais chatouillait nos peaux adoucies. Nous poussions des soupirs de contentement en humant les parfums des fleurs.

Nous avons fini par rassembler assez d'énergie pour retourner à pied au motel et nous préparer pour mon repas d'anniversaire. Malgré les plats qui sont arrivés en retard et les moustiques qui se sont joints à nous pour le dessert, ce fut une soirée parfaite.

Durant notre petit-déjeuner du dimanche matin (et oui, un autre repas!), nous avions déjà hâte aux soins corporels de l'année prochaine. Certes, c'était la raison principale pour retourner à Calistoga, mais certainement pas la plus importante. Les huiles chaudes, les bains de boue, les saunas, les lotions, les enveloppements peuvent régénérer les rides et les peaux fatiguées. Un peu. Une journée. Une semaine. Mais un lien solide entre sœurs dure éternellement et rajeunit l'âme pour l'éternité.

Janie Emaus

J'avais oublié

Nos souvenirs sont notre véritable possession. Rien d'autre ne nous rend riches, rien d'autre ne nous rend pauvres.

Alexandar Smitty
(1630-1667)

J'avais oublié qu'un jour j'avais été une princesse. Ma sœur a ramené ce souvenir à ma mémoire.

Nous faisions quelque chose que j'avais entendu dire que les gens faisaient et je m'étais toujours demandé comment ils pouvaient supporter d'accomplir une telle tâche: fouiller dans les affaires de leur mère. Mes trois sœurs et moi étions dans l'appartement exigu de maman, essayant d'en accomplir le plus possible avant qu'une de mes sœurs et moi retournions chacune à notre maison et à nos familles respectives à l'extérieur de la ville, laissant ainsi le reste du travail aux deux autres. Nous voulions vivre cela le plus possible ensemble tout en partageant autant le fardeau que le chagrin.

Nous avons mieux réussi au premier qu'au second. Mes sœurs ont appliqué cette phrase célèbre: « Quand les temps sont durs, les durs s'y mettent. » Nous avons bien travaillé ensemble, mais sans vraiment partager notre chagrin.

Personne n'a protesté durant le partage des biens. Si deux sœurs voulaient la même chose, elles déterminaient laquelle des deux y attachait une plus grande signification, et cette sœur-là pouvait la garder. Aucun des articles n'avait de valeur monétaire; il s'agissait plutôt de savoir qui en gardait le plus de souvenirs.

Ma mère a conservé le même coffret à bijoux toute sa vie. Il débordait de bijoux de fantaisie de toutes sortes, allant de bijoux actuels à ceux de l'époque des années quarante. Nous avons emballé la plupart d'entre eux et les avons placés dans une pile à donner.

Du coffret à bijoux, j'ai extirpé un bracelet, un de ceux qui s'élargit pour y passer la main et qu'on peut ensuite serrer autour du poignet comme un bracelet de montre. Il comportait trois rangées de verre à multiples facettes incrustées sur ce qui ressemblait à une plaque de nickel.

« L'une d'entre vous veut-elle ce bracelet? » ai-je demandé. Sans trop savoir pourquoi, j'espérais qu'elles répondraient toutes par la négative. Je n'arrivais pas à me souvenir de cet objet, mais mon intuition me disait qu'un événement spécial l'entourait.

Le visage de Lorraine s'éclaira. « Oh! vous souvenez-vous de ce bracelet?

– En quelque sorte, mais je ne me rappelle pas dans quelle circonstance », ai-je répondu.

Elle le prit de mes mains et le plaça sur ma tête du côté ouvert. Instantanément, la mémoire revint à mon esprit. Lorraine avait dix ans de plus que moi et, à cette période, elle avait pitié de sa petite sœur et jouait avec moi. Les crinolines passées de mode se trouvaient dans le grenier. Elle m'enfilait une crinoline, drapait ma tête avec des écharpes colorées et les attachait avec le bracelet, le verre étincelant ressemblant à un parfait diadème. Des pinces à cheveux ici et là, un peu de rouge à lèvres et de fard, et *voilà!* je devenais une princesse instantanée!

En regardant ma chère sœur, tout me revint à l'esprit en un instant et, soudain, j'étais redevenue une petite fille en sécurité, chérie et aimée dans notre confortable maison d'enfance. Toutes les deux avons refoulé nos larmes pen-dant qu'elle me serrait très fort dans ses bras.

Notre vie ne sera plus jamais tout à fait la même. Lors du décès de notre mère, nous nous tenions chacune de chaque côté du lit. Ce moment allait nous changer inexplicablement pour toujours. Certes, nous affronterons de nouveau ce monde ensemble, mais avec notre amour l'une pour l'autre encore plus solide.

Maintenant lorsque je porte le bracelet pour une occasion spéciale, inévitablement quelqu'un fait une remarque sur sa beauté. Je réponds toujours: « Ce bijou appartenait à ma mère. »

Et je souris.

Nancy Swiatek Pardo

Différente

Les gens, bien plus que les choses, doivent être réparés, renouvelés, revigorés, récupérés et sauvés ; ne rejetez jamais quelqu'un.

Audrey Hepburn

Au fil des ans, nous avons découvert qu'être sœurs et être proches ne veut pas nécessairement dire être en accord sur tout. En grandissant, nous ne nous sommes pas entendues sur plusieurs choses, mais aujourd'hui, nous sommes d'accord sur ce qui est vraiment important : nous sommes sœurs.

Vous pouvez manger sur son plancher, mais vous ne pouvez manger à ma table parce qu'elle est couverte de livres, de factures en retard, d'autres impayées et de petits bouts de papiers avec des numéros de téléphone. Ses vêtements sont bien rangés dans sa penderie par couleurs et selon leurs fonctions. Moi, j'ai de la difficulté à trouver un cintre. Ses cheveux ont toujours l'air d'avoir été mis en plis au salon de coiffure, mais elle les coiffe elle-même. Les miens me remercient lorsque je leur passe un coup de peigne le matin. Ses vêtements de chez Saks Fifth Avenue, immaculés et bien pressés, lui vont parfaitement bien. Mes toilettes ont l'air d'avoir subi un brushing et ont habituellement l'air de prêts-à-porter légèrement usagés. Elle était toujours magnifique et j'étais toujours ordinaire.

Deux événements nous ont fait réaliser l'importance d'être sœurs — le terrible cancer des poumons de notre mère et son décès. Après les funérailles de maman, nous nous sommes échangé des paroles blessantes sur des sujets qui, aujourd'hui, nous semblent sans importance. Ça allait comme ceci :

« C'est à moi !

– Non, elle aurait voulu que ce soit moi qui l'aie ! Ça m'appartient. »

Des mois se sont écoulés dans le mutisme absolu pendant que nous pleurions chacune de notre côté. Ma sœur a fait la première tentative de réconciliation, que j'ai acceptée avec joie.

Puis, elle est entrée à l'hôpital pour se faire retirer un kyste dans la jambe. Nous nous sommes inquiétées en silence d'un possible cancer. C'était bénin. Cependant, une radiographie de routine du thorax montra un poumon envahi de tumeurs cancéreuses. Le poumon malade a été retiré, mais l'horrible maladie s'est propagée à l'autre poumon.

Aujourd'hui, la maladie est tenue en échec grâce à la chimiothérapie. Elle nous a toutefois permis de réaliser que notre temps passé ensemble est fugace et précieux. Cela ne signifie pas que nous sommes toujours d'accord. Nous ne le sommes pas. Maintenant, par contre, notre dialogue va ainsi :

« Prends-le ! C'est à toi.

– Non, tu le prends ! C'est à toi. »

Jane Eppinga

Le paradis

En ouvrant le journal, l'annonce se lit comme suit :

PAS DE MARI NI D'ENFANTS

PAS DE NETTOYAGE DE PLANCHER NI DE LESSIVE

PAS DE STADE DE BASEBALL NI DE COVOITURAGE

PAS DE REPAS RAPIDE NI DE CONTENANTS EN POLYSTYRÈNE

Celles d'entre nous qui ont passé leur vie à accomplir ces tâches sur une base régulière pourraient être attirées par cette annonce comme un papillon de nuit devant une flamme. Serait-ce une annonce pour le paradis ? Non, il s'agit tout simplement d'une recette pour le meilleur week-end que trois sœurs peuvent passer ensemble.

Mes sœurs et moi sommes issues d'une famille traditionnelle des années cinquante. Nous avons été élevées dans un quartier sans originalité, comme toutes les autres familles du pâté de maisons. Il y avait une mère, un père, trois enfants et deux chiens. Nous avons fréquenté l'école du quartier et nous sommes restées dans le cercle sécurisant aux alentours.

Alors que les filles grandissaient et que la famille changeait, notre mère a forgé un plan qui ferait rougir de honte la CIA. Elle s'assurerait que ses

« filles » demeurent proches durant toute leur vie adulte, peu importe ce qu'elle aurait à investir pour mener à bien son projet. Elle complotait chaque fois que les filles se retrouvaient ensemble. « Pourquoi n'iriez-vous pas manger à l'extérieur pour le dîner? Pourquoi n'iriez-vous pas toutes les trois magasiner ensemble? Je serais vraiment heureuse de garder tous les petits-enfants. » Voilà les mots qu'elle énonçait clairement chaque fois que nous étions réunies. Les plans de ma mère ont réussi. En fait, nous aimions vraiment le temps passé ensemble, et nous pensions pouvoir nous en tirer impunément. Après tout, quoi de mieux qu'une journée de liberté alors que grand-maman s'occupe de tous les enfants? Bon sang! comme nous l'avons dupée! Mais ce loup dans une peau de mouton que nous appelions *maman* a créé un lien entre sœurs que personne ne pourrait briser.

Alors que les années passaient et que maman était décédée, ce sentiment d'être davantage de véritables amies que des sœurs continuait de croître comme un tournesol qui tente sans cesse d'atteindre de nouvelles hauteurs par un jour d'été. Qu'est-ce qui peut réunir des sœurs plus souvent que seulement lors des fêtes? Quand des sœurs auraient-elles une occasion juste pour elles seules? Un plan était donc devenu nécessaire. Ainsi est né le *Week-end des sœurs*.

Tout comme le titre l'indique, nos quelques premiers petits voyages n'étaient que cela. Nous nous rencontrions le vendredi soir et nous revenions à la maison le dimanche après-midi. Nos journées se passaient à faire du tourisme, à magasiner et à parler.

Nos soirées étaient meublées par des soupers délicieux, le visionnement de films et plus de bavardage. La troisième année, nous avons considéré que trois journées et deux nuits n'étaient pas suffisantes pour tout ce que nous désirions accomplir ensemble. Nous en sommes venues également à la conclusion que, si nous voulions voyager à l'extérieur de l'État, nous aurions besoin de plus de temps. Avec le soutien de nos maris et de nos enfants, le *Week-end des sœurs* a été allongé d'une autre journée. Maintenant, les sœurs étaient prêtes pour explorer de nouveaux horizons.

Comme si nous planifiions de nous évader d'une petite région, nous prenons des dispositions pour le week-end. Nous plaçons les noms de tous les lieux que nous aimerions visiter sur la table, comme un plat de fruits prêt à être mangés. Puis, nous discutons de la faisabilité du voyage. Les limites de temps et d'argent nous amènent à éliminer ou à reporter à une autre année certaines destinations de notre liste. Finalement, un emplacement est choisi et nous commençons les planifications. Chaque année, à tour de rôle, une des sœurs s'occupe des réservations avec les idées des autres. Des informations sur les hôtels sont prises; les restaurants sont choisis; et tous les domaines, tels que le magasinage, les attraits touristiques, les monuments historiques et la vie nocturne sont explorés.

Lorsque tous les éléments obligatoires sont couverts, le plaisir commence. Chaque année, durant ce week-end, nous célébrons avec des cadeaux. Des tas et des tas de cadeaux pour toutes les occasions. Nous

nous remettons des cadeaux *Week-end des sœurs*, nous célébrons nos anniversaires, et si l'une d'entre nous a atteint un objectif majeur tel qu'une promotion, cela représente une autre raison pour vivre un moment spécial entre nous. Notre garde-robe reçoit également une attention spéciale. Qui aimerait voyager sans avoir la tenue parfaite pour chaque occasion? De plus, toutes les excuses sont bonnes pour aller s'acheter de nouveaux vêtements. Finalement, nous choisissons les collations ainsi que la personne qui l'apportera. Après tout, nous ne pourrions nous adonner à notre dernier péché, celui de potiner sur la famille, les amis et le travail, sans quelque chose de honteux à manger.

Le jour arrive enfin et les sœurs se rencontrent à un endroit désigné à l'avance. Ce lieu change chaque année puisque nous venons de différentes villes. La joie atteint son apogée lorsque, enfin, nous nous retrouvons l'une en face de l'autre. Notre joie se répand dans la pièce et les gens nous regardent comme si Tom Cruise venait juste d'y entrer. Nous ne remarquons pas les personnes autour de nous, car nous amorçons notre nouvelle aventure annuelle. Attention, nous voilà!

Quand nous arrivons à l'hôtel, nous nous inscrivons le plus discrètement possible. Ce qui n'est pas toujours facile avec toutes les valises, les sacs et les boîtes de bonnes choses que nous apportons. Les minutes suivantes sont souvent passées à expliquer à la réceptionniste et au porteur tout ce qu'implique un *Week-end des sœurs*. Notre cinquième anniversaire a d'ailleurs été des plus intéressants. Lorsque nous sommes arrivées à l'hôtel, les gens semblaient tout savoir de nous. Nous avons craint que notre réputation nous ait précédées. Le réceptionniste nous a plutôt mentionné ce qu'il savait à propos de nous et qu'une surprise nous attendait. Dans notre chambre, nous avons trouvé trois arrangements floraux d'une douzaine de roses rouges chacun. La sœur benjamine de mon mari avait voulu nous aider à célébrer. Nous étions offusquées au-delà des mots. On aurait dit que des funérailles avaient eu lieu dans notre chambre. Depuis le début de nos *Week-ends des sœurs*, nos maris ont toujours voulu prendre part à notre célébration. Chaque année, ils nous ont donné quelque chose. Parfois, ils nous offraient un dîner, envoyaient des fleurs, nous fournissaient les digestifs et les chocolats Godiva. C'est leur façon de toujours soutenir les trois sœurs.

Après notre installation dans la chambre, notre plaisir s'intensifie comme s'il s'agit du matin de Noël. Les présents sont offerts un à la fois. Après tout, nous devons d'abord nous départir des choses les plus importantes. Les cadeaux remis sont chaleureux, remplis d'amour ou drôles. Ils comportent des messages cachés que seules les sœurs peuvent comprendre. En quelques instants seulement, les papiers d'emballage volent partout, comme si les vents tourbillonnants d'une tornade étaient entrés dans la chambre.

Les quelques jours suivants sont remplis de la joie d'être ensemble, comme si nous n'étions qu'une. Nos pensées, nos rêves ainsi que tout problème auquel nous devons faire face sont discutés pendant que nous magasinons, faisons du tourisme ou mangeons. Nous parlons jusque tard dans la nuit de nos vies au cours de la dernière année. Ce moment important entre sœurs nous permet de renouer les liens créés par notre mère il y a tant d'années.

La dernière nuit est toujours la plus difficile. Nous discutons des plans de notre prochain périple, mais la pensée que le voyage de cette année se termine est un moment très pénible à vivre pour nous. Demain, nous reprendrons nos vies respectives. Ce week-end, aussi court soit-il, restera un moment à jamais figé dans le temps et dans notre mémoire. Certes, nous partagerons un peu de notre expérience avec les autres, mais les moments très spéciaux que nous avons vécus ensemble ne pourront être ressentis et mémorisés que par les sœurs.

Shelly Isenberg

8

Perspicacité et leçons

Ma sœur m'a appris tout ce dont j'avais besoin de savoir et elle n'était qu'en sixième année à cette époque.

Linda Sunshine

Petite fille espiègle

Vous pensez que je vais pleurer en pensant à ma sœur, mais je ne le fais que rarement. J'avais six mois lorsqu'elle est décédée dans un accident de voiture, je ne me souviens donc ni d'elle ni de l'accident.

Lorsque je parle de cette histoire, j'ai l'impression de répéter quelque chose que j'ai entendu aux nouvelles, comme si c'était arrivé à quelqu'un d'autre. Comme si ce n'était même pas vrai.

Voici le déroulement de l'événement: ma mère est partie chercher mon frère, Alan, de sept ans mon aîné, à une fête d'anniversaire chez un de ses amis. J'avais six mois, j'étais attachée dans mon siège d'enfant sur le siège arrière de l'automobile, et ma sœur, âgée de quatre ans, était assise sur le siège du passager. Ma mère entra dans la résidence pour aller chercher mon frère, puis elle entama une conversation, dans le portique avant, avec la mère du petit garçon fêté. Dc cet endroit, elle ne pouvait voir la voiture. Elles ont parlé pendant quelques minutes, puis ma mère lui a dit au revoir et s'apprêta à quitter les lieux lorsqu'il y eut des grincements stridents de pneus et un impact.

Maman a immédiatement su ce qui venait de se passer. Elle a couru dans l'allée et a été confrontée à la vision la plus horrible qu'une mère puisse jamais voir: au bout de l'allée, la voiture était écrasée contre un arbre. Ma sœur était étendue sur l'asphalte. Elle ne respirait plus. Elle a été dans un coma pendant huit jours; mes parents ont alors décidé de la débrancher de son respirateur artificiel, elle est morte.

Comprenez-vous ce que cela représente pour moi quand je dis que cette histoire a l'air d'un reportage? Tout est véridique, mais j'ai l'impression de raconter un mensonge. Parfois, après mon récit de l'accident, les gens me demandent: « Est-ce ta sœur qui a précipité la voiture contre l'arbre? »

Ma réponse demeure toujours la même: « Oui, même si ma sœur n'avait que quatre ans. »

Ils répliquent alors: « J'espère que ça ne te dérange pas que nous te posions des questions, mais... comment a-t-elle fait pour démarrer la voiture? »

Je leur réponds: « Ma mère a laissé les clés sur le siège, par erreur. »

« Oh! ajoutent-ils. Oh! »

J'ai entendu dire que trois couples sur quatre ayant perdu un enfant vont divorcer dans les cinq années qui suivent. Je sais qu'après l'accident, mes parents ont connu des moments terribles, mais ils n'ont jamais divorcé. Je me sens fière d'eux chaque fois que je pense à cette période. Je pourrais vous raconter comment ils sont restés ensemble, mais, comme pour l'histoire de l'accident, il n'y a que quelques faits et encore moins de détails. La sœur de ma mère a voyagé du Missouri au Nevada pour prendre soin de mon frère et de moi. Elle est restée avec moi quand mes parents et mon frère sont allés aux funérailles. Elle a joué avec moi les mois suivants, lorsque ma mère pleurait tout le temps, qu'elle se blâmait, qu'elle était abattue et dépressive. Mon père était encore plus malheureux. Il a commencé à boire beaucoup durant les semaines qui ont suivi l'accident. Il s'enfermait dans son bureau et faisait jouer des chansons country tristes et lentes sur son tourne-disque. Lui et ma mère se querellaient souvent, férocement, mais le temps a passé et ils ont reçu de l'aide d'amis et de thérapeutes. Mon père a cessé de boire et ma mère a cessé de se blâmer. Ils ont survécu. Durant tout ce temps, moi, j'étais là, existant dans une maison hantée par des fantômes. Il y a des gens qui n'ont jamais vu leurs parents pleurer; je ne suis pas l'un d'eux. Le chagrin n'est pas seulement une question de querelles et de tristesse. Mon frère et moi avons reçu plus que notre part d'aide et d'amour additionnels; nous avons reçu la part d'amour que ma sœur ne pouvait recevoir pour elle-même.

Je voudrais vous révéler certaines choses qu'on m'a apprises à propos de ma sœur. Son nom était Sarabeth. Elle était brave et aventureuse, mais pas très bonne pour suivre les règles. Elle grimpait aux arbres qui lui étaient interdits, et souvent elle tombait et se blessait. Elle courait dans la maison alors qu'on lui disait de ne pas le faire et elle butait sur les meubles. Elle courait sur les allées de gravier des voisins, même si elle était avertie de ne pas faire cela, et les petites roches roulaient sous ses pieds, et ses genoux sont devenus un gâchis de petites coupures et d'égratignures.

J'aime penser qu'elle était audacieuse et espiègle. Ma sœur, le petit singe, grimpeuse aux arbres.

Je ne pleure pas quand je pense à ma sœur. À plusieurs reprises, je me suis rendue à bicyclette au cimetière où ma sœur est enterrée, mais le lieu est immense et rempli de pierres tombales et ça me prend toujours au moins une heure de recherche avant de retrouver celle de Sarabeth. À ce moment-là, j'ai chaud et je suis grognonne. Je dépose mes fleurs, touche la pierre lisse et polie, j'enfonce le bout de mes doigts dans les lettres gravées de son nom et, ensuite, je retourne à la maison. Je ne pleure pas quand je raconte l'histoire de l'accident et je ne pleure pas, non plus, le jour de l'anniversaire de sa mort: le 24 avril. Mais parfois, sans que je m'y attende, je vais lire une histoire portant sur deux sœurs ou une amie va me parler de sa sœur, et il me vient alors à l'esprit que *j'ai presque eu une sœur*.

J'aimerais en connaître davantage sur la petite fille qui a vécu pendant quatre ans et sur toutes les petites choses qui la rendaient unique. Récemment, j'ai dit à ma mère que j'étais jalouse des souvenirs que mon frère conservait d'elle. Maman m'a regardée pendant un bon moment, elle est partie dans une autre pièce et est revenue avec une boîte de photos. Sarabeth était sur chacune des photos que, pour la plupart, j'avais vues au moins une fois à un moment ou à un autre. Sarabeth — en couche avec un minuscule chapeau de cow-boy, regardant la caméra. Sarabeth dans sa classe au préscolaire avec un groupe d'enfants souriants; ma sœur se trouvait à l'extrémité gauche de la troisième rangée.

Ma mère a sorti deux photos que je n'avais jamais vues auparavant. Sur l'une d'elles, Sarabeth se tenait près d'une poussette de bébé avec ses petits doigts sur la poignée, comme si elle le protégeait. Elle était à peine aussi grande que la poussette, mais elle se tenait comme si elle en était la gardienne. Dans la poussette, il y avait un bébé avec de grands yeux.

« Est-ce moi ? demandai-je.

– Bien sûr que c'est toi, me répondit maman. Elle adorait te pousser aux alentours. Jamais elle n'a couru ou grimpé aux arbres quand tu étais près d'elle. Sarabeth préférait m'aider à prendre soin de toi. »

Je n'avais jamais vu de photo de moi et de Sarabeth ensemble. Et je ne crois pas qu'il en existe d'autres. J'étais si jeune quand elle est décédée.

Sur la seconde photo, Sarabeth était seule. Elle portait une robe à carreaux jaunes et blancs, pas de souliers et une fine boucle rouge dans ses cheveux. « Je me demande quel âge elle avait, dit ma mère. Peut-être deux ans et demi. » Elle tourna la photo, mis sa main sur sa bouche et pouffa de rire.

« Quoi ? Qu'est-ce qu'il y a de si drôle ? lui dis-je.

– Toi et ta sœur, je ne peux vous différencier », me répondit-elle en me tendant la photo.

J'ai saisi la photo et je l'ai retournée. Au verso, mon nom était écrit en lettres cursives, non pas celui de Sarabeth.

« C'est moi sur la photo ? » ai-je demandé, en étudiant la petite fille qui aurait facilement pu être l'une ou l'autre. Mon esprit ne cessait de répéter ce que ma mère venait de dire : « Toi et ta sœur, toi et ta sœur, toi et ta sœur ». Puis, cela m'a frappée d'un coup : il y a très longtemps, j'ai eu une sœur !

Pendant un moment, en tenant cette photo dans ma main, j'ai eu l'impression que c'était réel et j'ai commencé à pleurer.

Danielle Collier

J'ai perdu un trésor, une sœur, une amie qui n'a jamais pu être surpassée — elle était le soleil de ma vie, l'illumination de chaque plaisir, l'apaisement de chaque chagrin, je ne lui cachais aucune pensée secrète, et c'est comme si j'avais perdu une partie de moi-même.

Cassandra Austen
à propos de la mort
de sa sœur Jane

Je suis mortelle

Le vent se faufilait dans le cimetière, faisant tourbillonner la neige qui était tombée quelques jours plus tôt — une neige qui recouvrait le sol comme un tapis blanc immaculé, telle une nappe revêtant le paysage. Je tremblais de froid et souffrais d'une grande tristesse. Aujourd'hui, sous le ciel d'hiver clair et froid, nous enterrions ma sœur.

En fait, elle était ma belle-sœur, mais après si longtemps, ce détail de notre relation me semble sans importance.

Sa mort fut un événement marquant pour moi. Elle était la première de mes frères et sœurs, ou belle-sœur, à mourir. Et sa disparition m'a rendue très consciente de ma propre mortalité.

Ces dernières années, j'ai assisté à de nombreuses funérailles. Cela arrive plus fréquemment lorsque vous rejoignez le rang des « personnes du troisième âge », lorsque la plupart de vos amis et connaissances figurent dans la « génération des grands-parents ». Certes, lorsque le défunt était mis en terre, je partageais mon chagrin et la peine des membres de la famille, mais je n'associais pas vraiment ces décès avec la certitude de ma propre mort.

Cette fois-là, ce fut le cas. Oui, je suis mortelle.

Il me semble que c'était hier que mon frère, tout juste revenu à la maison après une mission en Allemagne avec l'armée de l'air des États-Unis, annonça qu'il venait de rencontrer cette fille formidable et qu'il envisageait de l'épouser. Elle était *vraiment* une fille. Dix-huit ans. Je la suivais seulement de deux ans.

J'étais gonflée de fierté en remplissant le rôle de demoiselle d'honneur pour la première fois. Je me sentais séduisante et importante. De plus, je gagnais une sœur. J'avais déjà une sœur plus jeune que moi, mais, à seize ans, une sœur de dix ans est une nuisance — pas quelqu'un à chérir. Je ne l'ai aimée que bien plus tard. Soudain, à l'âge de seize ans, je venais d'avoir une nouvelle sœur. Une plus près de mon âge.

Elle a été ma sœur pendant cinquante ans. Et maintenant elle est partie. Pendant que je traversais trois États en automobile pour assister à son enterrement, les moments passés avec elle tournaient dans ma tête comme de vieux films. Les fêtes avec plein d'enfants autour de nous, sept à nos deux familles, onze lorsque ma sœur cadette et sa famille ont déménagé à proximité. C'était le chahut. Merveilleux et pur chahut familial.

Plusieurs années se sont écoulées à vivre séparées par plusieurs États. Puis, à notre tour, nous sommes devenus des « itinérants d'entreprise » en raison des transferts dans l'entreprise. Éventuellement, elle et mon frère sont revenus vivre dans notre État natal du Minnesota. Mais pas nous.

Heureusement, il y avait les visites. Des visites d'adultes. Les enfants avaient grandi et quitté la maison depuis belle lurette. Nous mangions et parlions, regardions des photos et parlions, comparions nos histoires de petits-enfants et parlions encore. Si j'avais été pleinement consciente du fait que la vie est terriblement courte, alors qu'elle approchait de la mort, les visites auraient été plus fréquentes. Beaucoup plus fréquentes. Plus de rires, peut-être plus de larmes, alors que nous nous serions plongées dans de vieux albums de photos mémorables. Et il y aurait certainement eu plus de conversations.

J'ai eu la chance de lui dire au revoir quelques fois. Au printemps et à l'été, sa vie semblait alors si fragile; après la première visite, j'étais certaine de ne plus la revoir. Elle s'est battue avec force et, jusqu'à ce que la fin soit proche elle est restée optimiste de pouvoir vaincre cette maladie trop souvent invincible. J'étais reconnaissante d'avoir eu cette chance de lui dire adieu et de la remercier d'avoir été ma sœur pendant cinquante ans.

Elle et mon frère ont fêté leurs noces d'or au printemps. Ce moment précieux aurait pu être souligné par une soirée de gala dont les festivités auraient été planifiées un an à l'avance. Ils ont plutôt fêté tranquillement dans la chambre d'hôpital. Lorsqu'ils ont renouvelé leurs vœux de mariage, seuls les yeux de ma sœur sont demeurés secs. Lors de son enterrement, elle portait la robe magnifique qu'elle avait elle-même choisie pour les célébrations organisées.

Ma sœur a démontré un courage incroyable en tentant de vaincre le cancer qui a ravagé à peu près toutes les parties de son corps durant les neuf derniers mois de sa vie. Ce qu'il y a de bon à propos de sa mort, c'est qu'elle a pu échapper à sa souffrance.

Certes, nous ne voulions pas qu'elle quitte cette vie — sa famille, ses quatre enfants, ses treize petits-enfants — et, surtout, son mari depuis cinquante ans. Mais elle le devait. Toutes les manières possibles et inimaginables pour guérir ont été tentées — opération, radiothérapie, chimiothérapie. Elles ont toutes échoué et elle est décédée.

Parce qu'elle était mortelle. Comme je le suis.

Depuis que j'ai quitté le cimetière, tremblante de froid et remplie d'une tristesse infinie, ma vie a pris un nouveau sens. Les choses que je vois possèdent désormais une acuité plus grande et j'accorde beaucoup plus d'importance aux gens autour de moi.

C'est peut-être la dernière fois que je vois le ciel bordé d'un vermillon flamboyant et strié d'or, juste avant que ne s'installe l'obscurité, me suis-je dit intérieurement. La musique que j'ai toujours aimée me remplit maintenant d'une émotion tellement vive que je peux à peine contenir les larmes qui cherchent à se répandre.

Les gestes de mon mari me semblent plus chaleureux, les sourires de mes petites-filles plus charmants. Je suis complètement consciente des gens autour de moi — tous. Je pense à toutes ces choses que je voulais faire durant mon voyage de vie. Je pense à toutes ces choses qui ne sont pas encore faites. Je me demande lesquelles sont *vraiment* importantes.

Durant ses derniers jours, ma sœur a réalisé à quel point la vie est brève et elle a sermonné les autres de

« ne pas garder de rancunes, mais seulement de s'aimer les uns les autres ». Je ne sais pas à qui elle adressa ces mots, mais j'aime penser que j'étais incluse.

Ces jours-ci, je pense à tous les désaccords que j'ai eus avec les autres au fil des ans, et je souhaiterais vraiment les effacer. Certains désaccords ont brisé des amitiés au point de les détruire. Aujourd'hui, ces amis me manquent cruellement.

J'ai fait le vœu de ne jamais oublier la leçon que la perte de ma sœur m'a apprise. La vie est courte. Très, très courte et trop précieuse pour la gaspiller sur des riens insignifiants qui ne valent pas l'énergie qu'ils consomment.

J'ai la foi que je vais revoir ma sœur un jour et, lorsque ce moment arrivera, je la remercierai de cette leçon. Ma vie aussi est courte. Moi aussi, je suis mortelle.

Sandra I. White

Inséparables

Avoir une belle relation avec une sœur, ce n'est pas simplement avoir une camarade ou une confidente — c'est avoir une âme sœur pour la vie.

Victoria Secunda

Puisque l'aînée de mes filles était petite et que sa sœur était plutôt grande, les gens pensaient souvent qu'elles étaient jumelles. Habillées pareilles, dans une couche et une barboteuse, ou une robe et des jeans, elles me gardaient occupée et réjouissaient mon âme.

Elles aimaient dormir ensemble sous un gros édredon vert — un cadeau que ma grand-maman Nana m'offrit le jour de mon mariage. Fait du coton le plus doux et bourré d'une épaisse couche de plumes de duvet, l'édredon était une symphonie de formes et de toutes les teintes possibles de vert que j'avais jamais vues auparavant. Lorsque les filles ont passé du berceau au gros lit double, je leur ai donné l'édredon. Durant la plus grande partie de leur enfance, elles l'ont traîné partout. Durant les tempêtes de neige, les jours d'hiver, l'édredon devenait une tente d'Indiens où elles s'amusaient follement et se riaient du froid. Lors des journées chaudes d'été — avec leurs poupées et autres petits amis du genre —, il devenait un salon où se tenaient des cérémonies du thé. L'édredon a toujours été leur refuge contre les monstres et les blessures de la vie.

Lorsque les filles ont amorcé leur adolescence, l'édredon a suivi, que ce soit au stade de football, à la plage et au lac. Le soir, elles s'étendaient sous ce couvre-pied réconfortant pour partager leurs secrets, leurs rires et leurs larmes. Cette vieille douillette a absorbé beaucoup de larmes tachées de mascara pour un premier amour et a été souvent malmenée, mais, comme les fruits de l'automne, elle est devenue plus douce et meilleure avec l'âge.

Ironiquement, l'université et le mariage ont séparé mes filles le même jour. Le maquillage, leurs vêtements et leurs livres se retrouvèrent dans des boîtes séparées. Lorsqu'elles quittèrent leur chambre pour la dernière fois, aucune des filles n'a prononcé un mot, mais j'ai remarqué de longs regards et des doigts aimants caressant une dernière fois leur édredon tant aimé.

Quand elles sont parties, je me suis assise pendant un moment sur leur lit; la chambre était déjà plus vide et plus froide.

Puis, avec une ferme résolution et la sagesse de Salomon, j'ai pris une profonde respiration et coupé le vieil édredon en deux. Le Noël suivant, j'ai donné à chacune de mes filles sa part, leur édredon fraîchement orné d'un frison à pois.

Maintenant, chaque fois que je visite leur maison respective, je borde joyeusement mes petits-bébés dans leur lit et les couvre avec l'édredon de Nana qui a séché au soleil.

Lynne Zielinski

Le plus grand cadeau

J'ai cinq ans et ma mère, à quatre pattes, lave le plancher de la cuisine. Je lui parle d'une nouvelle fille à l'école. Soudain, elle me regarde et me demande : « Qui sont tes deux meilleures amies ? »

Je ne sais trop quoi répondre. Je suis l'amie de Jill depuis l'âge de trois ans ou à peu près, et j'aime beaucoup Jaime, une amie à la maternelle. « Jill et Jaime ».

Ma mère cesse de frotter le plancher et retire ses gants de caoutchouc jaunes. « Eh bien ! Qu'en est-il de Karen et de Cindy ?

– Mes sœurs ? Je ne sais pas qui sont leurs meilleures amies, lui dis-je en guise de réponse.

– Non. Ce que je dis, c'est pourquoi ne sont-elles pas tes meilleures amies ? »

Elle semble fâchée comme si je l'avais blessée.

« Mais, elles sont mes sœurs !

– Oui, mais elles peuvent quand même être tes meilleures amies. Les amies viennent et partent, mais tes sœurs seront toujours là pour toi. »

À l'époque, l'idée que mes deux sœurs soient mes amies les plus proches me sembla une idée étrange. Nous nous querellions constamment pour les jouets, la nourriture, l'attention, quelle émission regarder à la télévision — et quoi encore, nous nous sommes chamaillées à tout propos à un moment ou un autre.

Comment mes sœurs pouvaient-elles être mes meilleures amies? Elles n'avaient pas le même âge que moi. Nous avions chacune nos propres amies à l'école.

Mais ma mère ne nous a jamais permis d'oublier que « les sœurs sont des amies pour la vie ». Son souhait — comme celui de la plupart des parents — était de nous offrir ce qu'elle n'avait jamais eu. Enfant unique, elle a grandi avec le très grand désir d'avoir des frères et des sœurs. Lorsqu'elle a donné naissance à trois filles — avec un écart de quatre années seulement —, la réalisation de son rêve ne faisait que commencer. Elle a offert à chacune de nous un cadeau — nos sœurs — tout en s'assurant que nous ne tiendrions pas ce cadeau pour acquis. Elle nous répétait souvent combien nous étions chanceuses. Mais elle avait d'autres façons, encore plus subtiles, de nous encourager à être proches. Elle n'a jamais démontré de favoritisme pour aucune de ses filles afin de ne pas créer de jalousie ou d'amertume entre elles. Maman nous emmenait toujours ensemble — patiner, magasiner, nager — pour que nous puissions développer des intérêts communs. À l'adolescence, elle nous punissait toujours également, nous offrant de nouveau une autre expérience de liens.

Nous ne nous entendions pas toujours bien et nous nous sommes querellées comme tous les frères et sœurs. Mais, quelque part entre les sermons de maman, les vacances en famille et les souvenirs partagés, nous avons réalisé que maman avait raison.

Aujourd'hui, je partage des choses avec mes sœurs que je ne partage avec aucune autre personne. Ma sœur Cindy et moi avons couru le marathon de la ville de New York, côte à côte, nous tenant même la main en traversant la ligne d'arrivée. Lorsque ma sœur Karen s'est mariée, j'ai été sa demoiselle d'honneur. Cindy et moi avons voyagé ensemble à travers l'Europe et nous avons même partagé un appartement pendant deux ans. Toutes les trois, nous avons confiance l'une dans l'autre pour garder nos plus grands secrets.

Voilà maintenant vingt-trois ans que ma mère m'a demandé la première fois qui étaient mes deux meilleures amies. Aujourd'hui, elle n'a plus besoin de me le demander. Elle le sait déjà.

Christine Many

Pas le temps de dire je t'aime

Chacun a besoin de se faire rappeler que sa présence sur cette terre est importante et que chaque vie change tout.

Marge Kennedy

À la seule pensée de ma première journée au secondaire, des sueurs perlent sur mon front. Je croyais fermement que je serais singularisée et embarrassée devant toutes les classes et qu'ensuite, on se moquerait de moi après l'école. Mais, dès la première heure, lorsqu'on m'a appelée au secrétariat, être singularisée devint le dernier de mes soucis.

Mon frère de vingt ans, Brian, remplissait des papiers pour que je quitte l'école. Lorsqu'il se tourna vers moi, mon cœur se brisa. Son visage était pâle et couvert de taches comme si quelqu'un avait lancé par mégarde de la peinture rouge sur une feuille de papier blanc. Ses yeux étaient bouffis et rouges. Je savais qu'un événement terrible était survenu parce que c'était la première fois que je voyais mon frère pleurer. Il prit ma main et se pencha jusqu'à ce que son visage soit à ma hauteur.

« Amanda a eu un accident de voiture et elle est à l'hôpital. »

En apprenant la nouvelle, mon corps entier s'est engourdi alors que j'absorbais ce que mon frère me disait.

Ma sœur? Dans un accident de voiture? Comment cela pouvait-il être possible? À l'âge de dix-sept ans, Amanda était la conductrice la plus sécuritaire que je connaisse.

Sans penser à rien, je me suis éloignée de mon frère et j'ai couru dans le corridor.

Je devais me rendre le plus vite possible à mon casier, dans ma classe et à l'extérieur de cette école. Pourtant, rien n'allait assez vite. J'avais l'impression que tout autour de moi était douloureusement au ralenti alors que le besoin pressant d'accélérer était crucial.

J'ai ouvert la porte de ma classe après avoir crié à mon frère, par-dessus mon épaule, que je serais à la voiture dans une minute. Mon professeur ne m'a pas questionnée; elle savait. Elle savait juste en me regardant que je quitterais la classe sans un billet. Rien de ce qu'elle aurait pu faire ne m'aurait arrêtée.

Paniquée, j'ai couru dans le corridor vers mon casier et ensuite à l'extérieur, les élèves me regardant par les fenêtres des classes. J'allais sûrement avoir des problèmes parce que je quittais l'école sans attendre d'avoir un billet de la direction, mais je m'en foutais. Rien ne m'importait plus que de quitter l'école et de me rendre au chevet de ma sœur.

Nous nous sommes rendus, Brian et moi, au centre de traumatologie du Mid-Michigan Regional

Medical Center. Nous nous sommes précipités dans la chambre et, là, je l'ai vue.

Elle était étendue dans un lit sur le dos, sa tête et son cou immobilisés par un appareil orthopédique. Ses yeux étaient couverts à partir des sourcils jusqu'au sommet de la tête et il y avait du sang partout. Elle était branchée à différentes machines qui surveillaient ses réactions. Son corps entier se convulsait dû aux conséquences du traumatisme.

Mon père et ma mère pleuraient à ses côtés. Notre pasteur, le pasteur des jeunes et ce qui me sembla à ce moment-là être la moitié de la congrégation de notre église se trouvaient également dans la pièce.

J'ai marché comme un zombi à son chevet.

Aucun mot ne pourrait exprimer l'émotion qui m'a parcourue lorsqu'elle m'a regardée avec ses yeux injectés de sang. Dans ses yeux, j'ai vu la force qui régnait plutôt que la peur. Puis, ses yeux se sont adoucis et elle a parlé. Elle m'a dit une chose pendant qu'elle était étendue dans ce lit.

D'une voix affaiblie, elle m'a dit en me regardant: « Je t'aime, Renee. » Je ne pouvais supporter l'émotion qui me submergea lorsque j'ai réalisé que j'avais rarement dit à ma sœur que je l'aimais. J'ai voulu lui répondre, mais elle ne m'écoutait plus.

Les médecins l'ont amenée au département de radiologie pendant qu'elle les regardait attentivement.

Alors qu'ils poussaient son corps brisé dans le corridor, son sang s'écoulait de ses bandages et sur les draps blancs qui recouvraient le lit d'hôpital. J'aurais voulu crier par tous les pores de ma peau que je l'aimais, mais j'en étais incapable. Je ne pouvais bouger, parler ni même pleurer, jusqu'à ce qu'elle disparaisse dans un autre corridor. Alors, j'ai versé des larmes.

Je suis tombée à genoux sur le plancher et j'ai pleuré dans un coin. J'ai laissé couler des larmes de désespoir et de frustration.

Même si tout le monde ne cessait de me répéter qu'elle irait bien, leurs voix en disaient davantage sur les doutes qui les tenaillaient secrètement. Je voulais seulement entendre le docteur m'annoncer: « Elle ira bien. »

Il ne l'a pas fait. Chaque moment qui passait renforçait les doutes qui devenaient plus forts et plus gros, comme un nuage dense et noir qui refuse de laisser passer la lumière du soleil. Finalement, il s'est avancé vers nous dans le corridor et s'est tenu silencieux devant nous.

J'essayais de lire sur son visage ce qu'il allait nous annoncer, mais je ne le pouvais pas. Il nous a alors parlé de la tête de ma sœur.

Lorsqu'une pièce de la direction de sa voiture s'est brisée, la voiture est tombée dans le fossé et a fait des tonneaux pour aller heurter un petit groupe d'arbres de l'autre côté de la route.

Le dessus de son visage a heurté un objet, possiblement le tableau de bord. L'impact a soulevé toute la peau de son front vers ses cheveux. Des morceaux de peau étaient encore dans la voiture maudite.

Je savais que des dommages à la tête pouvaient s'avérer très dangereux et occasionner plusieurs différentes blessures. À cet instant, j'aurais souhaité avoir été plus vigilante durant mon cours d'anatomie, lorsque le professeur nous avait parlé des blessures à la tête.

C'est alors que les mots tant attendus sont venus. Les seuls mots, de la seule personne de qui je pouvais les accepter — le médecin. Amanda s'en sortirait.

Mon âme a sursauté et mon cœur s'est emballé lorsque j'ai réalisé que j'avais encore une sœur. Son visage ne serait plus jamais comme avant et elle aurait besoin de nombreuses heures de chirurgie plastique, mais tout ce qui m'importait, c'est qu'elle était encore vivante.

Une année plus tard, j'ai encore une sœur, et même si nous nous querellons et nous narguons l'une l'autre, chaque fois que je vois son visage et que je repère sa large cicatrice — qui part de la racine de ses cheveux et traverse son front jusqu'à ses paupières et remonte vers ses cheveux, je me rappelle de lui dire que je l'aime. Je me souviens que j'ai failli ne pas avoir la chance de lui redire à quel point je l'aime vraiment, et je remercie Dieu de pouvoir encore le faire.

Renee Simons

Prendre soin l'une de l'autre

Pour son quatrième anniversaire, ma sœur reçut un camion de pompier. Elle s'élança dessus, filant sur le linoléum, les dentelles de sa petite culotte bien visibles et ses boucles bondissant. Elle était le centre d'attention bien légitime puisqu'il s'agissait de son anniversaire. Je me rappelle avoir éprouvé du ressentiment, de la colère et de l'envie. Je voulais ce camion de pompier à tout prix, même si les camions de pompier ne m'avaient jamais attirée auparavant.

Une seconde plus tard, elle débarqua du camion, distraite par une nouvelle poupée. Avec un léger sourire, elle le poussa dans ma direction. Mon ressentiment fondit comme neige au soleil.

Nous avons rejoué des scènes similaires durant l'enfance. La poupée Chatty Cathy, qu'elle reçut lors de sa fête célébrant ses huit ans, devint notre propriété commune. Ma sœur était une belle enfant ; elle dansait bien, excellait en athlétisme et avait une foule d'amies.

J'étais un rat de bibliothèque à l'humeur sombre.

Elle se souvient de certaines journées. Elle entretient encore l'illusion qu'elle a passé son cours d'algèbre seulement grâce à moi. Une de ses histoires préférées du collège tourne autour de la fois où elle avait besoin qu'on la conduise et appela un de mes anciens petits amis pour venir la prendre.

Nous avons partagé à partir du moment où elle poussa ce camion de pompier vers moi, sur le plancher. Elle était peut-être plus jeune, mais elle instaura une habitude de partage à vie. Elle prenait soin de moi, même si elle était « le bébé ».

Assises au milieu des boîtes et des sacs, après la mort de nos deux parents, nous avons eu la tâche difficile de partager les bibelots et les souvenirs de la famille. Nous avons débuté en collant des notes. Faisant le tour de la maison, chacune mettait une note sur ce qu'elle voulait. Nous avons même créé une troisième catégorie: « Je ne veux pas cela, mais je ne veux pas qu'on le vende, alors, si tu ne le veux pas, je vais le prendre. » C'était une triste tâche. Maman et papa auraient été fiers de nous. Nous avions entendu parler de frères et sœurs qui se sont séparés pour une couette ou une causeuse. En ce qui nous concerne, le chagrin nous a rapprochées.

Certes, nos parents ont laissé beaucoup de choses, mais plus important encore, c'est qu'ils nous ont laissé à chacune une sœur.

Pas de conflits. Que des larmes, des souvenirs et des rires. — « Pourquoi maman a-t-elle gardé les chèques annulés pour tous nos plus beaux vêtements d'enfant? » Ou encore: « Eh bien! Nous avons la preuve qu'ils ont payé la facture d'électricité en 1958. » « Et en 1959. » Je sais également que ma sœur ne peut pas être reprise: j'ai vu la facture d'hôpital payée pour sa naissance.

Ma sœur est celle qui est organisée. Elle a pris en charge d'annuler la câblodistribution, de transiger avec la sécurité sociale et de faire des arrangements avec un agent immobilier. Je suis l'émotionnelle. J'ai respecté la tradition juive, qui consiste à assister à un service quotidien pour la récitation du Kaddish des endeuillés, une prière honorant nos parents défunts. En l'organisant, ma sœur a joué de prudence pour éviter le chaos. J'ai créé davantage de chaos en tempêtant et en pleurant.

Nous avons chacune effectué ce qui était nécessaire pour fermer la blessure béante occasionnée par notre nouvelle condition d'orpheline.

Le téléphone sonna au moment où nous passions en revue les épaves flottantes et rejetées de leurs quarante-cinq années de vie commune. Au bout du fil, c'était un membre d'un organisme de charité à qui ma mère donnait fréquemment. Ma sœur leur annonça: « Elle est décédée. »

Je l'ai ensuite entendue dire: « Oh! c'est ma sœur qui s'en occupe », avant de me tendre l'appareil. La personne au bout du fil voulait prier pour maman.

J'ai murmuré quelque chose et j'ai raccroché, à peine capable de contrôler mon fou rire. « C'était pour quoi au juste?

– Eh bien! me dit-elle, voici comment le partage s'opère: je fais les comptes et tu fais les prières. »

Je regardai le désordre que nous avions créé en retirant des penderies des dizaines d'années de vieux vêtements, les empilant sur toutes les surfaces disponibles. « Voudrais-tu venir avec moi à la synagogue? Je peux toutefois comprendre que tu puisses te sentir mal à l'aise, ça fait si longtemps que tu n'y as pas mis les pieds. »

Elle continua d'inscrire des notes sur son calepin pour la vente de la propriété. « Non, je ne crois pas, me répondit-elle. Je ne pense pas que cela répondrait à un besoin pour moi. »

Je la regardai organiser, catégoriser et remplir la page d'une documentation précise.

« Je sais que ce sera toujours là si jamais j'en ai besoin », ajouta-t-elle. Sa voix était douce. Ses mots flottaient comme des particules de poussière dans l'air immobile de la maison qui n'abritait désormais plus personne.

Depuis ce jour, j'ai connu des moments où je me suis sentie aliénée par ma religion. Parfois, lorsque je suis prise par mes soucis journaliers, il me semble que les services ne sont qu'une autre tâche à cocher. Je ne suis pas la meilleure ménagère au monde ; en fait, je soupçonne le conseil de la santé publique de venir bientôt condamner ma cuisine. Pourtant, chaque année, je subis la tâche laborieuse de cuisiner et de nettoyer pour la pâque juive, faisant ce que je peux pour maintenir en vie le judaïsme.

Quand je me demande à quoi ça sert, pourquoi je répète ces rituels et récite des prières dans des moments où je ne me sens pas particulièrement disposée spirituellement, je me rappelle cet après-midi-là entre les sacs et les boîtes.

Je dois apporter ma petite contribution pour maintenir le judaïsme — ma sœur en aura peut-être besoin un jour. Nous avons toujours pris soin l'une de l'autre. Cet après-midi-là, au milieu des boîtes, elle a bien pris soin de moi.

Diane Goldberg

Une joie partagée devient une double joie ;
un chagrin partagé devient un demi-chagrin.

Proverbe suédois

Mon autre mère

Je la détestais.

Il n'y avait aucune façon d'en sortir: je méprisais le sol même où elle marchait. Elle était grande et belle, et je ne l'étais pas. Elle me traitait comme une substance gluante et je la laissais faire parce qu'elle était plus grande. Elle me taquinait et me rabaissait pour me faire sentir inférieure. J'étais la dernière arrivée et la première à être dans le trouble, c'était du moins comment cela semblait toujours se passer.

Je la détestais. Et j'essayais désespérément de me convaincre à quel point je pensais ces mots.

Un jour, pendant un épisode de rivalité entre sœurs, nos parents nous ont annoncé leur divorce. Comment cela pouvait-il être possible? Bien sûr, il y avait quelques querelles, mais rien de trop grave; juste les problèmes usuels du quotidien, mais à cette époque, comment pouvions-nous savoir ce qui était normal? Avant même de pouvoir vraiment accepter cette nouvelle, ma mère était partie. J'avais douze ans, j'étais le bébé, mais je ne m'étais jamais autant sentie comme tel jusqu'à ce jour terrible.

Soudain, j'étais très seule.

Comment pouvaient-ils me faire cela? J'ai perdu des amies, parce qu'à cette époque, aucun parent respectable ne pouvait permettre que leurs petites chéries soient associées à une enfant sans surveillance issue d'un foyer brisé. J'ai ruiné mes vêtements parce que je ne les avais jamais lavés auparavant. J'ai brûlé mes repas pendant que papa travaillait tard, et j'étais affamée. Je détestais tout autour de moi. Je détestais ma mère de nous avoir quittés, mon père de l'avoir laissée partir, et moi-même d'être aussi impuissante. Je crois qu'il ne m'en restait plus beaucoup en moi pour détester Dana autant.

Plusieurs après-midi, je revenais dans une maison vide, regardais la télévision, brûlais mon souper et pleurais jusqu'à m'endormir. Dana avait sa propre vie, une vie plus d'adulte, remplie d'amis, de sports et de fêtes. Son petit ami vivait pratiquement à la maison. J'étais la cible de leurs blagues, mais je ne m'en souciais plus désormais.

Un jour, après qu'ils m'aient taquinée jusqu'à ce que mes larmes jaillissent, j'ai couru à ma chambre, je me suis jetée sur mon lit et j'ai sangloté mon désespoir. Je ne me souviens pas d'avoir autant pleuré que ce jour-là. J'avais la nostalgie de mon ancienne vie; j'aurais assumé toutes les batailles si les choses avaient simplement pu revenir à la normale. J'ai pleuré jusqu'à ce qu'il n'y ait plus rien d'autre en moi qu'un profond épuisement et ces terribles hoquets consécutifs à de longs pleurs.

Tout à coup, j'ai senti un poids se déposer à côté de moi. Je me suis retournée et j'ai vu Dana assise sur mon lit. J'allais lui crier de me laisser seule, mais l'expression de son visage arrêta mon élan. J'ai caché le mien et j'ai murmuré *Va-t-en!* avec une conviction des plus pathétiques.

Dana approcha sa main et écarta mes cheveux de mon visage. Elle chuchota: « Je m'excuse. »

J'ai retenu mon souffle, me demandant si son petit ami ne se tenait pas tout près de la porte, attendant son signal pour éclater de rire et me prouver qu'il me jouait une autre de leurs cruelles blagues. Mais Dana s'allongea à côté de moi et frotta mon dos. « Qu'est-ce qui ne va pas? » demanda-t-elle avec une voix si sincère qu'elle déclencha une autre effusion de larmes.

« Je déteste tout ça! Je veux que maman revienne. Je te déteste et tu me détestes, et je déteste tout!

– Non, tu ne me détestes pas », répondit Dana.

J'aurais voulu crier *Oui, je te déteste!* J'ai essayé de le faire, mais les mots sont restés bloqués dans ma gorge. En vérité, je ne détestais pas Dana. Certes, je voulais la détester mais, plus encore, je voulais qu'elle m'aime. Qu'y avait-il chez une sœur aînée qui poussait une jeune fille à désirer ardemment que son aînée l'accepte? Pourquoi avais-je une douleur et une souffrance si profondes que j'espérais que Dana les fasse disparaître? Elle était ce qu'il y avait de plus proche d'une mère à mes yeux, pourtant je méprisais le fait qu'elle ne puisse voir à quel point j'avais besoin d'elle. Je détestais sans doute le fait qu'elle n'ait pas besoin de mes conseils et de mon amour autant que j'avais désespérément besoin des siens.

« Et je ne te déteste pas, ajouta-t-elle.

– Oui, tu me détestes. Tu es tellement méchante avec moi.

– Je suis ta grande sœur, je ne peux pas être méchante avec toi », me dit-elle en riant, comme si j'étais supposée savoir cela. Elle m'entoura de ses bras et me dit : « Je t'aime, Stace. »

Tout à coup, je me foutais que le lendemain elle redeviendrait sans doute méchante et rancunière. Je me foutais qu'il faudrait peut-être encore des années avant que Dana me dise ces mots pratiquement tous les jours et qu'elle les pense vraiment. Je me foutais que cela prenne dix ans et un fossé de mille kilomètres entre nous pour que je souhaite la voir tous les jours. À cet instant précis, je voulais la croire; j'avais besoin de la croire. Je me suis blottie dans ses bras et je l'ai laissée m'étreindre.

Je n'oublierai jamais ce jour-là. Parfois, il me semble que c'était hier. Elle était là, m'enlaçant lorsque j'avais besoin qu'une personne le fasse; aujourd'hui, elle est encore là.

Stacey Granger

Hé, je vous le dis !

Un jour, quand j'étais une petite fille, ma mère nous demanda, à ma sœur et à moi, si nous voulions aller avec elle à l'épicerie. Aussitôt, nous avons commencé à nous chamailler pour savoir qui s'assoirait sur le siège avant. Ma mère a réglé le différend en nous assoyant toutes les deux sur la banquette arrière. Après quelques minutes, nous avons commencé à nous quereller de nouveau.

« Hé, tu es de mon côté ! Tu m'as touchée ! »

En repensant à cette dispute enfantine, je réalise qu'il nous est arrivé quelque chose de merveilleux. Nous sommes devenues proches en grandissant. Et cette proximité a duré toute une vie.

Maintenant, ma sœur et moi sommes dans la quarantaine et nos disputes d'enfant sont choses du passé — on ne parle plus jamais l'une contre l'autre. Cependant, les remarques que nous faisions lorsque nous étions enfants résonnent encore vraies aujourd'hui.

« Tu *es* de mon côté ! Tu m'*as* touchée. »

Penny Perrone

À propos des auteurs

Jack Canfield

Jack Canfield est un des chefs de file en Amérique dans le développement du potentiel humain et de l'efficacité personnelle. Il est à la fois un conférencier dynamique et divertissant ainsi qu'un formateur hautement recherché. Jack possède un talent exceptionnel pour informer et inspirer des auditoires afin d'augmenter leur estime de soi et obtenir de chacun un rendement maximal. Il a publié récemment *Le succès selon Jack: Les principes du succès pour vous rendre là où vous souhaiteriez être!*

Jack Canfield est l'auteur et le narrateur de plusieurs programmes à succès sur audiocassettes ou vidéocassettes, incluant: *Self-Esteem and Peak Performance*, *How to Build High Self-Esteem*, *Self-Esteem in the Classroom* et *Chicken Soup for the Soul — Live*. Il fait des apparitions régulières à la télévision, à des émissions comme *Good Morning America*, *20/20* et *NBC Nightly News*. Jack est coauteur de nombreux livres, dont la série *Bouillon de poulet pour l'âme*, *Osez gagner* et *Le pouvoir d'Aladin* (tous en collaboration avec Mark Victor Hansen), *100 Ways to Build Self-Concept in the Classroom* (avec Harold C. Wells), *Heart at Work* (avec Jacqueline Miller) et *La force du focus* (avec Les Hewitt et Mark Victor Hansen).

Jack est invité régulièrement à donner des conférences dans des associations professionnelles, des commissions scolaires, des agences gouvernementales, des églises, des hôpitaux, des organisations commerciales et des entreprises. Parmi ses nombreux clients, notons: American Dental Association, American Management Association, AT&T, Campbell's Soup, Clairol, Domino's Pizza, GE,

Hartford Insurance, ITT, Johnson & Johnson, Million Dollar Roundtable, NCR, New England Telephone, Re/Max, Scott Paper, TRW et Virgin Records. Jack fait aussi partie du corps enseignant de Income Builders International, une école de formation pour entrepreneurs.

Jack anime un séminaire annuel de huit jours qui s'adresse à toutes les personnes qui œuvrent dans le domaine de l'estime de soi et du rendement maximal. Ce programme attire des éducateurs, des conseillers, des formateurs sur l'art d'élever un enfant, des formateurs en entreprise, des conférenciers professionnels, des ministres du culte et des gens qui désirent améliorer leurs talents d'orateur et d'animateur.

Mark Victor Hansen

Mark Victor Hansen est un conférencier professionnel qui, au cours des vingt dernières années, s'est adressé à plus de deux millions de personnes dans trente-deux pays. Il a effectué plus de 4 000 présentations portant sur l'excellence et les stratégies dans le domaine de la vente, le pouvoir et le développement personnels ainsi que sur les différents moyens de tripler ses revenus tout en disposant de plus de temps libres.

Mark a consacré sa vie à sa mission; celle de produire des changements profonds et positifs dans la vie des gens. Tout au long de sa carrière, il a su inciter des centaines de milliers de personnes à se créer un avenir plus solide et à donner un sens à leur vie, tout en stimulant la vente de milliards de dollars de produits et services.

Mark a écrit de nombreux livres, dont *Future Diary*, *How to Achieve Total Prosperity* et *The Miracle of Tithing*. Il est également coauteur de la série *Bouillon de poulet pour l'âme*, des ouvrages *Osez gagner* et *Le pou-*

voir d'Aladin (tous en collaboration avec Jack Canfield), et *Devenir maître motivateur* (avec Joe Batten).

Mark a également réalisé une collection complète d'audiocassettes et de vidéocassettes portant sur le développement personnel qui a permis à leurs auditeurs de reconnaître et d'utiliser toutes leurs capacités innées dans leur vie personnelle et professionnelle. Les messages qu'il transmet ont fait de lui une personnalité célèbre de la radio et de la télévision. Il a fait plusieurs apparitions médiatiques aux réseaux ABC, NBC, CBS, CNN, PBS et HBO. Mark a également fait la page frontispice de nombreux magazines dont *Success*, *Entrepreneur* et *Changes*.

Mark est un grand homme avec un cœur et un esprit harmonieux — une inspiration pour tous ceux et celles qui désirent s'améliorer.

Patty et Nancy Mitchell

Patty Aubery est la vice-présidente de *Canfield Training Group and Self-Esteem Seminars, Inc.* et présidente de *Chicken Soup for the Soul Enterprises, Inc.* Patty travaille avec Jack et Mark depuis la naissance des *Bouillons de poulet pour l'âme*.

Elle est coauteure, avec sa sœur Nancy, de *Bouillon de poulet pour l'âme du Survivant*, *Bouillon de poulet pour l'âme des Chrétiens*, *Bouillon de poulet pour l'âme de la future Maman*, *Chicken Soup for the Christian Family Soul* et *Chicken Soup for the Christian Woman's Soul*. Elle a été invitée dans plus de 150 stations de radio locale et nationale syndiquées.

Patty est l'épouse de Jeff Aubery avec qui elle a deux enfants merveilleux, J.T. et Chandler. Patty et sa famille résident à Santa Barbara, en Californie.

Nancy Mitchell Autio est la directrice de l'acquisition des histoires pour la série des *Bouillons de poulet pour l'âme*. Elle a obtenu son diplôme de l'université de l'État de l'Arizona comme infirmière. Après la remise des diplômes, Nancy a travaillé au *Good Samaritan Regional Medical Center* à Phoenix, en Arizona. Trois mois plus tard, elle déménagea dans la région de Los Angeles et s'impliqua dans la série *Bouillon de poulet*.

Nancy mentionne qu'elle est extrêmement reconnaissante pour son retour à Los Angeles. « Si je n'étais pas retournée en Californie, je n'aurais pas eu la chance d'accompagner ma mère dans son combat contre le cancer du sein. » Après cette épreuve, Nancy a apporté sa contribution comme coauteure de *Bouillon de poulet pour l'âme du Survivant* et d'autres titres de la série *Bouillon de poulet pour l'âme*. Lorsque leur père reçut le diagnostic du cancer de la prostate en 1999, Patty et Nancy ignoraient à quel point *Bouillon de poulet pour l'âme du Survivant* deviendrait le livre d'inspiration pour la famille.

Nancy, son mari, Kirk, et leur fille, Molly, vivent à Santa Barbara.

Heather et Katy McNamara

Après une période de travail comme collaboratrice pigiste, Heather est devenue en 1996 éditorialiste en chef de *Chicken Soup for the Soul Enterprises*. Il y a deux ans, elle a coécrit *Chicken Soup for the Unsinkable Soul* qui a reçu un énorme succès.

Katy possède une boutique à Santa Monica s'adressant à l'écrivain en chacun de nous, où elle vend principalement des stylos à plume et des papiers provenant de partout dans le monde.

Pour Heather et Katy, l'amour de la littérature s'est développé au contact de leur professeur de troisième année d'une école publique, Madame Lutesinger. Chaque jour elle leur faisait la lecture — ce même professeur de troisième année a également inspiré deux autres membres de la fratrie, Laura et Danny.

Les deux sœurs précisent: « Nous nous sentons très chanceuses d'avoir grandi dans une famille qui considère la lecture comme un passe-temps aussi agréable que celui de jouer à chat perché ou de regarder la télévision. »

Lorsque l'idée d'un livre sur les « Sœurs » a surgi, Katy a saisi sa chance d'y participer. « Patty et moi étions partenaires de crime au collège, et nous forcions littéralement Heather et Nancy à devenir nos copines — alors, l'occasion de travailler ensemble semblait un plaisir à ne pas laisser passer — et ce le fut! »

« Mes sœurs m'ont définitivement aidée à devenir la personne que je suis aujourd'hui, poursuit Katy. L'esprit fougueux de Laura, son indépendance et, plus encore, son amour de l'aventure, ne cessent de m'inspirer, tandis que l'intégrité de Heather, son sens de l'humour hors du commun et sa joie de vivre me font sourire chaque jour. »

Heather ajoute qu'elle se sent vraiment bénie d'avoir trois sœurs qui la font rire. « Plus encore, poursuit Heather, je compte mon frère et mes sœurs parmi mes meilleurs amis. »

Aujourd'hui, Heather et Rick vivent en milieu rural dans la vallée San Fernando, où ils admirent la vue panoramique de la vallée, leur jardin et leurs trois chiens — tous des chiens errants adoptés.

Quelque trente kilomètres plus loin, Katy partage une maison datant de 1924 dans le Topanga Canyon avec son mari, Paul, un homme formidable, sa douce chienne, Rosie et sa chatte comédienne, Sassy.

Autorisations

Nous aimerions remercier les personnes et les éditeurs suivants de nous avoir permis de reproduire le matériel cité ci-dessous. (Note : les histoires dont l'auteur est anonyme, celles qui sont du domaine public ou qui ont été écrites par Jack Canfield, Mark Victor Hansen, Patty et Nancy Mitchell, ou Katy et Heather McNamara ne sont pas incluses dans cette liste.)

La revanche des filles de cinquième année. Reproduit avec l'autorisation de Carolyn Magner Mason. © 1999 Carolyn Magner Mason.

Un cadeau d'amour. Reproduit avec l'autorisation de Cindy Beck. ©2000 Cindy Beck.

Promesse solennelle. Reproduit avec l'autorisation de Dawn Braulick. ©1995 Dawn Braulick.

La marche de Diane. Reproduit avec l'autorisation de C. Michele Davis. ©2001 C. Michele Davis.

Une promesse à Roxanne. Reproduit avec l'autorisation de Rhonda Adkins et Carla Merolla. © 1997 Carla Merolla. Paru dans le *Woman's World Magazine* du 4 novembre 1997.

Es-tu certaine ? et *Hé, je vous le dis !* Reproduit avec l'autorisation de Penny Perrone-Foiles. ©2000 Penny Perrone-Foiles.

Les photos. Reproduit avec l'autorisation de Phyllis L. Nutkis. ©2002 Phyllis L. Nutkis.

Bonne fête des Mères ! Reproduit avec l'autorisation de Victoria E. Thompson. ©1995 Victoria E. Thompson.

Nous avons choisi d'être des amies et *Se rendre à Rome.* Reproduit avec l'autorisation de Tasha Boucher. ©2000 Tasha Boucher.

Jouer à Cupidon. Reproduit avec l'autorisation de Chera Lee Bammerlin. ©2001 Chera Lee Bammerlin.

Ma famille a été séparée. Reproduit avec l'autorisation de Nora Steuber-Tamblin. ©2001 Nora Steuber-Tamblin.

Zones de confort. Reproduit avec l'autorisation de Melinda Sue Stiles. ©2001 Melinda Sue Stiles.

Tout voir. Reproduit avec l'autorisation de Diane Payne. ©2001 Diane Payne.

Le portique de jeux. Reproduit avec l'autorisation de Marsha Arons. ©2002 Marsha Arons.

La chanson de ma sœur. Reproduit avec l'autorisation de Rita Elaine Billbe. ©2001 Rita Elaine Billbe.

Les différentes voix. Reproduit avec l'autorisation de Julie D. Workman. ©1994 Julie D. Workman.

Nous, les sœurs. Reproduit avec l'autorisation d'Ann Marie Rowland. ©2000 Ann Marie Rowland.

Une sœur, c'est... Reproduit avec l'autorisation de Lisa M. Baillargeon. ©2000 Lisa M. Baillargeon.

Le journal. Reproduit avec l'autorisation de Martine Klaassen. ©1998 Martine Klaassen.

Rattachées par le cœur. Reproduit avec l'autorisation de Ruth Latta. ©2002 Ruth Latta.

Bavardage crucial. Reproduit avec l'autorisation de Leona Lipari Lee. ©2000 Leona Lipari Lee.

Au fil des années. Reproduit avec l'autorisation de Michelle A. Tessaro. ©1994 Michelle A. Tessaro.

Sœurs dans la peau. Reproduit avec l'autorisation de Walker Meade. ©2000 Walker Meade.

Quarante-cinq ans et séparées par dix mille kilomètres. Reproduit avec l'autorisation de L. J. Wardell. ©2001 L. J. Wardell.

Réaliser ensemble notre rêve olympique. Reproduit avec l'autorisation de Penny et Vicky Vilagos. ©2002 Penny et Vicky Vilagos.

Mon souhait pour toi. Tiré de *Moments for Sisters*, de Robert Strand. ©1995 New Leaf Press. *www.newleafpress.net*.

Cœur à cœur avec Rosel. Reproduit avec l'autorisation de Christa Holder Ocker. ©2000 Christa Holder Ocker.

À mes côtés. Reproduit avec l'autorisation d'Alora M. Knight. ©2001 Alora M. Knight.

Mélodie. Reproduit avec l'autorisation de Jennifer Sue Koscheski. ©2000 Jennifer Sue Koscheski.

La lumière dans la fenêtre. Reproduit avec l'autorisation d'Ellen Goltz. ©2001 Ellen Goltz.

Une histoire moderne du temps des fêtes. Reproduit avec l'autorisation de Karen Asp. ©2000 Karen Asp.

Les aveux de coupes glacées : briser la règle de la crème glacée. Reproduit avec l'autorisation d'Andrea D'Asaro. ©1999 Andrea D'Asaro.

Les sœurs. Reproduit avec l'autorisation de Malinda Fillingim. ©1999 Hope Fillingim.

L'importance de la conscience. Reproduit avec l'autorisation d'Elisha Marie Webster. ©1999 Elisha Marie Webster.

La poupée aux cheveux jaunes et le répugnant bol d'argile. Reproduit avec l'autorisation de Gail E. Strock. ©1998 Gail E. Strock.

Vraiment bénie. Reproduit avec l'autorisation d'Alice Collins. ©1987 Alice Collins.

Ma vie : une comédie de situation. Reproduit avec l'autorisation de Chadd A. Wheat. ©2000 Chadd A. Wheat.

Ma sœur, la Martienne. Reproduit avec l'autorisation de Stephanie Wyndance. ©2000 Stephanie Wyndance.

Quarante ans, et un an de moins que ma sœur. Reproduit avec l'autorisation de Rebecca Christian. ©1992 Rebecca Christian.

Une promesse à tenir. Reproduit avec l'autorisation de Phoebe Elizabeth Sisk. ©2001 Phoebe Elizabeth Sisk.

Quoi qu'il arrive. Reproduit avec l'autorisation de Judy Lynne Lucia. ©2000 Judy Lynne Lucia.

Le rire miraculeux de ma sœur. Reproduit avec l'autorisation de Deborah Hedstrom-Page. ©2000 Deborah Hedstrom-Page.

Si le monde pouvait voir avec les yeux de ma sœur. Reproduit avec l'autorisation d'Amanda Athey Swain. ©1998 Amanda Athey Swain.

La septième sœur. Reproduit avec l'autorisation de Deborah K. Blackmore. ©2001 Deborah K. Blackmore.

Noir foncé. Reproduit avec l'autorisation de Robin Janson-Shope. ©2002 Robin Janson-Shope.

Les pas. Reproduit avec l'autorisation de Kelly L. Stone. ©2001 Kelly L. Stone.

Tout est relatif. Reproduit avec l'autorisation d'Elayne Clift. ©1999 Elayne Clift.

L'intruse. Reproduit avec l'autorisation de Frances Berres ©1926 Joseph Brandes.

Tomber amoureux de Molly. Reproduit avec l'autorisation de Elizabeth J. Mayer. ©2001 Elizabeth J. Mayer.

Changement de cœur. Reproduit avec l'autorisation de Muriel J. Bussman and House of White Birches. ©1997 House of White Birches.

Où est ma petite sœur ? Reproduit avec l'autorisation de Nancy B. Gibbs. ©1998 Nancy B. Gibbs.

Précieuse à mes yeux. Reproduit avec l'autorisation de Robert C. Fuentes. ©2000 Robert C. Fuentes.

Ce n'est pas ce que tu penses. Reproduit avec l'autorisation de Greta Zwaan. ©1991 Greta Zwaan.

Sœurs de cœur. Reproduit avec l'autorisation de Darla S. Perkins. ©1997 Darla S. Perkins.

Rappel amical. Reproduit avec l'autorisation de Rhonda Rhea. ©1999 Rhonda Rhea.

Relation longue distance avec ma sœur. Reproduit avec l'autorisation de Carol McAdoo Rehme. ©2001 Carol McAdoo Rehme.

À chaque tournant. Reproduit avec l'autorisation de Lee A. Atonna. ©2000 Lee A. Atonna.

Week-end entre filles. Reproduit avec l'autorisation de Chris Miota. ©2000 Chris Miota.

Nos robes de sœurs. Reproduit avec l'autorisation de Faith Andrews Bedford. ©1996 Faith Andrews Bedford.

Symbiose. Reproduit avec l'autorisation de Ricky Keen. ©2001 Ricky Keen.

Un souvenir d'enfance. Reproduit avec l'autorisation de Benita Glickman. ©2001 Benita Glickman.

Les empreintes. Reproduit avec l'autorisation de Jodi Lynn Severson. ©1997 Jodi Lynn Severson.

Mes sœurs, moi et les saisons de la vie. Reproduit avec l'autorisation de T. Jensen Lacey. ©2000 T. Jensen Lacey.

Alliées. Reproduit avec l'autorisation de Carol Duncan Sweet. ©1999 Carol Duncan Sweet.

Bien plus qu'un autre anniversaire. Reproduit avec l'autorisation de Janie Emaus. ©2000 Janie Emaus.

J'avais oublié. Reproduit avec l'autorisation de Nancy Swiatek Pardo. ©2000 Nancy Swiatek Pardo.

Différente. Reproduit avec l'autorisation de Jane Eppinga. ©2001 Jane Eppinga.

Le paradis. Reproduit avec l'autorisation de Shelly Sconyers Isenberg. ©1994 Shelly Sconyers Isenberg.

Petite fille espiègle. Reproduit avec l'autorisation de Danielle Collier. ©2001 Danielle Collier.

Je suis mortelle. Reproduit avec l'autorisation de Sandra I. White. ©2000 Sandra I. White.

Inséparables. Reproduit avec l'autorisation de Lynn Zielinski. ©1997 Lynn Zielinski.

Le plus grand cadeau. Reproduit avec l'autorisation de Christine Many. ©2001 Christine Many.

Pas le temps de dire je t'aime. Reproduit avec l'autorisation de Roger Simons. ©2000 Renee Simons.

Prendre soin l'une de l'autre. Reproduit avec l'autorisation de Diane Goldberg. ©2000 Diane Goldberg.

Mon autre mère. Reproduit avec l'autorisation de Stacey Ann Granger. ©2001 Stacey Ann Granger.

SÉRIE
BOUILLON DE POULET POUR L'ÂME

1er bol *
2e bol
3e bol
4e bol
5e bol
Ados I * et Ados II *
Ados – Journal
Ados dans les moments difficiles *
Aînés
Amateurs de sport
Amérique
Ami des bêtes *
Ami des chats *
Ami des chiens *
Canadienne
Célibataires *
Chrétiens
Concentré **
Couple *
Cuisine (Livre de)
Deuil
Enfant *
Femme
Femme II *
Future Maman *
Golfeur *
Golfeur, la 2e ronde
Grand-maman
Grands-parents *
Infirmières *
Mère I * et Mère II *
Mères et filles *
Noël
Père *
Préados *
Professeurs *
Québécois
Romantique *
Sœurs *
Survivant (du cancer)
Tasse **
Travail *
Vainqueurs du cancer **

* Disponible **également** en format de poche

** Disponible en format de poche **seulement**

978-2-89092-520-5

344 pages

MARQUIS
Marquis imprimeur inc.
Québec, Canada
2012